Usbekistan entdecken

Entlang der Seidenstraße nach Samarkand, Buchara und Chiwa
Aufgezeichnet von Judith Peltz

Trescher
Reihe Reisen

4., überarbeitete Auflage 2005

Reinhardtstraße 9
10117 Berlin
www.trescherverlag.de
post@trescherverlag.de

ISBN 3-89794-077-9

Trescher-Reihe Reisen
Herausgegeben von Sabine Fach und Bernd Schwenkros
Redaktionelle Konzeption: Detlev von Oppeln
Reihenentwurf: Robert Schumann
Satz und Bildbearbeitung: Tom Schülke
Lektorat: Sabine Fach
Stadtpläne und Karten: Bernd Schwenkros
Bildnachweis: Judith Peltz, außer: Jörg Heugel, Weinsberg: 7, 12, 14, 15, 17, 20, 27, 28, 29, 32, 51 u. r., 61, 63, 71, 72, 98, 122, 133, 136, 138, 140, 145, 146, 159, 161, 168, 172, 174, 182, 188, 196, 202, 206, 207 o., 207 u. l., 208 u., 218, 222, 223, 228, 236, 250, 255; Gerhard Korn, Wien: 236; Anja Kühner, Düsseldorf: 23, 24, 37, 49, 50, 51 u. l., 58, 73, 84, 88, 91, 95, 101, 102, 105, 121, 128, 131, 153 u., 154, 179, 184, 187, 195, 198, 205, 207 u. r., 208 o., 219, 244;
B & M Meyer, Bietigheim-Bissingen: 10, 21, 31, 41, 51 o., 52, 62, 96, 103, 104, 116, 123, 142, 153 o., 155, 156, 166, 175, 190, 193, 224, 226, 230, 246, 264

Gedruckt auf chlorfrei gebleichtem Papier
Printed in Germany

Inhalt

Vorwort

»Wir erreichen langsam das Ziel unserer Fahrt, den Registan. Es ist ein mächtiger mit Alabasterquadern gepflasterter Hof. An den Ecken erheben sich hohe Minarette, die einem Europäer wie Fabrikschornsteine vorkommen könnten, wenn nicht die weiße und blaue Glasur der Ziegel auf den wirklichen Zweck hinwiese. Diese türkisfarbenen glasierten Ziegel, die mit blendendweißen abwechseln, geben dem Bild etwas Bezauberndes. Dazu sendet die Sonne ihre heißen Strahlen und übergießt alle Gebäude mit einem warmen Goldschimmer. Den Hintergrund bildet die blendendweiße Kette der Schneeberge des Pamir. Als wir in den Registan einfahren, ist der riesige Hof von einer dichtgedrängten Menge erfüllt. An der einen Seite erhebt sich ein hohes Gebäude mit einer von einem Spitzbogen überwölbten offenen Halle, wie sie alle Moscheen Turkestans aufweisen. Eine mächtige Kuppel, ähnlich der des Domes in Florenz, erhebt sich über diesem Gebäude. Auch sie strahlt in köstlichem Weiß und Türkis. Die ganze Fassade entlang erhebt sich vor diesem Bau eine Terasse, von der die hohen Stufen einer imposanten Treppe herunterführen. Auf dieser Treppe stand einst vor sechshundert Jahren Timur und hielt Gericht über alle Bewohner seines weiten Reiches. Auf seinen Wink rollten tausend und abertausend Köpfe, oder es wurden Tausende von zitternden Menschen beglückt entlassen. Auf diesen Stufen krochen die Angeklagten und ebenso die stolzen Kläger demütig zu dem mächtigsten Herrscher, den es je gegeben hat, empor, wenn er die Gnade gewährte, zuzuhören.«

Die Gründe, nach Usbekistan zu kommen, sind vielfältig. Graf von der Pahlen, der Verfasser obiger Zeilen, kommt Anfang unseres Jahrhunderts in das Gebiet des heutigen Usbekistans, er ist im Auftrag des letzten russischen Zaren im russischen Generalgouvernement Turkestan unterwegs, um die allgemeine Situation dort zu beurteilen. Letztlich war sein Bericht durch die Oktoberrevolution 1917 politisch nicht mehr notwendig, als Reisebericht ist er dafür umso aufschlußreicher. Wie viele Reisende vor und nach ihm unterliegt auch Graf von der Pahlen der Faszination der Architektur und der spürbaren, großen und grausamen Vergangenheit dieser Region. Ein wenig zu sehr läßt sich der Graf von seiner Begeisterung zu Übertreibungen verleiten, denn der Registan in Samarkand hat sein Aussehen lange nach Timurs Tod bekommen, und auch die schneebedeckten Berge sind lediglich Ausläufer des Pamirgebirges, die Atmosphäre jedoch ist heute noch genauso. Geschichte ist in Usbekistan erlebbar und wird lebendig. Auch das Zusammenspiel von Sonne, Hitze, blauem Himmel und moslemischer mittelalterlicher Architektur könnte schöner nicht sein. Obwohl die Moderne in Usbekistan längst Einzug gehalten hat – auch hier klingeln die Handys der ›Businessmeny‹ – ist es gelungen, die Märchen aus 1001 Nacht zu bewahren.

Der Mythos von Samarkand und Buchara könnte auch zu einem literarisch motivierten Besuch führen, schließlich ist es Goethe gewesen, der diese Städte in seinem ›West-östlichen Divan‹ besungen hat.

Ein dritter Grund, Usbekistan zu besuchen, ist die legendäre Seidenstraße, die durch das heutige Usbekistan verlief, China mit Europa verband und dank derer viele blühende Wüstenstädte entstanden. Heute ist die Wiederbelebung der Seidenstraße eines der wichtigsten Themen des touristischen Marketings.

Das ›wirkliche‹ Usbekistan ist, trotz all seiner Mythen, in Europa ein relativ unbekanntes Land – es lohnt sich, auf Entdeckungsreise zu gehen.

Im Zuge des Zerfalls der Sowjetunion ist 1991 die unabhängige Republik Usbekistan entstanden, die exakt das Gebiet der einstigen sozialistischen Unionsrepublik umfaßt. Davor hat es nie einen Staat mit diesen Grenzen und dem Namen Usbekistan gegeben. Vielleicht haben die Usbeken, anders als andere Staaten, die sich aus dem Verbund der UdSSR lösten, deswegen so wenige Probleme mit ihrer sowjetischen Vergangenheit, schließlich haben sie die sowjetischen Jahre genutzt, um eine eigene Identität herauszubilden. Auch die heute regierenden Eliten haben sich in sowjetischer Zeit etabliert und pflegen das gute Verhältnis zu Moskau.

Längst haben die staatstragenden Attribute Einzug gehalten: aus den Leninplätzen wurden Unabhängigkeitsplätze, die grünen usbekischen Pässe sind verteilt, Usbekisch ist alleinige Amtssprache und auch die Schrift nicht mehr kyrillisch, sondern lateinisch. Der Präsident hat repräsentative Neubauten errichten lassen, läßt sogar sein eigenes alljährlich im September stattfindendes Tennistur-

Auf dem Registan in Samarkand

nier, den Präsidentencup, austragen. Die Schulkinder können die neue Nationalhymne auswendig, die usbekische Geschichte steht druckfrisch in den Schulbüchern, und passend dazu wurden neue Museen eröffnet.

Dank der bislang politisch stabilen Lage ist Usbekistan ein sicheres Reiseland. Dennoch gibt es auch problematische Entwicklungen, auf die ein Besucher Usbekistans, der sich nicht nur für Kunst und Kultur interessiert, stoßen wird. Dazu gehören die Menschenrechte, der Umgang mit der politischen Opposition und die ökologische Katastrophe des Aralsees – Themen, über die in Usbekistan nicht so gerne gesprochen wird.

Im Jahr 2004 wurden, zum erstenmal in der gesamten Region, Selbstmordattentate verübt, deren Ziele usbekische Sicherheitskräfte, die US-Amerikanische Botschaft und die Israelische Botschaft waren. Mehr als 50 Menschen starben, Dutzende wurden verletzt. Die Regierung hat die verbotene Hizbut-Tahir-Partei, eine religiöse Vereinigung mit Sitz in London, der Anschläge beschuldigt. Diese bestreitet jedoch die Verantwortung. Diese Anschläge richten sich nicht gegen Touristen, dennoch sollten Reisende, soweit dies bei der eher spärlichen Berichterstattung möglich ist, die Situation im Auge behalten, denn Analysten sprechen davon, daß es durchaus eine Fortsetzung dieser Anschläge geben könnte.

Das touristische Leben ist in den letzten Jahren in Usbekistan schöner und unkomplizierter geworden. Neue Hotels und Privatpensionen entstehen, immer mehr ungewöhnliche und dem Touristen-Geschmack entsprechende Souvenirs werden produziert und angeboten, und auch schöne Ansichtskarten werden endlich verkauft. Der Flughafen ist im neo-usbekischen Stil fast fertiggestellt. Die Sehenswürdigkeiten werden komplett renoviert und ihre Umgebung verschönert. Und auch abseits der bekannten Routen beginnt sich der Tourismus zu entwickeln. Die usbekische Regierung tut viel für das Bekanntwerden des Landes und seiner Sehenswürdigkeiten. Immer mehr spürt man dabei auch die usbekische Identität, die in den ersten Jahren der Unabhängigkeit noch aufgesetzt wirkte.

Man fühlt sich sicher in Usbekistan und freundlich empfangen – auch wenn manchmal schon die typischen Begleiterscheinungen des Tourismus auftauchen.

Das Land versucht sich zu positionieren zwischen den USA, Rußland und seinen mittelasiatischen Nachbarn. Die USA sind ein Bündnisparter der usbekischen Regierung, auch wenn die Beziehungen in letzter Zeit etwas angespannt sind. Nach innen scheint die Positionierung schon gelungen zu sein. Die meisten Russen und Deutschen sind ausgewandert, obwohl man sich ihnen gegenüber mehr oder weniger tolerant erweist. Fast alle Beschriftungen sind auf usbekisch. Russisch ist nicht mehr so häufig auf den Straßen zu hören.

Nach den ersten Jahren der Unabhängigkeit scheint jetzt Alltag in der Republik eingekehrt zu sein. Nichtsdestotrotz ist Usbekistan weiterhin ein spannendes und wunderschönes Reiseziel.

Hinweise zur Benutzung

Der erste Teil dieses Buches ist dem Land und seinen Bewohnern gewidmet. Da allgemeine Informationen über Usbekistan bei uns nur schwer zu bekommen sind, wird dieser Bereich im vorliegenden Reiseführer etwas ausführlicher behandelt. Ein kleiner Sprachführer in Russisch und Usbekisch beschließt diesen Teil.

Der zweite Teil des Buches beschreibt detailliert Städte und Landschaften Usbekistans. Zu jedem Ort gibt es eine Innenstadtkarte, in der wichtige Sehenswürdigkeiten, Hotels, Bushaltestellen etc. eingezeichnet sind. Am Ende eines jeden Kapitels sind alle wichtigen Adressen und Informationen zu Hotels, Verkehrsverbindungen, örtlichen Reiseveranstaltern, Einkaufsmöglichkeiten etc. zusammengefaßt.

Die Reisetips von A bis Z am Ende des Buches bieten alle Informationen, die man zur Vorbereitung einer Reise nach Usbekistan benötigt. Literaturhinweise, ein Glossar sowie ein Register schließen sich daran an.

Die Preise sind in US-Dollar angegeben, da die usbekische Währung, der Sum, der Inflation unterliegt. Bezahlt werden muß jedoch in der Regel in Sum.

Die Schreibweise, selbst der Städte und Straßennamen, ist nicht einheitlich; es gibt häufig unterschiedliche Schreibweisen.

Zeichenlegende

- Information, Tourismusämter
- Hotels, Pensionen, Privatunterkünfte
- Restaurants
- Flugplatz
- Bahnhof
- Busbahnhof
- TAXI: Taxi, Sammeltaxi
- Kulturveranstaltungen, Konzerte
- Museen, Ausstellungen, Galerien
- Einkaufen
- Internet-Cafés

Usbekistan ist ein junges Land mit langer Geschichte und ungewisser Zukunft, das dabei ist, seinen Weg zwischen Tradition und Moderne zu finden.

Land und Leute

Geographie

Usbekistan, auf usbekisch O'zbekiston, bedeutet ›Land der Usbeken‹ (›stan‹ heißt Land oder Platz). Usbekistan ist eine von fünf ehemaligen mittelasiatischen Sowjetrepubliken. Unter Mittelasien wird das Gebiet vom Pamir bis zum Kaspischen Meer und von der Kasachischen Schwelle bis zum Hindukusch verstanden. Diese Definition ist insofern wichtig, als immer wieder Begriffsverwirrungen auftreten, weil das englische ›Central Asia‹, das dieses Gebiet umfaßt, häufig als ›Zentralasien‹ übersetzt wird. Der deutsche Begriff ›Zentralasien‹ umfaßt im Verständnis der europäischen Geographie jedoch die Hochländer und Becken zwischen dem Himalaya und den südsibirischen Gebirgen, dem Pamir und dem westchinesischen Gebirgsrand.

Wenn man über die mittelasiatischen Republiken spricht, fällt häufig der Begriff Turkestan, also das Land der Turkvölker. West-Turkestan oder Russisch-Turkestan entspricht etwa dem Gebiet, das oben als Mittelasien definiert wurde. Ost-Turkestan oder Chinesisch-Turkestan liegt östlich des Tienshan und entspricht der chinesischen Provinz Siankijang.

Den größten Teil Mittelasiens beansprucht die Turanische Niederung, ein abflußloses Becken ohne Verbindung zu den Weltmeeren, mit zwei großen Wüsten und zwei mächtigen Flüssen – Amudarja und Syrdarja –, die dem einst viel größeren Aralsee zufließen, aber nicht mehr in ihn münden.

Gebirgslandschaft zwischen Samarkand und Taschkent

Usbekistan grenzt im Norden an Kasachstan, im Westen und Südwesten an Turkmenistan, im Süden an Afghanistan, im Südosten an Tadschikistan und im Nordosten an Kirgisistan.

Die Fläche des Staates beträgt 447 400 Quadratkilometer und ist damit nur wenig kleiner als Schweden. Von Osten nach Westen erstreckt sich Usbekistan fast über 1500 Kilometer und von Norden nach Süden 930 Kilometer.

Der Tieflandanteil umfaßt knapp drei Viertel, der Gebirgsanteil entsprechend etwas mehr als ein Viertel der Landesfläche. Die höchste Erhebung liegt mit 4299 Metern im Tienshan.

Einen von Sand umrahmten Diamanten nennt man das alte Usbekistan gerne – und der Reisende, der den üblichen Touristenrouten folgt, wird viel von grandioser Architektur, aber nicht viel von grandioser Landschaft zu sehen bekommen, denn Wüste und Steppe sind die Hauptmerkmale des auf Dauer etwas eintönigen Landschaftsbildes. Wer jedoch Zeit und Mut hat, sich abseits der ausgetretenen Pfade zu bewegen, sich ins Ferganatal oder in die Serafshan-Berge (usbek. Zarafshon) begibt, kann auch grüne Bergwelt erleben.

Die Wüsten und Oasen

Beherrschend in der usbekischen Landschaft ist die Wüste. Gleich zwei davon gibt es in Usbekistan: Im Süden gehört ein kleiner Teil der Wüste Karakum, was soviel bedeutet wie ›Schwarzer Sand‹, zu Usbekistan. Der Sand ist allerdings nicht schwarz, vielmehr bedeutet ›kara‹ auch ›bedrohlich‹. Die Bewohner müssen diese große Wüste (insgesamt ca. 350 000 Quadratkilometer) als bedrohlich aufgefaßt haben. Im Norden liegt die Wüste Kizilkum, ›Roter Sand‹, die sich zwischen den Flüssen Amudarja und Syrdarja auf einer Fläche von ca. 300 000 Quadratkilometern erstreckt. Die Wüste Kizilkum schimmert zu bestimmten Tageszeiten tatsächlich rötlich. Beide Wüsten sind keine reinen Sandwüsten, sondern sie sind mit Pflanzen bewachsen, und nur an wenigen Stellen kann man kleinere Windrosen oder Sandverwehungen sehen. Da in den mittelasiatischen Wüsten bis zu 200 Millimeter Niederschlag im Jahr, hauptsächlich im Frühjahr, fallen, ist der Untergrund beider Wüsten gar nicht so wasserarm. Besonders im März ist das zu spüren, wenn das pflanzliche Leben der Wüste erwacht. Eine Decke von Gräsern, bestehend vor allen aus Sandried, Saxaulsträuchern, Tamarisken und Sandakazien, fängt an zu blühen. Die Pflanzen haben sich den extremen Bedingungen angepaßt, so kann Saxaul, der meist strauchförmig, zuweilen aber auch baumförmig auftritt, mit seinen Wurzeln bis in zwanzig Meter Tiefe vordringen. Auch das stark verzweigte Wurzelsystem des Selingrases hat sich den Bedingungen angepaßt: Es ist horizontal ausgebildet und hat einen Radius von fast zehn Metern. Diese durchschnittlich einen Meter hoch werdenden Grasbüschel sind direkt auf die Niederschläge angewiesen. Von den Wurzeln wird ein Sekret ausgeschieden, das den umgebenden Sand festigt. Auf diese Weise kann die Bodenfeuchtigkeit länger gehalten werden. Nicht nur die Pflanze selbst kann sich besser mit Wasser versorgen, ihr Wurzelsystem verhindert auch, daß der Wüstensand durch die heftigen

Wüsten-Tankstelle

Winde weggetragen wird. Die zwei bis drei Meter hohe Sandakazie ist wie das Selingras ein Bewohner kahler Sandflächen. Ihre senkrecht nach unten gerichteten Wurzeln verzweigen sich in verschiedener Tiefe stockwerkartig nach allen Seiten. Werden durch Sandverwehungen die oberen Wurzeln freigelegt, erfolgt die Versorgung über tieferlieqende Wurzelstockwerke. Die Blätter der Sandakazie sind nur klein und mit einem zusätzlichen Verdunstungsschutz, feinen Härchen auf der Oberfläche, ausgestattet.

In der Wüste leben vor allem pflanzenfressende Kriechtiere wie Eidechsen, Warane und Schlangen, z. B. Sandvipern und die mittelasiatische Kobra, die übrigens nicht die für die anderen Kobras übliche brillenähnliche Zeichnung auf dem Kopf trägt. Mit etwas Glück kann man wilde Kamele und kleine Ziesel, die die Straße überqueren, sehen.

Da bereits geringe Mengen an Süßwasser genügen, um eine dünne Vegetationsdecke zu ermöglichen, hat sich in der Wüste eine bescheidene Viehzucht entwickelt. Unter dem Sand lagern in der Tiefe Erdöl und Erdgas. Im Zentrum einer der großen Erdgaslagerstätten wurden ab 1956 mitten in der Wüste Raffinerien und die Siedlung Gasli errichtet. Wenn man auf der Straße von Buchara nach Urganch fährt, kann man die mit Strohbündeln gekennzeichneten Erdgasleitungen sehen.

Die Kizilkum ist keine riesige Ebene. In ihrem Zentrum erheben sich alte Gebirgszüge bis zu Höhen von über 900 Metern (Tamyotau 922 Meter). Fliegt man etwa von Taschkent nach Urganch, kann man sehen, daß die völlig vegetationslosen Berge fast bis zu ihren Gipfeln in Löß verschwunden sind.
Um die Ebenen zu bewässern und die Oasen nicht an die Wüste zu verlieren, muß man seit jeher auf künstliche Bewässerung zurückgreifen. Durch Kanäle wird das Wasser von den drei größten Flüssen Amudarja, Syrdarja und Serafshan abgeleitet, die ihrerseits von den Gletschern der Tienshan-, Pamir- und Hindukusch-Gebirge gespeist werden.

Bereits seit dem Mittelalter wird in den Oasen hauptsächlich Baumwolle angepflanzt. Aber auch Hirse, Weizen und Gerste wurden damals schon angebaut. Bis heute berühmt sind auch die usbekischen Melonen, die im Mittelalter in extra dafür angefertigten und mit Eis gefüllten Bronzekesseln bis nach Bagdad an den Hof des Kalifen und zum persischen Schah exportiert wurden.

In sowjetischen Zeiten wurde vor allem der Baumwollanbau derart vorangetrieben, daß außer Baumwolle fast nichts angebaut wurde. Inzwischen wurden die Nachteile dieser Monokultur erkannt, und so bauen viele Kolchosen inzwischen

Jurte in der Wüste Kizilkum

auch Obst, Reis und Gemüse an. Fast in jedem Garten wachsen Weintrauben, und die usbekischen Aprikosen waren in der ganzen Sowjetunion berühmt.

Ein ernsthaftes Problem für die Pflanzenwelt Usbekistans ist die Versalzung des Grundwassers, die vor allem durch den hohen Verdunstungsgrad herbeigeführt wird. Wie überall enthält auch hier das Wasser einen geringen Anteil gelöster Salze. Wenn es verdunstet, bleibt das Salz zurück. In der Hitze Mittelasiens kommt es aber nicht nur zur Verdunstung auf offenen Wasserflächen, sondern auch das Grundwasser ist in den Sommermonaten bis zu einer Tiefe von drei bis vier Metern der Verdunstung ausgesetzt. Im Laufe der Zeit hat sich so der Salzgehalt des Grundwassers auf bis zu 250 Gramm pro Liter angereichert. Zum Vergleich: Der Salzgehalt der Ostsee beträgt bei Rügen nur etwa drei Gramm, was uns ja schon sehr salzig vorkommt. Die Bodenversalzung muß bei der Bewässerung der Felder beachtet werden, da die Gefahr besteht, daß durch den ansteigenden Grundwasserspiegel der Salzgehalt des Bodens soweit zunimmt, daß der Anbau von Kulturpflanzen unmöglich wird.

Die Flüsse Syrdarja und Amudarja

Zwei große Flüsse gibt es in Usbekistan: den Grenzfluß im Süden, den Amudarja, auch Oxus genannt, und den nördlichen Syrdarja, Jaxartes in der Antike genannt. Um diese beiden Flüsse herum haben sich die Oasen mit den weitverzweigten Kanalsystemen gebildet. Der Syrdarja entsteht durch den Zusammenfluß von Naryn und Karadarja und fließt durch das Ferganabecken am Nordostrand der Wüste Kizilkum entlang. Er ist 2212, mit seinem Quellfluß Naryn sogar 3019 Kilometer lang. Der Amudarja entspringt im Hindukusch und ist 2540 Kilometer lang.

Aber nicht nur das Wasser allein ist es, das die Gegend fruchtbar macht. Besonders der Amudarja hat einen hohen Schwebstoffanteil; er bringt Schlamm, Löß und Geröll aus den Bergen mit. Teilweise beträgt der Schwebstoffgehalt bis zu 3600 Gramm pro Kubikmeter. Durch die Ablagerung der gewaltigen Schlamm- und Sandmengen behindert sich der Fluß in seinem Lauf selbst und muß den selbst geschaffenen Barrieren aus Schlamm und Sand ausweichen und sich neue Wege suchen. Besonders im Frühjahr, zur Zeit der Eis- und Schneeschmelze, wird der sonst ruhige Amudarja zu einem reißenden Fluß. Er unterspült Ufer, entwurzelt Bäume, überschwemmt Ortschaften – und hat wahrscheinlich deshalb im Volksmund den Beinamen ›Dshaihun‹, der ›Tollwütige‹ erhalten. Ein Beispiel des Flußbettwechsels ist Konya-Urgench in Turkmenistan, die alte Hauptstadt des choresmischen Reiches, die einstmals unmittelbar am Ufer des Amudarja lag. Als sich der Flußlauf verändert hatte, wurde die Stadt aufgegeben, heute liegen ihre Ruinen vierzig Kilometer vom Amudarja entfernt.

Der Amudarja bei Urganch

Die Nebenarme des Amudarja und zahlreiche Kanäle sind die Voraussetzung dafür, daß in den wüstenähnlichen Gebieten so erfolgreich Landwirtschaft betrieben werden kann. Schon vor Jahrtausenden kannte man die fruchtbare Wirkung des Stromes, so nannten ihn die alten Ostiraner in der Avesta ›Aredvi‹. Dadurch symbolisierte er die Fruchtbarkeitsgöttin Ardvisura Anahita. Die Griechen nannten ihn Oxus, auf arabisch hieß er Djaichun, der Tollwütige.

In Nukus, der Hauptstadt der Karakalpakischen Autonomen Republik teilt sich der Amudarja in mehrere Arme auf und bildet im Süden des Aralsees ein nahezu 150 Kilometer langes Delta. Der Schlamm des Amudarja war einst sogar fruchtbarer als der berühmte Nilschlamm. Vor der ökologischen Katastrophe am Aralsee gab es im Deltagebiet dschungelähnliche Dickichte. In sumpfigen Niederungen wuchs über sechs Meter hohes Schilfrohrgestrüpp, in dem Schakale, Wildschweine, Dachse, Wölfe, Hirsche und Tiger lebten. Der letzte Tiger wurde 1972 geschossen.

Ein Meer verschwindet

Vor dreißig Jahren war der Aralsee der viertgrößte Binnensee der Erde, 120mal so groß wie der Bodensee. Die Dichter nannten ihn das ›Meer Mittelasiens‹. Inzwischen ist der Aralsee nur noch der achtgrößte See der Erde. Administrativ liegt der Aralsee in der Republik Kasachstan im Norden und in Karakalpakstan im Süden.

Die beiden Flüsse Amudarja und Syrdarja, die einst in den Aralsee mündeten, wurden zur Bewässerung genutzt und versickern jetzt kilometerweit vor dem Aralsee. Eine der größten Bewässerungsgegenden ist das Amudarja-Delta, in dem insbesondere Baumwolle und Reis viel Wasser benötigen. Im 20. Jahrhundert stieg die zu bewässernde Fläche von drei Millionen Hektar auf acht Millionen Hektar.

Seit 1987 besteht der Aralsee aus zwei Seen, die nicht mehr miteinander verbunden sind. Bis 1995 hat es einen künstlichen Kanal gegeben, der einen Wasseraustausch zwischen dem kleinen nördlichen Aralsee und dem großen südlichen Aralsee ermöglichte. 1996 war das erste Jahr, in dem die Aralseeinsel ›Barsakelmes‹, ursprünglich in der Mitte des Sees gelegen, mit dem Ufer verbunden war. Zwischen 1960 und 1996 sank der Wasserspiegel des Sees von 53,4 Meter auf 36,9 Meter. Jedes Jahr sinkt er um ungefähr einen weiteren Meter. Die Fläche verkleinerte sich von 67 388 Quadratkilometern auf 33 300 Quadratkilometer.

Weil kein Flußwasser mehr in den See kommt, trocknet er nicht nur aus, sondern versalzt auch. Das Salz wird wegen des Nordostwinds in den Süden, in das fruchtbare Amudarja-Delta, ein wichtiges Ökosystem, getrieben. Der wachsende Salzgehalt führt zum Niedergang dieser Gegend – die Landwirtschaft wird unmöglich und das Trinkwasser versalzt. Durch das Austrocknen sind ganze Städte, die vom Fischfang lebten, menschenleer geworden. Ein Fischer konnte einst ohne Probleme eine Großfamilie ernähren, inzwischen ist die Fischindustrie kollabiert. In einem Ort wird importierter Fisch aus dem Kaspischen Meer in Konserven gepackt – das ist der letzte Rest der Fischindustrie.

Im einstigen Kurort Moynak toben Sand- und Salzstürme. Die Bevölkerung erkrankt überdurchschnittlich häufig an Blutkrebs, Asthma und Bronchitis. In der Nähe des Aralsees liegt das Unheil buchstäblich in der Luft. Zusätzlich kommt es aus den Wasserleitungen, denn das Trinkwasser ist durch Pestizide und Schwermetalle stark belastet. Früher konnte man aus den Süßwasserströmungen im Aralsee Trinkwasser gewinnen. Heute brennt die Sonne unbarmherzig, bis zu 50 Grad wird es heiß.

Karakalpakstan ist eine der ärmsten Regionen der Erde. In der Hauptstadt

Nukus gibt es inzwischen Wasseraufbereitungsanlagen und Hilfe für die Bevölkerung, in den anderen Städten ist die Situation bedrohlich. Zwar gibt es Entwicklungsprogramme für das nächste Jahrtausend, aber kein geeignetes Soforthilfeprogramm. Insgesamt leiden durch die Aralseekatastrophe drei Millionen Menschen. Schon in den 70er Jahren hatte man bemerkt, daß sich der Aralsee verkleinert. Man hatte gigantische Pläne und wollte die sibirischen Flüsse Irtysch und Tobol in den Aralsee umlenken. Die Gelder lagen bereit, doch dann begann der Afghanistankrieg, und das Projekt wurde nicht realisiert.
Inzwischen haben die mittelasiatischen Staaten den ›Fond zur Rettung des Aralsees‹ gegründet. Nachdem es in Sibirien in den letzten Jahren viele Überschwemmungen gab, sollen diese Pläne wieder aktuell sein.
Die Ursache der Katastrophe liegt darin, daß Amudarja und Syrdarja den Aralsee nicht mehr erreichen. Vor allem westliche Wissenschaftler vertreten die These, daß die intensive Bewässerung und die undichten Kanäle daran schuld sind. Dem widersprechen usbekische und russische Wissenschaftler, die behaupten, daß das Sinken des Meeresspiegels geologische Ursachen habe. Die unter der Turanischen Niederung liegenden Erdplatten sind ständig in Bewegung. Die Wissenschaftler nehmen an, daß sich die Erdplatten so verschoben, daß der Aralsee jetzt höher liegt und das ebenfalls in der Turanischen Niederung gelegene Kaspische Meer tiefer. Durch die Kapillarwirkung fließt das Wasser jetzt in das Kaspische Meer, tatsächlich ist hier der Meeresspiegel gestiegen. Das Versickern des Amudarja ist nach dieser These nichts ungewöhnliches, schließlich hat der Fluß häufig sein Flußbett gewechselt. Vermutlich ist eine Kombination beider Ursachen für die Katastrophe verantwortlich.
Hinzu kommt, daß auf einer der Aralseeinseln, die längst keine Insel mehr ist, sich ein Institut mitsamt Wohnhäusern für die Wissenschaftler befand, in dem an Biowaffen geforscht wurde. Erreger sollen Krankheiten verursacht haben, und in den 90er Jahren wurde das kleine Städtchen evakuiert. Anfang der 80er Jahre sollen Biowaffen unsachgemäß vergraben worden sein. Inzwischen haben aber die Amerikaner die Container erneut betoniert und vergraben. Inwieweit sich der Erreger ausbreiten konnte und ob wirklich alles unter Kontrolle ist, darüber gibt es keine öffentlich zugänglichen Quellen.
Experten sprechen davon, daß sich die ökologische Situation weiter verschlimmern soll. Den Menschen bleibt nur die Möglichkeit, die Gegend zu verlassen; nur fehlt dazu den meisten das Geld.

Wirtschaft und Gesellschaft

In Usbekistan ist die Marktwirtschaft bis jetzt nur ansatzweise eingeführt worden. Viele Preise, auch für bestimmte Lebensmittel und Baumwolle, werden staatlich festgelegt. Wenn Preiserhöhungen erwartet werden, verschwinden die begehrten Waren aus den Geschäften und tauchen erst wieder auf, wenn die Preise tatsächlich erhöht sind. Zwar konnte durch diese Politik ein dramatischer wirtschaftlicher Kollaps verhindert werden, dennoch zeigten sich die Auswirkungen deutlich, als im Jahr 2000 die Differenz zwischen dem staatlichen Devisenkurs und dem Schwarzmarkt 400 Prozent betrug. Offiziell wurde der Sum 2003 konvertierbar, außerhalb Usbekistans wird er jedoch kaum gehandelt.

Auf dem Basar in Samarkand

Bislang sind nur einige große Unternehmen privatisiert, aber seit 2003 hat sich der Privatisierungsprozeß beschleunigt. An den Rändern der Märkte dürfen die Kolchos-Bauern ihre im eigenen Garten gepflanzten Produkte verkaufen, in privaten Geschäften gibt es Alkoholika, Videos und Compact Discs zu kaufen. Nach Angaben der Weltbank bleibt das Geschäftsklima in Usbekistan unattraktiv, im Vergleich mit anderen GUS-Staaten hat Usbekistan einen der geringsten Anteile an Direktinvestionen pro Kopf zu verzeichnen. Aufgrund der nicht vorangehenden politischen und wirtschaftlichen Reformen hat die Europäische Bank für Wiederaufbau und Entwicklung (ERBD) im April 2004 ihr Engagement im öffentlichen Sektor entscheidend verringert.

Die staatliche Preis- und Lohnkontrolle, die natürlich längst nicht mehr in allen Branchen greift, hat soziale Spannungen und die Verarmung bestimmter Teile der Bevölkerung bisher vermeiden können. Anders als in vielen anderen Transformationsstaaten wird der Übergang zur Marktwirtschaft hier langsam vollzogen. Es drängt sich sogar der Verdacht auf, daß ein großer Staatssektor erwünscht ist – schließlich entzieht sich in der Marktwirtschaft vieles der staatlichen Kontrolle. Trotzdem gibt es in Usbekistan bereits jetzt eine Wirtschaftsmafia, die jedoch wesentlich geringeren Einfluß hat als in manchen anderen Ex-Sowjetunionsrepubliken. Die Regierung machte den Versuch, durch Zölle und Einfuhrvorschriften den Import zu reglementieren und nur ›erwünschte‹ Waren ins Land zu lassen, also Waren, die nicht in Usbekistan produziert werden. Dazu gehören vor allem Maschinen und Ausrüstung für den Aufbau der industriellen Basis. So soll die Konkurrenz der internationalen Billigprodukte mit den usbekischen Produkten vermieden werden.

Durch die geschlossenen Grenzen zu den Nachbarländern und die scharfe Kontrolle über private Kleinunternehmen werden viele Usbeken ihrer Chancen beraubt, wenigstens durch Handel ein Einkommen zu haben. Viele Fabriken sind geschlossen, und die Arbeitslosigkeit ist hoch. Das durchschnittliche Monatseinkommen liegt bei 25 Dollar. Im Vergleich der Pro-Kopf-Einkommen ist Usbekistan eines drei ärmsten Länder in der GUS.

Nach Weltbank-Angaben leben 28 Prozent der Bevölkerung unter der Armutsgrenze, das sind etwa 6,7 Millionen Menschen, zwei Drittel hiervon leben in ländlichen Gebieten. Im Jahr 2003 betrug das Bruttoinlandsprodukt 9,9 Milliarden Dollar bei einer Wachstumsrate von 4,4 Prozent. Der Internationale Währungsfond prognostiziert ein geringeres Wachstum für die nächsten Jahre.

Eine hohe Inflationsrate von 22 Prozent, kein Vertrauen in das Bankwesen und Einschränkungen im Zugang zu Bargeld haben dazu geführt, daß der Tauschhandel gerade auch im privaten Bereich eine entscheidende Rolle spielt. Dank des

Melonen auf dem Basar von Samarkand, im Hintergrund die Bibi-Xanom-Moschee

relativ geringen Industrialisierungsgrades ist die Zahl der Altlasten aus der Zeit der Sowjetunion (marode Rüstungsbetriebe, ineffiziente Industriekonglomerate) ebenfalls gering.

Usbekistan ist reich an Bodenschätzen, die größtenteils erst in der Sowjetzeit erschlossen wurden und heute ein bedeutender Faktor für die relative wirtschaftliche Selbständigkeit Usbekistans sind. Besonders an die Erdöllager des Ferganabeckens, die schon früh entdeckt und genutzt wurden, knüpft sich inzwischen eine bedeutende Industrie an. Die wichtigste Erdgaslagerstätte befindet sich in Gasli, circa 100 Kilometer nordwestlich von Buchara, wo ein zu 96 Prozent aus Methan bestehendes Gas gefördert wird. Weitere Bodenschätze sind Kupfer und Uranium. Neben anderen Edelmetallen finden sich in Usbekistan verschiedene Goldadern, vor allem in den Bergregionen und in der Wüste Kizilkum. Gerade für das unabhängige Usbekistan sind diese Goldvorkommen – in sowjetischer Zeit verfügte das Land immerhin über fast ein Fünftel der sowjetischen Goldvorkommen – von großer Bedeutung; derzeit werden etwa 70 Tonnen Gold jährlich gewonnen. Man ist mit einer amerikanischen Firma ein Joint-venture eingegangen. Von der amerikanischen Seite wird die Technologie gestellt, dafür bekommt die Firma über einen gewissen Zeitraum die Hälfte des abgebauten Goldes. Nach einigen Jahren geht die Technologie in usbekischen Besitz über.

Hauptsächliche Importgüter sind Erdöl und Erdgas, Eisen, Chemikalien, Maschinen, Nahrungsmittel und Textilien. Die bedeutendsten Exportgüter sind neben Baumwolle Leichtindustrieprodukte und Rohmetalle. Wichtigster Handelspartner ist Rußland.

Landwirtschaft

Wenn die Landwirtschaft und die dazugehörenden Bewässerungsprozesse hier ausführlich behandelt werden, so hat das den Hintergrund, daß diese Techniken lebensnotwendig für Usbekistan sind. Jeder Usbeke kann sie erklären, nimmt an ihnen teil und lebt – zumindest partiell – in einem Rhythmus mit der Baumwollpflanze. In den Erntezeiten müssen alle mithelfen, die Baumwolle zu pflücken. Neulandgewinnung, Bewässerung, Baumwolle und Usbekistan sind nicht zu trennen. Auch wenn der Anteil der Landwirtschaft insgesamt beständig abnimmt, ist sie immer noch der dominate Wirtschaftszweig und macht etwa ein Drittel des Bruttoinlandsproduktes aus.

Schon vor der Oktoberrevolution war Usbekistan ein Land der Baumwolle. Die Bewässerungsanlagen und Felder gehörten den Großgrundbesitzern, den Beys. Nach der Eingliederung Usbekistans in die Sowjetunion erließ Lenin das berühmte Dekret über die Bewässerungsanlagen in Turkestan. Damit setzte der

Die Seidenraupenzucht ist ein wichtiger Nebenverdienst für viele Bauern

intensive Kanalbau und industrialisierte Anbau von Baumwolle ein. Im Zuge der Sowjetisierung wurde die sogenannte ›Neuland-Gewinnung‹ mit hohem technischen Einsatz vorangetrieben.

Der Boden Mittelasiens ist außerordentlich fruchtbar. Er enthält auch in den Wüstengebieten erhebliche Anteile von angewehtem Löß und ermöglicht bei warmem Klima mehrere Ernten im Jahr. Die gute Wärmeversorgung ermöglicht den Anbau anspruchvoller Kulturpflanzen wie Baumwolle, Wein, Fruchtkulturen, im Süden sogar etwas Zuckerrohr. Ausreichende Sonneneinstrahlung ist also da, was aber fehlt, ist Wasser.

Die Bewässerung der extrem trockenen Gebiete ist weitaus komplizierter, als einfach Wasser auf die Felder zu leiten. Das schwierigste Problem, das dabei zu lösen ist, ist die Bodenversalzung. Ein Liter Grundwasser kann in Mittelasien bis zu 250 Gramm Salz enthalten. Bei oberflächennahem Grundwasserspiegel werden die gelösten Salze (Chloride, Sulfate und untergeordnet auch Nitrate) durch Kapillarwirkung in die oberen Bodenzonen getragen. Wenn das Grundwasser bis in eine Tiefe von zwei bis drei Metern unter der Erdoberfläche aufsteigt, beginnt es bei den hohen Temperaturen Mittelasiens zu verdunsten. Wenn aber das Wasser verdunstet, fallen die in ihm gelösten Salze aus. Dadurch ist die Ertragsfähigkeit des Bodes gefährdet. Manchmal, besonders in der Steppe, kann man die Salzkrusten am Boden gut sehen.

Um der Bodenversalzung zu begegnen und um versalzene Steppen- und Wüstenböden überhaupt bewässern zu können, müssen zunächst, so paradox es in der Wüste erscheint, Entwässerungsarbeiten durchgeführt werden. Durch ein Netz von Kanälen wird der Grundwasserspiegel zwei bis drei Meter unter der Geländeoberfläche gehalten und dadurch auch ein Aufsteigen der Salze verhindert. Die im Boden verbleibenden Salze werden von salzarmem Flußwasser ausgewaschen. Auf diese Weise kann der Salzgehalt im Boden so stark reduziert

Kokons in einer Seidenraupenzucht bei Buchara

werden, daß er von den Kulturpflanzen verkraftet wird. Baumwollpflanzen sind beispielsweise in ihrem anfänglichen Wachstum bei einem Salzgehalt von 0,3 Prozent im Boden lebensfähig. Steigt der Salzgehalt aber weiter an, sterben die Pflanzen ab. Deswegen muß in Usbekistan der Salzgehalt des Bodes ständig kontrolliert werden. Steigt der Salzgehalt an, sind erneute Entsalzungen notwendig.

Wie diese Arbeiten erfolgen, ist gut zu erkennen, wenn man Taschkent anfliegt. Man staunt, daß plötzlich inmitten der Wüste rechteckige, von Gräben begrenzte Parzellen auftauchen, die aus Wüstensand bestehen. Je mehr man sich Taschkent nähert, um so grüner wird das Land. Zuerst wachsen nur niedrige Pflanzen, die das

Salz aufsaugen und so die Entsalzung erleichtern. Dann werden die ersten spärlichen Baumwollsträucher sichtbar, die immer dichter werden. Im Frühjahr staut man auf den Parzellen Wasser. Das Salz wird ausgewaschen und das mit Salzen angereicherte Wasser durch ›Kollektoren‹, wie man die Sammelkanäle nennt, in Wüstensenken geleitet. Bevor Baumwolle oder Getreide angepflanzt werden kann, sind mitunter drei bis fünf Jahre währende Bodenwäschen nötig.

Daß die Bewässerung erfolgreich war, bemerkt man, wenn man einen usbekischen Markt betritt. In dem bunten Treiben und regen Stimmengewirr ist man von der Vielzahl der angebotenen Früchte überrascht. Aprikosen, Kirschen, Weintrauben, Äpfel, Pflaumen und Birnen – sie alle werden in einer erstaunlichen Fülle von Sorten angepriesen. Auch Feigen, Quitten und Limonen gedeihen gut. Wegen ihrer Heilwirkung werden schon seit Jahrhunderten Granatäpfel sehr geschätzt, und besonders berühmt sind die aromatischen und süßen usbekischen Honigmelonen. Honigmelonen aus Samarkand waren einst besonders wertvoll, man soll sie sogar gegen Sklavinnen eingetauscht haben. Früher wurde in Mittelasien vor allem Weizen, Hirse und Gerste angebaut. Aber spätestens nach Fertigstellung der Turksib 1930, als die Eisenbahn Rußland mit Turkestan verband, gab man den Anbau dieser Getreidearten, die nun aus Rußland und Sibirien eingeführt wurden, zugunsten des Baumwollanbaues im wesentlichen auf. Heute erinnert man sich an diese Zeiten und forciert den Getreideanbau. Besonders Reis wird verstärkt gepflanzt.

Neben der Baumwolle und dem Getreidanbau spielt auch die Seidenraupenzucht eine Rolle in der usbekischen Landwirtschaft. Überall in den bewässerten Zonen der Ebenen und der Vorgebirge trifft man in Mittelasien Maulbeerpflanzungen an. Meist sind die Bäumchen entlang der Bewässerungskanäle gepflanzt worden und stellen das erste Grün in der sonst noch trostlosen Umgebung dar. In Gebieten, in denen Wasser in ausreichendem Maße zur Verfügung steht, hat man Maulbeerbäume auch auf großen Flächen angebaut. In bergigen Gegenden gedeihen sie bis in Höhen von 1300 Metern. Besonders im Ferganagebiet ist es noch üblich, daß die Bauern Seidenraupen zu Hause züchten. Die Aufzucht beginnt im April und kann bis etwa Mitte Mai betrieben werden. Man kauft in der Regel zehn bis zwölf Gramm Raupen, die sorgfältig mit mehrmals am Tage gepflückten Maulbeerblättern gefüttert werden. Bei guter Pflege haben sich die Raupen schon nach sieben bis zehn Tagen versponnen. Von einem Kokon können, zumindest theoretisch, 800 bis 1200 Meter Seidenfäden abgerollt werden.

Baumwolle

Jeder Bewohner Usbekistans kann stundenlang über Baumwolle erzählen. Ganz genau werden die Berichte über Baumwollsaat und -ernte verfolgt. Wenn die Baumwolle im Herbst geerntet wird, müssen alle auf die Felder: die Studenten werden abkommandiert, Schulkinder aufs Land verfrachtet, in den Dörfern werden Bettenlager für die anreisenden Städter errichtet, Basare werden geschlossen, damit sich wirklich alle als Erntehelfer betätigen. Man kann Ende September ganze Buskonvois beobachten, die die Städter zur Ernte transportieren. Dabei ist Baumwollepflücken sehr mühsam, und außerdem gibt es eine Norm, die zu erfüllen ist. Und die Bezahlung ist miserabel. Aber
die Baumwollernte ist eine nationale Angelegenheit, an der sich alle – ob gerne oder nicht – beteiligen. Es gibt allerdings die Möglichkeit, sich freizukaufen. Man bezahlt eine Person, die bereit ist, die eigene Norm mitzuerfüllen. Ganz Gewitzte eignen sich bereits gepflückte Baumwolle an, um sie als ihre eigene auszugeben, was natürlich illegal ist. Die Baumwolle, die schon seit Jahrhunderten in Mittelasien beheimatet ist, nimmt einen Großteil der riesigen Flächen, die durch Bewässerung gewonnen werden, in Anspruch. Die zu den Malvengewächsen gehörende Pflanze braucht guten Boden, mindestens zweihundert frostfreie Tage im Jahr in ununterbrochener Folge und fünfhundert bis siebenhundert Millimeter Niederschlag im Jahr oder entsprechende Bewässerung. Das strauch- bis baumartige Gewächs, das zwischen einem halben Meter und sechs Meter hoch wird, benötigt ein tropisches oder subtropisches Klima, also Temperaturen zwischen 18 und 20 Grad und viel, viel Wasser: je Hektar 8000 Kubikmeter. Die bauschigen Früchte der Baumwolle wachsen an Sträuchern, die achtzig bis hundert Zentimeter hoch werden. Die Aussaat der Baumwolle beginnt in den Monaten März und April. Während der Wachstumszeit werden die Felder entsprechend den klimatischen Bedingungen mehr oder weniger oft bewässert und gedüngt. Im September beginnt dann die Ernte, die sich bis in den Dezember hinzieht. Vor der eigentlichen Ernte besprüht man die Felder von Flugzeugen aus mit Herbiziden und entlaubt so die Sträucher. Zehn Tage dauert es im Durchschnitt, bis die Blätter abgefallen sind, erst danach kann die Ernte beginnen. Sie ist kompliziert und auch kostenaufwendig, weil die Kapseln zu verschiedenen Zeiten reifen. An einem Strauch sieht man gleichzeitig gelbe, weiße oder auch hellrosa Blüten neben überreifen Früchten. Sind die Blütenblätter abgefallen, beginnt die Fruchtkapsel schnell zu wachsen. Sobald sie reif ist, platzt sie auf, und dann quellen die watte-

Reife Baumwollkapseln

weichen Fasern heraus, in die feine Samen eingebettet sind. Jetzt muß der Baumwollbausch sofort geerntet werden, denn schon nach wenigen Tagen lösen sich die Fasern von der vertrocknenden Kapsel und werden vom Wind davongetragen.
Aber nicht nur die weißen Fasern aus der Kapsel werden verwendet, sondern auch Blätter und Stengel. Für über 200 Produkte liefert die Baumwollpflanze den Rohstoff, dazu gehören das Baumwollsamenöl, aber auch Möbel, Spiritus, Hefe, Zitronensäure und Papier.
Um eine Tonne Baumwolle zu ernten, muß ein Pflücker zweihunderttausendmal die gleiche Handbewegung machen – von der Kapsel zum Sammelsack und wieder zurück. Heute wird immer noch viel mit der Hand gepflückt, da die vorhandenen Maschinen die Baumwolle nicht sauber genug pflücken können. Ganze Familien kommen zur Erntezeit im September auf die Baumwollplantagen, Studenten werden auch heute noch zur Baumwollernte abkommandiert, das Staatsfernsehen berichtet über die Erfolge der Baumwollernte, an die Menschen wird, mittels großformatiger Plakate und manchmal auch durch Straßensperrungen, appelliert, sonntags nicht den Basar zu besuchen, sondern bei der Baumwollernte Hand anzulegen.
Pro Tag erntet ein Mensch etwa siebzig bis achtzig Kilogramm, eine Maschine zwischen fünfzehn und zwanzig Tonnen des ›Weißen Goldes‹.

Baumwollernte bei Samarkand

Die Baumwolle wird in den Dörfern zu hohen weißen Bergen gestapelt und dann gesäubert und weiterverarbeitet. Dazu gehört das heute maschinell durchgeführte Entfernen der Samenkörner aus der Rohbaumwolle. Aus hundert Kilo Rohbaumwolle gewinnt man im Durchschnitt vierzig Kilo Fasern, zehn Kilo Baumwollöl, das für die Zubereitung aller Nationalgerichte, aber auch für technische Zwecke verwendet wird, dreißig Kilo Samenpreßrückstände als wertvolles Viehfutter und zwanzig Kilo Kapselschalen.

Innerhalb der Sowjetunion nahm Usbekistan die Rolle des wichtigsten Baumwollproduzenten ein. Die entstandene Baumwollmonokultur erweist sich heute als Last, denn die usbekische Baumwollwirtschaft ist von einer tiefen Krise überschattet, die vor allem aus der Überlastung der Böden resultiert. Inzwischen wird der Baumwollanbau reglementiert. Die Kolchosen dürfen auf nicht mehr als 50 Prozent ihrer Anbaufläche Baumwolle pflanzen. So soll die Monokultur langsam einer variantenreicheren Landwirtschaft weichen.

Bevölkerung

Usbekistan hat 25,6 Millionen Einwohner, das Bevölkerungswachstum beträgt 1,3 Prozent pro Jahr. Wieviele der Einwohner Usbeken sind, ist schwer zu sagen. In den offiziellen Statistiken steigt der Anteil der Usbeken ständig. Waren 1998 drei Viertel der Bevölkerung Usbeken, sollen es 1999 schon über vier Fünftel gewesen sein. Der Anteil der anderen Nationalitäten geht aus unterschiedlichen Gründen zurück. Viele Russen haben Usbekistan verlassen. Zwar gibt es keine direkte, aber eine indirekte Benachteiligung der Russen. Beispielsweise sind die russischen Schulbücher, da sie eingeführt werden müssen, teurer als die usbekischen. Die zweite Ursache für das Wachstum der usbekischen Bevölkerung liegt in der Statistik selbst: viele Russen haben den neuen grünen Paß der Republik Usbekistan, sind also jetzt usbekische Staatsbürger. In den ländlichen Gebieten leben weit über 90 Prozent Usbeken. Die Hauptstadt Taschkent ist aber immer noch eine russische Stadt, auf deren Straßen hauptsächlich russisch zu hören ist.

Im Gebiet um Samarkand lebt eine große tadschikische Minderheit, deren Anteil an der gesamten Bevölkerung ungefähr fünf Prozent beträgt. Weitere Minderheiten sind die Kasachen und die Karakalpaken. Im Zuge der Sowjetisierung kamen die unterschiedlichsten Nationen nach Usbekistan, von denen viele bis heute dort leben.

Kinder in der Altstadt von Chiwa

Lediglich ein Drittel der Bevölkerung lebt in Städten. Im Durchschnitt besteht eine Familie aus 5,5 Personen. Die Lebenserwartung ist deutlich niedriger als bei uns. Sie beträgt bei Frauen 71 Jahre, bei Männern 66 Jahre.

Eine sehr wichtige Rolle in der usbekischen Gesellschaft spielt die Großfamilie, die Kinder und Enkel umfaßt und dem einzelnen immer Rückhalt bietet. Die verheirateten Söhne und ihre Familie unterstehen dem Schutz und dem Sorgerecht der Eltern, während die verheirateten Töchter den schwiegerelterlichen Familien zugeordnet werden. Das Familienoberhaupt ist meistens männlich. Wenn möglich, wohnt die ganze Familie in einem Haus und nimmt die Hauptmahlzeiten gemeinsam ein.

Die Rollenverteilung ist traditionell: So ist die ›Familien-Mutter‹, also die Frau des Familienoberhauptes für die Kindererziehung, Haushaltsführung, Nachbarschaftspflege, aber auch für die Sammlung der Aussteuer zuständig. Sie wählte einst Braut oder Bräutigam aus, in manchen ländlichen Gegenden tut sie es noch. Was die Familienmutter anordnet, wird gemacht.

Für den Einzelnen ist die Familie keine lästige Institution, sondern jeder bemüht sich, der Familie nahe zu sein. Auch in der sowjetischen Periode hat sich daran wenig geändert. Hinter diesem Familienverständnis steht die Philosophie, daß eine Gesellschaft nicht auf Basis einzelner Personen existieren kann, sondern nur, wenn sich mehrere Familien zusammenschließen. Auch heute wird die politische Elite aus den Familienverbänden des Machthabenden rekrutiert.

Staatstruktur

Der Präsident Islam Karimov ist das Oberhaupt von Staat und Regierung. Er hat als 1. Sekretär der Kommunistischen Partei Usbekistans die Lösung von Moskau betrieben, und sich dann im Dezember 1991 zum ersten Präsidenten des unabhängigen Usbekistans wählen lassen. Seine Partei, die ›Demokratische Volkspartei‹ hat sich zum Großteil aus ehemaligen Mitgliedern der KPdSU gebildet und machte seitdem eine vom Präsidenten verordnete ›Usbekisierungs‹- und Verjüngungskur durch. Karimov selbst soll ein paar Nachhilfestunden Usbekisch genommen haben. Der Präsident hat weitreichende Vollmachten. Er setzt die Regierung zusammen und leitet sie, ist die oberste militärische Befehlsgewalt und kann das Parlament auflösen. Karimov, bei der letzten Wahl mit über drei Viertel der Stimmen gewählt, wird als autoritärer Präsident verehrt. Überall sind sein Portrait und seine ›Merksätze‹ – die stark an die sowjetischen ›Losungen‹ erinnern – präsent. Er zeigt sich gerne mit Blumenmädchen auf dem Arm und sieht sich selbst – in einer Tradition mit Tamerlan – als strengen und gerechten Herrscher. Sein Verdienst ist es, daß er Usbekistan ohne größere Unruhen, wie sie in einigen

Am Unabhängigkeitstag in Taschkent

mittelasiatischen Nachbarrepubliken ausbrachen, aus dem alten System gelöst hat und in eine relative Stabilität überführt hat.

Im Parlament (›Oliy Majlis‹, neugewählt im Dezember 2004) gibt es keine nennenswerte Opposition. Zwar gehören die 250 Berufsparlamentarier nicht nur der ›Demokratischen Volkspartei‹, sondern auch anderen Parteien an, dennoch unterstützen sie Karimovs Politik bedingungslos.

An den Wahlen konnten die beiden Oppositionsparteien Erk (Freiheit) und Birlik (Einheit), deren Vorsitzende im Exil sind, nicht teilnehmen, da nur regierungstreue Parteien registriert wurden. In Taschkent gibt es nach UN-Angaben keine registrierte Oppositionspartei, die Massenmedien werden von staatlicher Seite kontrolliert, Journalisten beklagen sich über Einschränkungen und Bedrohungen in ihrer Tätigkeit. Nichtregierungsorganisationen, die sich im Bereich Menschenrechte oder Rechtssystem engagieren wollen, werden nicht zugelassen. Anfang der 90er Jahre wurde Karimov (geboren 1938) wegen seines Wahlkampfs und den Umgang mit der damaligen Opposition, der Volkfront ›Birlik‹, kritisiert. Er hat Demonstrationen verboten und Oppositionsführer einschüchtern (bis zur Bombenexplosion) und in Arrest nehmen lassen – all das hat dazu geführt, daß Islam Karimov jetzt uneingeschränkt und von einer Opposition unbedrängt regieren kann. Gerechtfertigt wird dies von usbekischer Seite mit dem Hinweis, daß in dieser Region ein autoritärer Führer historisch verwurzelt und damit notwendig sei. Die politischen Herrschaftsstrukturen entsprechen den Familienclans. Vom westlichen Standpunkt aus hat das wenig mit demokratischen Prozessen zu tun. Auch liegen zwischen der republikanischen Verfassung und dem politischen Alltag in Usbekistan Welten. Aber der westliche Ideologieexport stößt nicht überall auf offene Ohren.

Oppositionsgruppen und unabhängige Muslimgruppen werden kontrolliert und ihre Mitglieder verfolgt, es gibt schätzungsweise 4500 bis 6000 politische und religiöse Gefangene. Das UN-Büro für die Koordinierung Humanitärer Angelegenheiten betont in seinem Jahresbericht 2004 die fortwährende Verletzung der Menschenrechte und die fehlenden demokratischen Reformen (www.irinnews.org). Die Usbeken lieben ihren ›starken Mann‹ und kritisieren seine Politik allenfalls hinter vorgehaltener Hand. Ein Einschnitt für das bis dahin ruhige Usbekistan war das mißlungene Attentat auf Islam Karimov im Februar 1999 in Taschkent. Es hat dreizehn Tote und viele Verletzte gegeben. Die Attentäter, die einer proislamischen Gruppe angehören, sind gefaßt und verurteilt. Auf alle Versuche, einen Bürgerkrieg zu beginnen, antwortet die Regierung mit eiserner Hand.

Usbekistan ist in 12 Gebiete und die autonome Republik Karakalpakstan gegliedert. Die Karakalpaken können theoretisch jederzeit aus dem Verbund mit Usbekistan ausscheiden. Sie erlassen ihre eigenen Gesetze und haben auch ein eigenes Parlament, jedoch gelten die usbekischen Gesetze automatisch auch auf dem Gebiet der autonomen Republik. Usbekistan ist Mitglied der Gemeinschaft Unabhängiger Staaten (GUS) und seit 1992 in allen wichtigen internationalen Organisationen wie UNO oder IWF vertreten.

Es gibt in der lokalen usbekischen Verwaltung eine Besonderheit: die ›Mahalla‹. Jede Siedlung eines Stadtviertels verfügt über diese Selbstverwaltung, deren Institutionalisierung auf alte usbekische Tradtionen zurückgeht. Die Mahalla kümmert sich um die lokalen Angelegenheiten. Ein Beispiel: Wenn, wie in Samarkand geschehen, ein alter Wohnbezirk abgerissen wird, sorgt die Mahalla, mit ihrem für zweieinhalb Jahre gewählten ›Ak Sakal‹ (Ältester oder Weißbart) für die Vermittlung geeigneter neuer Wohnungen. ›Lebst du in der Mahalla, dann achte ihre Gesetze und nimm an ihren Angelegenheiten teil.‹, lautet ein Sprichwort. In der Mahalla wird häufig die Gemeinschaftshil-

Die Zukunft des Landes: Schulmädchen in Urganch

fe, Hashar genannt, praktiziert. Bis heute ist der Hashar ein wichtiger Bestandteil der usbekischen Gesellschaft. Wenn jemand Hilfe braucht, kann er die anderen Mitglieder der Mahalla bitten, ihm kostenlos zu helfen. Lediglich für die nötige Verpflegung hat er zu sorgen. Auch gemeinsame Interessen, z.B. die Renovierung der Stadtviertelmoschee werden so realisiert. Der Hashar paßte ins Konzept der sowjetischen Wirtschaftspolitik, die mit dem Subbotnik etwas Ähnliches hervorgebracht hat.

Auf dem usbekischen Wappen ist der legendäre Vogel Semurg – Symbol der usbekischen Wiedergeburt – vor der aufgehenden Sonne und über einem fruchtbaren Tal zu sehen. Er soll einst wie Phoenix aus der Asche aufgestiegen sein. Links umkränzen ihn Baumwollpflanzen, rechts eine Ähre Weizen. Der achteckige Stern oben symbolisiert die Einheit und Bestätigung der Republik. Innerhalb des Achtecks ist der Halbmond mit Stern, das Symbol der Moslems, abgebildet. Die Flagge besteht aus horizotalen Streifen, die blau, rot (schmal), weiß, rot (schmal) und grün sind. Außerdem sind ein Halbmond und zwölf Sterne abgebildet.

Religion

Usbekistan ist bisher ein säkularer islamischer Staat. Zwar gewann der Islam neue Bedeutung für Usbekistan, auch Präsident Karimov pilgerte nach Mekka, dennoch achtet der Gesetzgeber darauf, daß der Islam gemäßigt bleibt. So darf der Muezzin nicht mit einem Mikrofon zum Gebet rufen, und es sind auf den Straßen kaum verschleierte Frauen zu sehen. Allerdings gewinnt der Islam immer mehr an Boden, was besonders an den muslimischen Pilgerstätten zu beobachten ist. Wurde noch im Jahr 1998 ausländischen Besuchern überall der Zugang gewährt, war dies 1999 mancherorts schon verboten. Auch die Kleidungsvorschriften in den Moscheen werden strenger. Nach dem Ende der Sowjetunion sind viele Moscheen neu eröffnet worden, und die islamischen Hochschulen erfreuen sich größer werdender Beliebtheit.

Auch die islamische Mystik, der Sufismus, ist seit Jahrhunderten und bis heute in Mittelasien populär. Die pilgernden Derwische mit ihren charakteristischen Mützen und ihren Stöcken waren bis zum Anfang des 20. Jahrhunderts in der Region präsent. Die mystische Frömmigkeit im Islam entstand schon früh neben der Gesetzesreligion. Ziel eines Sufis ist es, die Kluft zwischen Gott und Mensch zu überwinden. So begibt sich der Sufi auf den Weg, alles das zu überwinden, was ihn von Gott trennt. Die Liebe zu Gott muß das Bewußtsein, ein Individuum zu sein, völlig verdrängen, so kann er durch absolutes Gottesvertrauen (›tawakul‹) im Augenblick der Ekstase (›ghaiba‹) die Kluft überwinden.

Derwischgruppe auf einer historischen Aufnahme

Im Islam, wie er in Usbekistan praktiziert wird, finden sich Elemente von zwei weiteren Religionen, die einst in Mittelasien populär waren. Die eine Religion ist der Zoroastrismus. Im Pamirgebirge leben auch heute noch ›Feueranbeter‹. In Samarkand, in der Gräberstraße Shohizinda, werden in bestimmten Mausoleen kleine Feuer angezündet. Ähnliches kann man auch vor dem Samanidenmausoleum in Buchara beobachten. Zarathustra, vermutlich im Gebiet des heutigen Turkmenistan geboren, ist der Begründer des Zoroastrismus. Charakteristisch für diese Religion ist der Dualismus von gut und böse. Zarathustra stellt Ahura Mazda den Geist Angra Mainyu (später Ahriman) gegenüber. Der weise Gott hat Erde, Wasser, Licht und Finsternis geschaffen, der andere Krankheit, Tod und Finsternis. Zwei feindliche Kräfte stehen sich unversöhnlich kämpfend gegenüber. Dieser Dualismus findet sich auch – und vielleicht wurde er deswegen für die Religion so wichtig – in den schroffen Gegensätzen der mittelasiatischen Natur. Reiche Oasen und dürre Steppen, seßhafte Völker und nomadisierende Viehzüchter.

Der Buddhismus begann sich zu Beginn unserer Zeitrechnung verstärkt nach Nordwesten auszubreiten. Durch die Einverleibung Indiens in das gewaltige Imperium der Kuschan und deren Religionsfreiheit drang er auch nach Baktrien vor. Besonders in Termez sind Überreste buddhistischer Klöster erhalten geblieben. Buddhistische Einflüsse auf die usbekische Religiösität sind vor allen Dingen in Motiven der darstellenden religiösen Kunst zu finden.

Aberglaube – Amulette gegen den bösen Blick

Wenn man über die Basare schlendert, bemerkt man – wenn man den Blick etwas länger schweifen läßt – im Angebot der auf dem Boden sitzenden Frauen, inmitten von Nähnadeln und Schminkutensilien, kleine schwarzweiße Perlenketten, die wie Armbänder aussehen. Auch Glasaugen, die an einer Sicherheitsnadel befestigt sind, kann man finden. Beides sind magische Augen, die – so meint die Bevölkerung – gegen den bösen Blick schützen. Man befestigt sie beispielsweise an der Krageninnenseite – so daß sie nicht sofort sichtbar sind – oder an der Innenseite der Ohrläppchen. Die meisten Usbeken tragen ein solches oder ähnliches Amulett. Auch an Windschutzscheiben kann man die unterschiedlichsten Amulette sehen, häufig zum Beispiel ein bestimmtes getrocknetes Steppengras.

Seit Jahrhunderten müssen auch Gebäude gegen den bösen Blick und die bösen Geister geschützt werden. Deswegen ragen häufig Pfähle aus den schon mehrere Jahrhunderte alten Bauwerken völlig unmotiviert heraus. Am besten kann man das in Chiwa beobachten. Man hat den Eindruck, daß die Gebäude noch nicht fertiggestellt sind. Genau das ist auch der Sinn dieser waagerecht herausstechenden Pfähle, denn böse Geister nehmen nur fertige Bauwerke in Besitz. Eine andere Interpretation besagt, daß der böse Blick durch die ins Auge fallenden Pfähle zuerst auf jene, und eben nicht auf das eigentliche Bauwerk fällt, was zweifelsohne stimmt.

Überhaupt ist ein magisches Weltverständnis weit verbreitet. So werden zweifelnde Worte des öfteren für negative Ergebnisse verantwortlich gemacht. Das neidische Auge, das zweifelnde Wort, der böse Blick – all dies kann zum Beispiel bei einer Autopanne als Ursache genannt werden.

Geschichte

Einen Abriß der Geschichte des Gebietes des heutigen Usbekistan zu schreiben ist ein recht kompliziertes Unterfangen. Erstens reicht die Geschichte über 3000 Jahre zurück – Ur- und Frühgeschichte noch nicht einbezogen – und zweitens haben viele der Nomadenvölker, die die Geschichte der Region bestimmten, keine schriftlichen Quellen hinterlassen. Hinzu kommt, daß der Raum des heutigen Mittelasien in früheren Jahrhunderten keineswegs so übersichtlich in Staaten eingeteilt war wie heute und Herrschaftsgebiete ständig ihre Grenzen änderten. Das Grundmuster der geschichtlichen Entwicklung ist allerdings einfach und bis heute gültig: die entstandenen Großreiche wurden immer durch kleine, schlagkräftige Völker zerstört. Nomadenvölker machten der seßhaften Bevölkerung das Leben schwer – aus der unendlichen mongolisch-sibirischen Steppe drängen immer neue Völkerschaften nach Mittelasien.

Vier mächtige Invasoren haben im Laufe der Jahrhunderte das kulturelle Bild des heutigen Usbekistan geprägt: die Griechen, die Araber, die Mongolen und die Russen.

Die Achämeniden

Die ersten Funde des Homo sapiens stammen aus dem Jungpaläolithikum, also aus einer Zeit vor ungefähr 25 000 Jahren. Zeugen der frühen Geschichte der Region sind die zahlreichen Höhlenzeichungen im Serafshangebirge. Um 700 vor Christus formieren sich die ersten Völkerschaften, zu denen die Baktrier, Sogden, die Massageten und Saken gehörten. Von den Saken sind Bestattungsriten bekannt, und ihre Waffen wecken bis heute Bewunderung.

Das erste große Reich jedoch ist das Achämenidenreich, das von Kyros II. gegründet wurde. Kyros entstammte der altpersischen Achämenidendynastie, die nach ihrem Begründer Achaimenes benannt wurde. Kyros schüttelte die Meder ab, denen er bis dahin tributpflichtig war und eroberte nach Kleinasien auch Mittelasien mit grausamen Methoden. Die meisten Stämme unterwarfen sich ihm sofort, nur die Massageten mit ihrer Königin Tomyris waren nicht bereit, sich zu unterwerfen.

Anfang August des Jahres 530 vor Christus soll die tragische Begegnung von Kyros und Tomyris stattgefunden haben, ein Chronist schreibt: ›Nachdem Kyros Asien unterworfen hat, und der ganze Osten sich seiner Macht beugte, begann er den Kampf gegen die Massageten. Königin der Massageten war damals Tomyris. Sie fürchtete nicht, wie man es von einer Frau erwartet hätte,

Handwerkerhof in Buchara

den feindlichen Überfall. Obwohl Tomyris das Übersetzen des Feindes über den Oxus hätte verhindern können, ließ sie die Perser den Fluß überqueren, rechnend, daß sie innerhalb der Grenzen ihres eigenen Landes gegen den Feind besser kämpfen könne, und daß so auch den Persern der Fluchtweg abgeschnitten sei.

Kyros schlug, nachdem er den Fluß überquert und ein Stück in das Land der Massageten eingedrungen war, die Zelte auf. Am folgenden Tag täuschte er nach der ersten Begegnung eine Flucht vor. Im Lager aber hatte er Wein und alles für ein Gelage Nötige zurückgelassen.

Als man davon Tomyris berichtete, schickte sie ihren Sohn, fast noch einen Jüngling, mit einem Drittel ihrer Streitmacht, um den Feind zu verfolgen. Der in Kriegsdingen noch unerfahrene Sohn der Königin zog in das verlassene Lager ein, vergaß den Feind und erlaubte seinen, den Weingenuß nicht gewohnten Barbaren, zu zechen. Das maßlose Trinken aber besiegte die Soldaten noch eher als die Waffen.

Nachdem Kyros dies erfahren hatte, kehrte er nachts zurück, überfiel die betrunkenen Massageten und tötete alle, einschließlich Tomyris' Sohn. Die Königin vergoß ob des Verlustes keine Träne, sondern suchte Trost in der Rache und antwortete mit ebensolcher Hinterlist. Sie wandte sich zur Flucht und lockte den Feind in eine Schlucht. Dort vernichteten die Massageten zweihunderttausend Perser zusammen mit ihrem König. Noch nicht einmal ein Augenzeuge blieb übrig, der die Nachricht von dieser schrecklichen Niederlage an den Hof der Achämeniden hätte bringen können. Tomyris befahl, das abgeschlagene Haupt

Ruinen der Bibi-Xanom-Moschee in Samarkand in den 30er Jahren

des Kyros in einen mit Menschenblut gefüllten Burdjuk (Fellsack) zu werfen und soll zu ihm gesagt haben: »Vollsaufen kannst du dich jetzt mit Blut, nach dem du stets gedürstet und von dem du nie genug bekamst …«

Herodot berichtet noch weitere Einzelheiten, stellt manches auch anders dar. So soll Kyros zunächst um Tomyris' Hand angehalten haben. Aber die Königin argwöhnte, daß es ihm nicht um sie, sondern um die Macht über die Massageten ging, und wies Kyros zurück. Über den Kampf selbst schreibt Herodot: »Diese Schlacht war die weitaus blutigste von allen, an denen jemals Barbaren beteiligt waren. Zu Anfang beschossen sich die beiden Heere mit Pfeil und Bogen auf bedeutende Entfernung. Dann, als die Pfeile verschossen waren, kam es zum Handgemenge, und man tötete sich mit Lanzen und Schwertern. Lange Zeit standen die beiden Heere einander gegenüber, und keines wich und wandte sich zur Flucht. Schließlich siegten die Massageten. Die meisten Soldaten der Perser fielen in der Schlacht, auch Kyros wurde erschlagen. Er war neunundzwanzig Jahre lang König gewesen …«

Durch den Sieg des mittelasiatischen Nomadenvolkes über Kyros II. wurde der Eroberungsdrang der Achämiden zunächst gestoppt. Doch schon unter Dareios I. (522–486 vor Christus) entstand ein Riesenreich: vom Indus bis nach Makedonien, vom Nil bis zum Jaxartes. Das Imperium wurde in zwanzig sogenannte Satrapien, Vizekönigreiche, die tributpflichtig waren, gegliedert. Auch wenn die zu zahlenden Tribute sehr hoch waren, brachte diese Zeit einen ersten großen wirtschaftlichen und kulturellen Aufschwung nach Mittelasien. Ein Straßennetz, das die einzelnen Satrapien verband, wurde angelegt und ein einheitliches Münzsystem geschaffen.

Alexander der Große

Wegen der riesigen Ausdehnung und der Ambitionen der Vizekönige war der Achämenidenstaat ein recht labiles Gebilde. Der junge Alexander trug seit 331 vor Christus die Krone der persischen Achämeniden und hatte sich sofort gegen Widersacher zu wehren. Besonders der Satrap (Vizekönig) von Baktrien, jenem Reich, das vom Hindukusch bis nach Fergana und von der Murgaboase bis zum Pamir reichte, war widerspenstig und wollte unabhängig werden. Alexander, inzwischen kampferprobt, überquerte im Mai 329 vor Christus den Hindukusch mit 32 000 Mann und eroberte die baktrische Hauptstadt. Der Satrap wurde gefangengenommen, ihm wurden Ohren und Nase abgeschnitten und er wurde hingerichtet. Alexander zog weiter, jetzt wollte er auch die sogdische Hauptstadt Marakanda, das heutige Samarkand, erobern. Er unterwarf auch Sogdien. Die Versuche der ansässigen Völker, sich zu widersetzen scheiterten. Mit zweiundreißig Jahren war Alexander Herrscher über ein Weltreich, das vom Mittelmeer bis zum Indischen Ozean und vom Nil bis zum Jaxartes reichte. Nach seinem Tod 323 vor Christus entbrannte der Streit um die Nachfolge.

Die Griechen beherrschten die Region noch rund siebzig Jahre lang. Dann begannen die Parther, ursprünglich ein Reitervolk, Transoxanien zu erobern. Baktrien jedoch konnte zu einem unabhängigen, allerdings griechisch beeinflußten Staat werden. Erst um 130 vor Christus, als die Yüe-tschi, ein Nomadenvolk aus China, längst in Mittelasien eingedrungen waren, endete die Zeit des griechisch-baktrischen Reichs.

Invasoren aus der Steppe

Ursprünglich kamen die Yüe-tschi aus Gansu und waren, als Gansu und Nordchina von den Hunnen angegriffen worden war – es ging um Weidegründe für das Vieh –, durch Kaschgar und Fergana nach Westen gedrängt worden. Sie besetzten Sogdien und Baktrien und vernichteten beinahe auch Parthien.

Das Phänomen der Yüe-tschi zeigt eine Besonderheit dieser riesigen Steppe: Eine kleine Veränderung am Randgebiet setzte riesige Völkerwanderungen in Gang und führte zu völlig neuen Konstellationen. Fünf Yüe-tschi Familien teilten Baktrien unter sich auf, eine von ihnen bildet um Christi Geburt die Kuschan-Dynastie, ein mächtiges Herrscherhaus, das über Transoxanien, Afghanistan und Choresmien herrschte. Viele Fragen über die Kuschan-Dynastie sind bis heute offen, fest steht, daß unter Kanischka I. das Kuschanreich zu einer Weltmacht wird. Zu seiner Zeit kommt der Buddhismus nach Mittelasien, denn er war selbst zum Buddhismus übergetreten. Buddhistische Klöster entstanden, und Mönche warben um Anhänger. Letztlich führten nationale Vielfalt und die große Ausdehnung des Reiches zum Niedergang der Kuschan.

Die Weißen Hunnen

Nach dem Niedergang des Kuschanreiches im dritten Jahrhundert wurden Sogdien und Baktrien, allerdings nicht Chroresm, wieder persische Provinzen des Sassaniden-Reiches, das im Westen des Iran entstanden war und nach Sassan, dem Priester eines Feuertempels, benannt wurde. Aber schon nach 150 Jahren drang ein neues Volk in die östlichen Provinzen ein: die Weißen Hunnen.

Die nomadische Bewegung, auch ›Völkerwanderung‹ genannt, begann in den weiten Wüsten- und Steppenregionen Innerasiens durch den Zerfall und die Neubildung von Steppenreichen. Hier lebten Hirten und Jäger. Klima und Boden

Der usbekische Staat sorgt mit viel Engagement für die Erhaltung des einzigartigen kulturellen Erbes

waren für Ackerbau ungeeignet, dafür boten endlose Grassteppen einige Monate im Jahr ausgezeichnete Weidegründe. Im Winter, wenn das Vieh kaum noch Futter fand und abmagerte und Seuchen den Herdenbestand verminderten, veranlassten Hungersnöte die einzelnen Stämme zu Raubzügen. Man verbündete sich, um stärker zu sein. So setzte sich irgendwann eine ungeheuer große Reitermasse in Bewegung, vertrieb auf ihrem Zug verschiedene andere Steppenvölker, die, ihrerseits auf der Suche nach neuem Weideland, schwächere Hirtenstämme bekämpften. Höchst anziehend für diese Nomaden waren stets die großen Kulturreiche mit ihrem intensiv betriebenen Ackerbau, ihren reichen Städten, mit ihrer handwerklichen Produktion und hochentwickelten Kultur. So bestimmte ein fast ununterbrochener Strom nach Westen ziehender Reitervölker ein volles Jahrtausend lang die Geschicke Mittelasiens.

Die Weißen Hunnen, oder Hephtaliten, hatten ihre Heimat wohl in der Nähe von Turfan. Vielleicht sind sie den Ostiranern zuzurechnen, ihre Abstammung ist aber nicht mit Sicherheit nachzuweisen, da ihre Kultur auch viele türkische Elemente enthält. Zeitgenössische Autoren berichten, daß es im Reich der Weißen Hunnen keine Städte gab, sondern die Menschen in Filzjurten lebten, sie also Halbnomaden waren. Jeden Morgen beteten sie zu ihren Göttern. Mit Verwunderung berichteten die Chinesen über die Vielmännerei der hephtalitischen Frauen. In späteren Aufzeichnungen liest man, daß die Hephtaliten zwischen Buchara und Samarkand von den Sogden nicht mehr zu unterscheiden waren – die wohlhabenden Städte auf der Seidenstraße hatten die Hephtaliten assimiliert.

Seit 457 besaßen die Hephtaliten große Teile des Sassanidenreiches. Sie kontrollierten die Wüsten und Steppen vom Syrdarja bis zum Aralsee und auch Ostturkestan mit Turfan und Kaschgar konnte erobert werden. Innerhalb von fünfzig Jahren stiegen die Weißen Hunnen zu einer Großmacht auf, eroberten Kabul und fielen in Indien ein. Für kurze Zeit schufen sie ein Reich, das noch größer als das Kuschanreich war.

In der zweiten Hälfte des sechsten Jahrhunderts verschwanden sie plötzlich aus der Geschichtsschreibung. Denn aus den nördlichen Steppen war mit den Türken, deren Heimat ursprünglich die Mongolei und das östliche Sibirien war, ein ernsthafter Gegner herangewachsen. Gemeinsam mit den persischen Sassaniden überfielen sie die Weißen Hunnen und vernichteten sie. Perser und Türken teilten sich den Besitz. Die Türken bekamen Sogdien, die Sassaniden Baktrien. Allerdings war die Vereinbarung nur von kurzer Dauer, denn unverzüglich drangen die Türken auch in Baktrien ein.

Die arabischen Eroberungen

622 war das Jahr der Hedschra – als Mohammed mit seinen Getreuen aus Mekka fliehen mußte. Mit diesem Jahr beginnen die Muslime ihre Zeitrechnung. Nach Mohammeds Tod im Jahre 632 wurden nach der Eroberung von Ysrien, Ägypten und Transkaukasien auch die Perser angegriffen und besiegt. Ziel der Eroberungen ist Transoxanien oder Mawaraannahr (eigtl. Ma wara'a n-Nahr), wie es die Araber nannten, das Land jenseits des Flusses Oxus (Amudarja). Die ersten Überfälle 670 bis 675 waren Raubzüge. Erst 681 schlugen sie zum erstenmal ihr Winterlager am östlichen Ufer des Amurdarja auf.

Der mächtigste Mann der Region, mit ihm ist die Islamisierung der Gegend verbunden, war Qutaiba Ibn Muslim. Er erbaute in Buchara, Samarkand und anderen Städten Moscheen. Mit seiner Ermordung im Jahre 715 begann das Ende des arabischen Vormarsches.

758 beschlossen die Araber, die gesamte Bevölkerung zum Islam zu bekehren. Das hatte einen allgemeinen Aufstand zur Folge, nur Samarkand blieb in arabischen Händen. Auch zwanzig Jahre später kam es zu erneuten Aufständen, die die Chinesen für sich zu nutzen versuchten. Sie drangen 748 nach Fergana ein, wurden aber 751 von dem arabischen Befehlshaber Sijad Ibn Salih geschlagen. Während der nächsten tausend Jahre unternahmen die Chinesen keinen Versuch mehr, nach West-Turkestan einzudringen. Damit war diese Schlacht das entscheidende Ereignis, das über die Kultur dieser Region entschied.

Geschichte im Überblick

1000 vor Christus Zarathustra.
700–500 vor Christus Formierung iranischer Völkerschaften, u. a. Soghden, Baktrier, Perser, Choresmier; erste schriftliche Quellen.
550–486 Buddha.
522–479 Konfuzius.
559–330 Dynastie der Achämeniden. Kyros II. gründet das achämenidische Reich. 559 Kyros' Tod und Untergang des Reiches.
336–323 Alexander III. von Makedonien; 328/327 Winterfeldzug gegen Sogdien.
250–200 Aufstieg des griechisch-baktrischen Reiches.
141–226 Partherreiche.
Hellenismus in Mittelasien, Eindringen des Buddhismus nach Mittelasien.
206 vor Christus–125 nach Christus Yüe-tschi in Parthien, Griechisch-Baktrien.
150 vor Christus–300 nach Christus Kuschanreich.
224–651 Sassaniden.
450–580 Hephtaliten.
520–700 verstärktes Eindringen des Buddhismus nach Mittelasien.
500–680 Sogdien.
632–750 Eroberungen der Araber u. a. in Mittelasien.
874 Belehnung der Samaniden mit Buchara und Samarkand.
864–1005 Samaniden in Balch.
Choresmien wird Teil des Samanidenstaates.
973–1046 Biruni in Choresm.
992–1212 Karachaniden in Buchara.
1122–1120 Die Choresmschahs/ Blütezeit Choresmiens.
1206 Dschingis Chan wird Chan der Mongolen.
1218 ›Katastrophe von Otrar‹. Überfall Mohammeds II. auf eine Kaufmannskarawane Dschingis Chans.
1220 Eroberung Bucharas und Samarkands durch die Mongolen.
1256 Reich der Tschagatai in Mittelasien.
1370 Timuriden in Mittelasien.
1370–1405 Timurs Feldzüge.
1500–1599 Schaibaniden in Buchara/1505 Eroberung Choresmiens.
1599 Zerfall des Reiches in Chanate.
1867 Russisches Generalgouvernement Turkestan mit Sitz in Taschkent.
1918 Bildung der Republik Turkestan.
1924 Die Unionsrepublik Usbekistan wird gegründet.
1991 Austritt aus der Sowjetunion.

Die Samaniden

»Ich betrat ein Haus mit vielen Zimmern. In jedem Raum gab es Bücherkisten, eine über die andere gehäuft. In einer Kammer waren arabische Bücher und Bücher zur Poesie, in einer anderen juristische Werke, und so in jeder Kammer Bücher zu anderen Wissenschaften. Ich sah Bücher, deren Namen den meisten Menschen unbekannt sind, ich habe nie eine solche Sammlung von Büchern gesehen. Ich las diese Bücher, lernte aus ihnen und erkannte die relative Bedeutung eines jeden Menschen in seiner Wissenschaft.«

Dies schrieb im Jahre 997 der siebzehnjährige Ibn Siena (Avicenna) voller Bewunderung, als er die samanidische Hofbibliothek gesehen hatte. Mit den Samaniden begann am Ende des 9. Jahrhunderts ein goldenes Zeitalter für die Künste. Nach den starken Umbrüchen trat eine Zeit der Ruhe ein, die Völker hatten den Islam angenommen, und das kulturelle Erbe der persischen Reiche beeinflußte auch die arabischen Eroberer.

Als Stammvater der Dynastie gilt Saman, ein Adeliger aus Balch, der ein Nachkomme der Sassaniden gewesen sein soll. Ihm gelang es, mit Hilfe seiner Söhne ein Reich, das Mittelasien, Nordafghanistan und den Ostiran umfaßte, zu gründen. Das Samanidenreich blühte auf, ihre Paläste waren prunkvoll mit Edelmetallen und Edelsteinen ausgestattet, sie hatten Handelsbeziehungen von China und Indien bis nach Vorderasien und Europa. Aber auch ihr Reich zerbrach an Erbstreitigkeiten und dem Vordringen neuer Steppenvölker. Ab 992 fielen von Nordosten die Karachaniden in das Reich ein, und aus dem Südosten drangen die Ghasnewiden vor. Aber ihre Herrschaft währt nicht lange, denn Dschingis Chan ist auf dem Vormarsch.

Die Mongolen

Mehrere Nomadenstämme, die das Steppengebiet nördlich und nordöstlich der Wüste Gobi bewohnten, schlossen sich im zwölften Jahrhundert enger zusammen. Auf einer großen Versammlung aller Turk-Mongolen ließ sich 1206 ihr Führer Temudschin, besser bekannt unter seinem späteren Namen Dschingis Chan, als Kaiser oder Groß-Chan ausrufen. Die Mongolei war damit geeint, und die Mongolen begannen China zu erobern. 1215 wurde Peking ausgeplündert und niedergebrannt.

Im zwölften und dreizehnten Jahrhundert konnte sich auch Choresmien, mit der Hauptstadt Konya-Urgensh, im heutigen Turkmenistan gelegen, zu einem großen Staat entwickeln. Kurzzeitig konnten die Nomadenvölker unterworfen werden und Persien sowie das Gebiet des heutigen Aserbaidschan erobert werden. Dann geschah 1218 die Katastrophe von Otrar. In diesem Jahr entsandte Dschingis Chan eine große Karawane in das Gebiet seines mächtigen choresmischen Nachbarn Mohammed II. Fünfhundert schwerbeladene Lastkamele mit erlesenen Kostbarkeiten, darunter aus China geraubtes Porzellan, Glas, Seide, vergoldete Götterstatuen, Edelsteine und Pelze, machten sich mit vierhundertfünfzig Begleitern auf den Weg zu den Märkten von Samarkand, Buchara und Urganch. Die Karawane hatte nicht nur kommerzielle Interessen, vielmehr sollte die eigene Stärke demonstriert werden und die politische Situation in Choresmien abgetastet werden. Heute würde man das Spionage nennen. Alles verlief zunächst gut. Die ganze Fracht wurde verkauft, anderes dafür erworben. Aber auf dem Rückweg ließ der Kommandant der Grenzstadt Otrar die gesamte Begleitmannschaft der mongolischen Karawane niedermetzeln – ob aus Geldgier oder weil er von der Spionage erfahren hatte, blieb unbekannt. Nur ein einziger Kameltreiber konnte dem Massaker entkommen und die furchtbare Nachricht den Mongolen überbringen. Dschingis Chan forderte eine Entschuldigung von Mohammed II. Der jedoch entschuldigte sich nicht, sondern ließ Dschingis Chan die Ermordung seines in die choresmische Hauptstadt entsandten Botschafters melden.

Die Rache des Chans war grausam. 1219 versammelte sich ein mongolisches Heer, bestehend aus 150 000 bis 200 000 Mann am oberen Irtysch, und der Sturm gegen Buchara brauste los. Ohne nennenswerte Abwehr ergab sich die Stadt. Die Eroberer trieben einen Teil der Einwohner zur Stadt hinaus, Greise, alte Frauen, Gebrechliche, Kranke wurden niedergemetzelt, die jungen Männer kamen in Gefangenschaft, alle anderen auf die Sklavenmärkte. Handwerker, Schreibkundige und Künstler wurden in die Mongolei verschleppt – eine gängige Praxis, der sich auch die nachfolgenden Herrscher bedienen werden. Auch Samarkand blieb nicht verschont. Nur wenige Tage dauerte die Belagerung, während der die Mongolen mit ihren von chinesischen Ingenieuren konstruierten Wurfmaschinen auf die Stadtmauern schossen. Brandpfeile und Wurfgeschosse mit bis zu achtzig Metern Reichweite, gefüllt mit entzündlichen Flüssigkeiten, hatten einen Teil der Stadt bereits in Brand gesteckt, als sich Samarkand, dessen Mauern und Türme als unbezwingbar galten, nach erbittertem Widerstand ergab.

Im Jahre 1221 war mit der Einnahme Choresmiens die Eroberung Mittelasiens durch die Mongolen abgeschlossen. Das ganze Land lag in Trümmern, in den Städten blieben sechs Millionen Tote zurück. »Seit der Erschaffung der Welt gab es für die Menschheit keine entsetzlichere Katastrophe, und bis zum Ende der Welt und bis zum jüngsten Gericht wird es nicht ihresgleichen geben.«, schrieb der zeitgenössische Historiker Ibn al-Assyr über den Mongolensturm.

Timur reitet durchs Stadttor – Miniatur aus dem 17. Jahrhundert

Die Timuriden

1370 beginnt mit Timur Lenk (auch Tamerlan genannt) die Zeit der Timuriden in Mittelasien. Timur, einer der größten und verheerendsten Eroberer der Geschichte wurde 1336 bei Shaxrisabz geboren. Sein Vater war ein türkischer Emir und ein frommer Moslem. In seiner Jugend war er Führer einer Gruppe von Aben-

Timurs Reich Anfang des 15. Jahrhunderts, gepunktetes Gebiet: Vasallenstaaten

teurern, die sich eigentlich nicht von einer Gruppe Banditen unterschied. Aber er machte sich in dieser Zeit einen Namen als wagemutiger, einfallsreicher und intelligenter Führer. Wahrscheinlich hat er sich in dieser Zeit die Verletzung am Bein zugezogen, die ihm den Beinamen Lenk, der Lahme, gab. Gegen 1369/70 war Timur faktisch Herrscher über Mawaraannahr (Transoxanien), das er zum Zentrum seines Reiches machte.

Es liegt die Vermutung nahe, daß Timur danach strebte, das Reich Dschingis Chans – gerne betonte er seine (allerdings weit entfernte) Verwandtschaft zum einstigen Mongolenherrscher – wiederzuerrichten. Seine Methoden der Kriegsführung und seine Nomadentruppen glichen denn auch mehr einem mongolischen Chan als einem islamischen Herrscher. Timur eroberte mit unglaublicher Grausamkeit ein Weltreich, das über den Euphrat hinausging, den Kaukasus und den Iran beinhaltete und auch über den Indus hinausreichte. Die Vasallengebiete dieses Riesenreiches lagen im Gebiet der Goldenen Horde zwischen Don und Wolga, und auch Teile des osmanischen Reiches waren von den Timuriden abhängig.

Nach Timurs Tod brach sein riesiges, aber ungefestigtes Reich zusammen. Seine vier Söhne und die Verwandten zerstritten sich rasch und kämpften gegeneinander um die Macht. Statthalter entlegener Provinzen erklärten sich kurzerhand für unabhängig. Das Reich war nur in seinem Kern erhalten geblieben. Den Süden regierte von Herat aus Timurs jüngster Sohn Scharuch von 1407 bis 1447; in Transoxanien, mit dem Zentrum Samarkand, regierte Scharuchs Sohn Ulug'bek als Vizekönig seines Vaters von 1409 bis 1449. Während ihrer Regierungszeiten herrschte eine Zeit der Stabilität und kulturellen Blüte. Nach der Ermordung Ulug'beks durch seinen eigenen Sohn setzte sich der Zerfall des Reiches fort.

Die Zeit der Usbeken beginnt

Erst um 1500 begannen die eigentlichen Usbeken, die Geschichte der Region des heutigen Usbekistan zu prägen. Auch sie waren ein Nomadenvolk, das aus der Steppe kam. Benannt wurden sie nach Usbek (1312–1340), einem Chan der Goldenen Horde. Der Chan Muhammad Schaibani, ein Nachfahre Dschingis Chans,

Pilger zählen die Stufen in der Gräberstadt Shohizinda in Samarkand
Auf dem Markt in Samarkand
Usbekische Säbel in Taschkent
In Buchara hat man sich auf Metall-Kunsthandwerk spezialisiert

Der letzte Emir von Buchara in seinem Palast

besetzte Buchara und Samarkand und erklärte sich zum Herrscher von Transoxanien. Buchara wurde seine Hauptstadt, und kurze Zeit später eroberte er auch Herat – damit waren Timurs Nachfolger endgültig geschlagen.

Das Usbekenreich erwies sich wirtschaftlich nicht als lebensfähig, und kein Chan schaffte es, es wieder in Schwung zu bringen. Es gab zu viele Handwerker ohne Arbeit, und es war nicht genügend Geld vorhanden, um die Bewässerungsanlagen zu erhalten. Logische Folge waren die geringeren Erträge der Landwirtschaft und damit auch geringere Staatseinnahmen, was wiederum zu Inflation und erhöhten Steuern führte. Mehrere Kriege, vor allem mit Babur, einem Timuriden, der versuchte, wieder an die Macht zu kommen, letztlich nach Indien floh und dort die Mogul-Dynastie begründete, schwächten die Position der Usbeken. Dennoch herrschte die Dynastie der Schaibaniden bis 1599, ihre Hauptstädte waren abwechselnd Samarkand und Buchara. Auch Taschkent wurde von Angehörigen der Dynastie beherrscht. Ein anderer Zweig der Familie setzte sich in Choresm fest und gründete dort einen Staat, das spätere Chanat von Chiwa, in dem die Schaibaniden bis 1920 regierten. Im 18. Jahrhundert gründete wiederum ein anderer Zweig der Familie das Chanat von Kokand, nachdem der örtliche Herrscher aus Fergana vertrieben worden war. Bis 1876 existierte das Chanat als selbständiger Staat.

Das ganze 18. Jahrhundert hindurch und bis ins 20. Jahrhundert hinein bestimmten das Emirat Buchara und die Chanate Chiwa und Kokand die politische Struktur des Landes.

Öffentlicher Brunnen in Chiwa
Goldstickerei in Buchara
Usbeke mit der typischen Tjubetejka als Kopfbedeckung
Die Tillakori-Medrese trägt ihren Namen, die ›Goldbedeckte‹, zu Recht

Rußland und die Sowjetunion

Nachdem Peter der Große und Katharina die Große Rußland als imperiale Großmacht konstituiert hatten, fiel der Blick der russischen Kolonialexpansion auf Mittelasien. Der Handel wurde intensiviert, auf den Basaren konnten russische Waren gekauft werden, und die alte nördliche Route der Seidenstraße vom Unterlauf des Amudarja zur Wolga lebte wieder auf.

Damals begann die Zeit der Kolonien, in welcher die großen Reiche ihre Einflußsphären absteckten. Großbritannien hatte bereits Indien erobert und blickte nun über Afghanistan auch nach Turkestan. Zwischen Rußland und Großbritannien begann das ›Great Game‹, das Taktieren um Einflußgebiete, das sich letztlich sogar noch im Afghanistankrieg fortgesetzt hat und auch heute noch nicht beendet scheint.

1865 eroberten die Russen Taschkent und schufen das Generalgouvernement Turkestan. 1868 nahmen sie Samarkand ein, und der Emir von Buchara unterstellte sich der Oberhoheit des russischen Zaren. Im Laufe von fünf Jahren wurden auch Kokand und Chiwa eingenommen. Mit der Eroberung der Oase Merw im Jahre 1884 war die Eroberung des ganzen Gebietes abgeschlossen.

Verschleierte Frauen in vorsowjetischer Zeit

Im Jahre 1917 kam die Revolution auch nach Turkestan, und in Buchara wurden erste Sowjets gegründet. 1920 wurden der Emir von Buchara und der Chan von Chiwa verjagt und die ›Volksrepublik Buchara‹ und die ›Volksrepublik Choresm‹ ausgerufen. 1924 gründete sich auf Anraten des Volkskommissars für Nationalitätenfragen, Jossif Stalin, eine Usbekische Unionsrepublik, die bewußt andere Grenzen hatte als die hier vorher existierenden Chanate, denn nichts mehr sollte an die alten Zeiten erinnern.

In der Sowjetzeit wurde Usbekistan in die Modernisierungspläne einbezogen. Zunächst verbrannten die Frauen ihre verhaßten Schleier, eine Alphabetisierungskampagne begann, und die Großgrundbesitzer wurden enteignet. Bewässerungsprojekte, anläßlich derer Arbeiter aus allen Teilen der Sowjetuni-

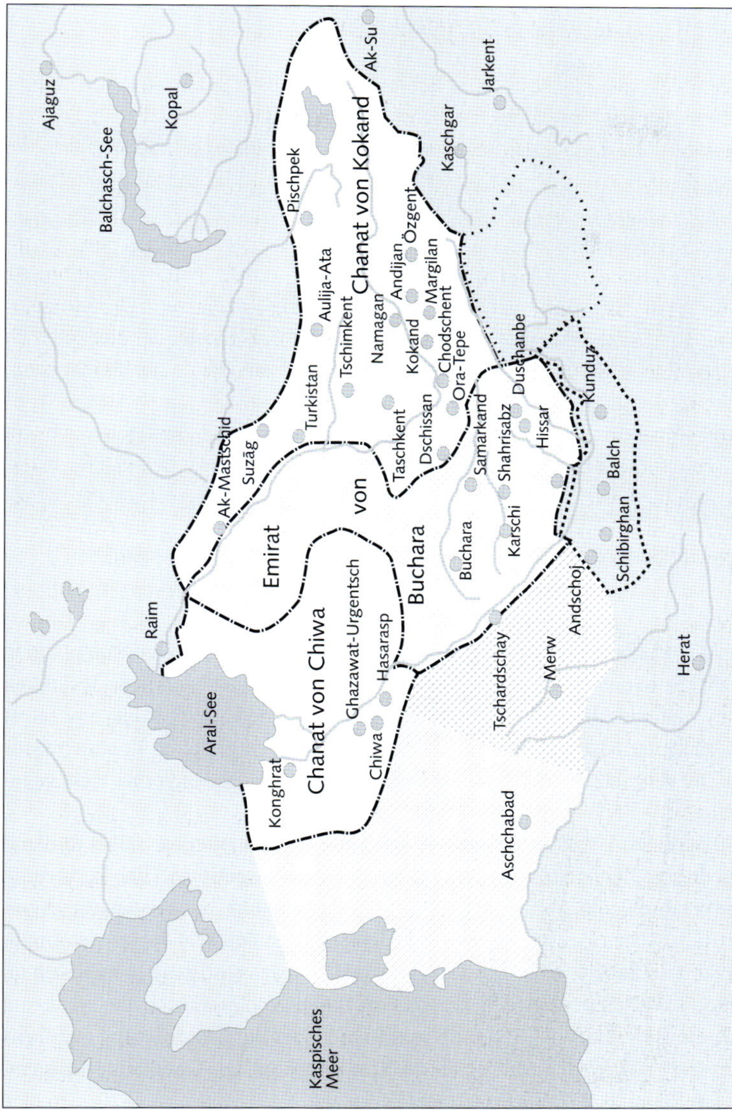

Die drei mittelasiatischen Chanate bis zur russischen Oktoberrevolution

on kamen, wurden realisiert und Usbekistan entwickelte sich zum Hauptbaumwollproduzenten der Sowjetunion. In der Republik hielten die genormten sozialistischen Errungenschaften Einzug: Plattenbauten und Einheitsmöbel, die man

Ruinen der Handelsgewölbe in Buchara am Anfang des 20. Jahrhunderts

genauso in Rußland und in den baltischen Staaten finden kann. Dennoch pflegten die Usbeken in dieser Zeit ihre nationale Folklore, kunsthandwerkliche Techniken wurden weitergegeben, die historischen Bauwerke wieder aufgebaut, und selbst die Taschkenter Metro wurde mit usbekischen Motiven gestaltet. In der sowjetischen Zeit entstand eine Art usbekisches Nationalgefühl, das es vorher nicht gegeben hatte.

1991 erklärte Usbekistan seinen Austritt aus der Sowjetunion, selbst Rußland war zu diesem Zeitpunkt schon aus der Sowjetunion ausgetreten. Eine Verfassung wurde verabschiedet, Wahlen fanden statt – die Republik Usbekistan, die es vor der sozialistischen Zeit nie gegebn hatte, entstand. In den acht Jahren der Unabhängigkeit veränderte sich Usbekistan schnell. Zunächst orientierte man sich an der Türkei. Nachdem diese dem Oppositionsführer Asyl gewährt hatte, erkalteten jedoch die Beziehungen. Jetzt muß man sich gegen die Islamisierung zur Wehr setzten und rückt wieder näher an die GUS und Rußland. Die Geschichte der unabhängigen Republik Usbekistan hat erst begonnen.

Die Seidenstraße

Der 1877 von dem deutschen Geologen und Geographen Ferdinand Freiherr von Richthofen geprägte Begriff der ›Seidenstraße‹ ist leicht irreführend, denn der 10 000 Kilometer lange Weg war nur teilweise befestigt wie eine Straße und folgte auch nicht immer nur einer Strecke. Der Großteil des Weges mußte auf Trampelpfaden, Wüstenpisten und durch Schlammfurten zurückgelegt werden. Überfälle von Nomadenvölkern und Überschwemmungen oder Erdrutsche zwangen die Karawanen, immer neue Routen zu finden. Auch wurde nicht nur Seide auf dieser Strecke transportiert, sondern fast alles, was denkbar ist.

Die Anfänge dieses interkontinentalen Fernhandels lassen sich auf das späte sechste Jahrhundert vor Christus datieren, als Seide auf einer nördlichen Route vom nördlichen Tienshan-Gebirge durch die asiatischen Teile der ehemaligen Sowjetunion bis zur Donmündung am Asowschen Meer und von dort aus nach Mitteleuropa gelangte. Hauptvermittler waren in der Zeit die Skythen, die, so zeigen es ihre Grabbeilagen, rege Handelsbeziehungen zu Griechen und Chinesen hatten. Bereits seit dem dritten Jahrtausend vor Christus stellten die Chinesen Seide her. Im Laufe der Zeit wurde die Seide zu einer Art Währung, mit der Beamte entlohnt, Pferde von Nomaden gekauft wurden und mit der das Wohlwollen der ›Barbaren‹ erkauft werden sollte. So waren bald auch die Nomadenstämme im Besitz von Seide, deren Überschuß sie an westliche Völker auf der nördlichen Route weiterverkauften, bis die Seide schließlich nach Europa gelangte.

Nach der Einheit der Chinesen 221 vor Christus wurde die nördliche Route plötzlich aufgegeben. Dies mag mit den gewaltigen Völkerwanderungen, die in jener Zeit in diesem Gebiet stattfanden, zu tun gehabt haben, ist aber auch mit dem Machtzuwachs der Chinesen zu begründen. Die Chinesen wollten aktiver am Handel beteiligt sein, und es entstand die südliche, die klassische Seidenstraße.

Begünstigend kam hinzu, daß sich das Abendreich durch Alexanders Feldzüge mit dem hellinistischen Königreich von Baktrien und Sogdien bis an die Grenze des Tienshan-Gebirges ausgedehnt hatte. Die südliche Route führte von Changan in Zentralchina in die westchinesische Provinz Gansu, teilte sich vor dem Tarimbecken in eine nördliche Strecke über Turfan und Aksu und eine südliche über Miran und Khotan, die beide in Kaschgar wieder zusammenliefen. Über die Gipfel des Pamir ging es weiter über Samarkand und Buchara oder Baktra nach Merw und Bagdad bis nach Palmyra in Syrien, dem Endpunkt der Seidenstraße. Hier wurden die Waren in den gesamten Mittelmeerraum verschifft. In der Zeit des Hellenismus war der internationale Fernhandel bereits sehr rege, denn es gab von Sizilien bis nach Fergana ein einheitliches Münzsystem. Außerdem existierte eine Oberschicht, die Bedarf an orientalischen Luxusgütern wie Seide, Diamanten und Rosenöl hatte. Das Goldene Zeitalter der Seidenstraße begann in der Römischen Kaiserzeit. Etwa zur Zeit der Alleinherrschaft Caesars wurden die Römer regelrecht süchtig nach Seidenstoffen. Damit auch das gemeine Volk an der Seideneuphorie teilhaben konnte, wurden mehrfach rein seidene Sonnensegel über dem Circus Maximus installiert. Der Preis für die Seide war immens: die Römer bezahlten die Chinesen nicht nur in klingender Münze, sondern auch mit Gold, Weihrauch, Glas, Wolle und Negersklaven, die im damaligen China sehr begehrt waren. Der Preis der Seide stieg immer mehr. Um 270 konnte sich zum Beispiel der Kaiser Aurealian kein Seidenkleid für seine Frau leisten, denn in jener Zeit mußte man für ein Pfund purpurgefärbter Seide so viel bezahlen, wie 6000 Landarbeiter an einem Tag verdienten.

Der Preis ließ sich nicht nur mit dem langen Transportweg erklären, schließlich mußte fast ein Viertel des gesamten Erdumfangs zurückgelegt werden, sondern hing auch mit der Steigerung des chinesischen Ausgangspreises zusammen.

Schon im Mittelalter begehrt: Seidenstoffe

Außerdem wollten auch die an der Seidenstraße ansässigen Völker von dem Handel profitieren und erhoben Zölle. Teilweise mußten 36 Herrschaftsgebiete durchquert werden; dabei waren Zölle bis zu 25 Prozent keine Seltenheit. Besonders gerne blockierten die persischen Parther die Handelswege, um nach erneuter Öffnung noch höhere Preise fordern zu können. Eine Praxis allerdings, die die Römer nicht widerspruchslos hinnehmen wollten, und so versuchten sie, die fernöstlichen Waren auf dem Seeweg in ihr Reich zu bringen. Was allerdings keine wirkliche Alternative war, da die Ladekapazität der Schiffe vergleichsweise gering war und durch Schiffbruch oder Piratenüberfälle häufig

empfindliche Verluste entstanden.
Im Jahre 100 vor Christus berichtete eine chinesische Quelle, daß zwölf große Seidenkarawanen das Reich der Mitte verlassen hätten. Neben diesen offiziellen Karawanen gab es allerdings noch private Händler, und so hieß es in einer anderen Quelle: ›Das Karawanennetz war so dicht geknüpft, daß sich ihre einzelnen Glieder nie aus den Augen verloren.‹ Auch wenn diese Schilderung etwas übertrieben sein mag, sicher ist, daß auf der Seidenstraße reger Verkehr herrschte.
Die Größe der Karawanen variierte. Häufig waren um die hundert menschliche Begleiter und mehrere hundert Lasttiere in einer Karawane. Mit 150 Kilogramm konnte ein Kamel für einen zwölftägigen Marsch beladen werden. Die Karawanenführer waren meist keine Chinesen, sondern Sogdier oder Parther. Für die Hin- und Rückreise benötigte man sechs bis acht Jahre; befestigte Straßen gab es nur auf chinesischem und römischem Boden, es war also eine mörderische Reise. Ein chinesischer Augenzeuge berichtet von der Überquerung des bei Fergana gelegen ›Eisernen Bergs‹: »Dieser Berg ist steil und gefährlich und ragt bis in die Wolken. Seine Gletscher schmelzen weder im Winter noch im Sommer. Wenn man sie anschaut, erblindet das Auge wegen des gleißenden Lichtes, so daß man nicht lange darauf blicken kann. Schnee liegt zuweilen quer über der Straße, manchmal ist er zehn Fuß (über drei Meter) hoch. Wegen der Winde und des von ihnen aufgewirbelten Schnees ist es schwierig, den Körper vor der herrschenden Kälte zu schützen, obwohl er in mehrere aus Fell gefertigte Gewänder gewickelt ist. Wenn man essen oder schlafen will, so gibt es keinen trockenen Platz, wo man es aushalten könnte. Nach sieben Tagen kamen sie über den Berg hinüber. Zwölf oder vierzehn Mann von der Reisegesellschaft waren verhungert oder erfroren, während die Zahl der Ochsen und Pferde noch größer war.« Neben den klimatischen und geographischen Schwierigkeiten machten auch die ständigen Überfalle das Unternehmen gefährlich. Nicht nur Wegelagerer, sondern auch Nomadenfürsten störten den Weg der Karawanen. Mehrfache chinesische Strafexpeditionen machten dem Raubrittertum jedoch ein Ende.
Im Jahre 420 schmuggelte eine chinesische Prinzessin bei ihrer Hochzeit Eier der Seidenraupe aus dem Reich der Mitte heraus. Damit war das chinesische Seidenmonopol beendet, und Seidenstoffe entstanden auch in Persien, Indien und Byzanz. Sogar im Ursprungsland der Seide wurden bald auch importierte Stoffe getragen.
Das Ende des Seidenmonopols war keineswegs das Ende der Seidenstraße, auf ihr blühte der Handel weiter. Der Bedarf an Parfums, Perlen,

Keramik, Metallen, Weihrauch und Gewürzen war weiterhin enorm. Hinzu kam der Austausch geistiger Güter. Auch Missionare, Priester und Mönche zogen die Seidenstraße entlang. Die erste Religion, die sich entlang der Seidenstraße verbreitete, war der Buddhismus. Im vierten Jahrhundert war es die Erlösungslehre des persischen Religionsstifters Mahni, die auf der Seidenstraße bis ins römische Reich drang und später über Turkestan nach China gelangte. Aber auch Naturreligionen waren präsent. Dokumente belegen die allgemeine Toleranz, die auf der Seidenstraße herrschte und dazu führte, daß alle Bekenntnisse gleichzeitig nebeneinander existieren konnten.

Der weite Raum zwischen China und Europa glich einem Ozean mit anrollenden und sich zurückziehenden Menschenmassen. Völker kamen und gingen. Große Reiche entstanden und zerfielen. Bestehen blieben, trotz des Wirrwarrs der unterschiedlichen territorialen Besitztümer, die Städte entlang der Seidenstraße. Durch den jahrhundertelangen Handel entstand in ihnen, trotz regionaler Besonderheiten, eine einheitliche, durch eben diesen Handel geprägte Kultur. Ob in Turfan, Samarkand oder Palmyra, überall fand sich ein ähnliches Bild: der Wohlstand war im Stadtbild deutlich sichtbar. Die Karawansereien und Basare hatten internationales Flair, hier tummelten sich Menschen aus den unterschiedlichsten Ländern. Die Karawanenhändler genossen, nach den entbehrungsreichen Wochen und Monaten auf der Seidenstraße, in den Städten die angenehmen Seiten des Lebens. 642 zerschlugen die Araber das persische Sassanidenreich, damit begann die Ausdehnung des Islams nach Osten, was letztlich das Ende der Seidenstraße bedeutete. 751 erlitten die Chinesen ihre ersten Niederlage gegen ein muslimisches Heer. Zwar blühte auch danach der Handel zwischen Abend- und Morgenland, aber die Welt der Seidenstraße hatte sich durch das Vordringen des Islams stark verändert. Religiöse Toleranz gab es nicht mehr, und kaum ein Europäer gelangte mehr in das Innere Asiens. Marco Polo war eine der wenigen Ausnahmen. Nach dem Fall von Konstantinopel war der Weg über die alte Handelsroute endgültig versperrt. In Europa suchte man neue Länder und andere exotische Güter. Das Zeitalter der Entdeckungen ließ die Seidenstraße, die über Jahrhunderte den Mittelmeerraum mit dem Fernen Osten verbunden hatte, in Vergessenheit geraten.

Architektur und Kunst

In der usbekischen Architektur gibt es bestimmte allgemeine Entwicklungen, die im Überblick aufgezeigt werden können. Gleichzeitig werden hier auch einige immer wieder auftretende Fachbegriffe der islamischen Architektur erläutert.

Das älteste erhaltene Bauwerk ist das Samanidenmausoleum in Buchara aus dem 10. Jahrhundert. Dennoch ist unbestritten, daß bereits vor dieser Zeit in der Region viel und prachtvoll gebaut wurde. Daß diese Bauten nicht erhalten sind, liegt an ihrem Baumaterial. Der ungebrannte, häufig gestampfte Lehm verwitterte, wenn er nicht regelmäßig erneuert wurde. Das außerdem verwendete Holz – meistens Säulen – wurde, da es kostbar in der Wüstenregion ist, für neue Bauwerke benutzt. Die Regelmäßigkeit, mit der Historiker über Brände berichten, die Unachtsamkeit im Umgang mit Feuer, häufige kriegerische Auseinandersetzungen, geben zusätzliche Erklärungen dafür, daß in Samarkand und Buchara heute kaum noch islamische Gebäude existieren, die früher als aus dem 14. Jahrhundert zu datieren sind.

Im 10. bis 12. Jahrhundert fand ein jäher Umschwung in der Kunst statt, antike Traditionen gerieten in Vergessenheit, und eine Periode des intensiven Städtbaus, beeinflußt vom inzwischen etablierten Islam, begann. Islamische Kultbauten wie Moscheen, Minarette, Medresen (islamische Lehranstalten) und Chanaken (Herbergen für pilgernde Derwische) bestimmten nun das Bild der Städte. In dieser

Dekorative Kacheln in Samarkand

Wohnzellen der Amin-Chan-Moschee in Chiwa

Zeit fand der gebrannte Ziegel oder Backstein erstmals Verwendung. Damit wurde nicht nur die Lebensdauer der Gebäude länger, sondern es konnten auch neue dekorative Möglichkeiten entstehen. Das beste Beispiel für diese Bauepoche ist das Samanidenmausoleum in Buchara, das Anfang des 10. Jahrhunderts errichtet wurde.

In dieser Zeit entstanden auch erste geometrische Ornamente, ›girich‹ genannt. Mit Ornamenten ist in Usbekistan bis zum heutigen Tag alles bedeckt – vom Minarett bis zur Tabaksdose. Der Aufschwung der Mathematik, besonders der angewandten Geometrie, der in jener Zeit stattfand, ermöglichte die Berechnung des ›girich‹ und seine theoretische Begründung. Aber auch das Schriftornament entwickelte sich in dieser Zeit. Arabische Inschriften haben häufig einen religiösem Inhalt, geben aber auch oft Auskunft über das Baujahr, manchmal sogar über den Baumeister. Der Kalligraph hatte die nicht leichte Aufgabe, den Text in dem vorgegebenen Raum portional zu verteilen und die arabischen Schriftzeichen harmonisch und formschön wiederzugeben. Im 10. Jahrhundert entstand die stark geometrisierte strenge Kufi-Schrift. Etwas später entstehen eine komplizierte, florale Kufi-Schrift und eine weiche Zierschrift, die ›naskhi‹ genannt wird.

Die Moschee war und ist das wichtigste islamische Bauwerk. Sie fehlte in keinem Dorf und in keiner Stadt. Neben der Hauptmoschee, auch Freitagsmoschee (›jummi‹) genannt, gab es die Vorstadtmoschee (›namazga‹), die sich vor den Toren der Stadt befand und nur im Sommer und zu besonderen Anlässen genutzt wurde. Häufig bestand sie nur aus einer Mauer mit Gebetsnische. In den Wohnvierteln wurden lokale Moscheen für die täglichen Gebete errichtet. Die Hauptmoscheen wurden am prächtigsten gestaltet. Sie verfügten über ein großes Portal und eine den geräumigen Innenhof umlaufenden offene Gewölbehalle, den sogenannten Säuleniwan.

Mit ›Ayvon‹ (Liwan, Aiwan, Iwan) wird eine zum Hof hin offene Halle bezeichnet. Sie bot im Sommer Schatten und milderte im Winter die kalten Winde. Häufig befinden sich in einem Gebäude mehere Ayvone. Im Innenhof konnten auch die rituellen Waschungen stattfinden, häufig ist das Wasserbecken oder ein

Holzschnitzerei in Chiwa

Brunnen noch zu sehen. Das Gebet fand in einer von Pfeilern oder Säulen gestützten Halle statt. Wichtig war auch damals die nach Mekka ausgerichtete Gebetsnische, der Mihrab. Als ›Pforte des Himmels‹ ermöglichte sie dem Gläubigen, Allah wahrzunehmen. Unmittelbar daneben befindet sich der Minbar, ein erhöhter Platz, eine Art Kanzel. An einer Ecke der Außenwand erhebt sich das Minarett.

Die sogenannte Medrese ist eine muslimische Hochschule. Zunächst wurde hier nur der Koran unterrichtet, später auch andere Fächer. Sie besteht in der Regel aus einem rechteckigen, manchmal auch quadratischen Innenhof, um den in zwei Stockwerken die Hörsäle und die Zellen der Studenten gruppiert sind. Fenster und Ausgänge gehen nur zum Innenhof. Das Eingangsportal ist häufig sehr prachtvoll, und an den Ecken sind Schmuckminarette plaziert.

Die Dekorationen der Gebäude des 11. und 12. Jahrhunderts bestanden aus Ziegelsteinen, Holzschnitzereien sowie Stuck- und Terrakottaschnitt. Im 12. Jahrhundert entstanden hellblaue Glasurziegel und Platten mit geometrischen Mustern. Kalligraphische Mosaik- oder Majolikabänder waren verbreitet.

Die heute dominierende Monumentalarchitektur stammt aus der Timuridenzeit. Sie übersteigt in Ausmaß und Reichtum alles vorherige. Die von Timur zwangsversetzen Handwerker und Baumeister aus verschiedenen Ländern brachten neue Impulse und Techniken in die Architektur. Die Glasurdekoration der Gebäude wurde polychrom: glasierte Ziegel, geschnittene, glasierte Terrakotta, Majolika und Mosaike schmückten die Bauten. In den Innenräumen dominierte vielfarbige Wandbemalung mit üppiger Vergoldung. Der ornamentale Holz- und Alabasterschnitt konnten sich entwickeln. Auch der Stil der Ornamente veränderte sich: die bislang geometrischen Muster wichen zunehmend floralen Gestaltungen. An den Außenwänden der Bauten erschienen in kalligraphischen Mosaik- und Majolikabändern moslemische Sprüche. Die verwendete Ligaturschrift wird ›tsuluts‹ genannt.

Im 16. und 17. Jahrhundert veränderte sich die Innenausstattung der Gebäude, die nun mit Netzdekors und Stalaktitengewölbe ausgeschmückt wurden, die die Illusion erweckten, als würden die Kuppeln der Gebäude schweben.

Erst Ende des 18. Jahrhunderts kam es erneut zur Errichtung von Monumentalbauten – vor allem in Chiwa, der Hauptstadt des gleichnamigen Chanats. Auch in der sowejtischen Stadtplanung fanden die traditionellen Verfahren und Dekors weitere Verwendung. So wurden viele Wohnhäuser mit den vor Wind, Sand und Sonne schützenden Gittern (Pandschara) ausgestattet, die auch in vielen Medresen zu sehen sind. Das Navoiy-Theater und der Palast der Völkerfreundschaft in Taschkent sind architektonische Mischungen aus nationaler Romantik und sozialistischer Funktionalität, die inzwischen allerdings etwas heruntergekommen wirken.

Malerei

Südlich von Samarkand, in Sarautsai, existieren Feldzeichungen aus dem Paläolithikum, sie sind also 25 000 Jahre alt. Bemerkenswert sind die sogdischen Fresken aus dem 6. bis 8. Jahrhundert, die im Museum von Afrosiyob in Samarkand zu besichtigen sind. Die Malerei aus Sogdien stellt Mythen, Sagen, Fabeln und Volksmärchen dar, keine Szenen aus dem alltäglichen Leben. In der islamischen Epoche verschwand die figürliche Malerei, da bekanntlich der Islam keine figürlichen Darstellungen gestattet. Seit dieser Zeit dominiert das Ornament.

Besonders beachtenswert ist die Miniaturmalerei. Die Anfertigung von Handschriften war ein eigener Zweig der Kunst, jeder Herrscher hatte an seinem Hof mehrere Kalligraphen und Miniaturmaler. Die Miniaturen wurden auf einem vom Kopisten freigelassenen Blatt oder Feld angeordnet – ›vermalen‹ durfte man sich nicht, sonst hätte das Buch neu kopiert werden müssen. Besonders unter Timur erlebte die Miniaturmalerei einen Aufschwung. Man kann zwischen einer romantischen und einer narrativen Stilrichtung unterscheiden. In beiden ist die Bildlichkeit stereotyp und hat auf diese Weise viel gemeinsam mit der orientalischen Poesie, in der zum Beispiel eine ›schlanke Zypresse‹ ein junges, schönes Mädchen

Auf dieser Miniatur aus dem 15. Jahrhundert ist Alisher Navoiy zu sehen, der sein Gedicht über die Schönheit vorliest

symbolisiert, ›Bogen und Pfeil‹ sind ihre Augenbrauen und ihr bezaubernder Blick, ›Perlen‹ ihre Zähne. Ähnliche poetische Andeutungen, quasi Chiffren, durchziehen die Miniaturmalerei, auch wenn sie manchmal direkt in keinem Zusammenhang mit dem eigentlichen Sujet stehen. Als im 19. Jahrhundert der Buchdruck auch nach Mittelasien kam, kam auch die Miniaturmalerei zum Erliegen.

Literatur

Die folkloristische Litertur ist vor allem eine mündliche. Viele Epen durchziehen – mit Abwandlungen – den ganzen turksprachigen Raum. Sie handeln vom Leben, Leiden, Kampf, Heldentum und der Liebe und werden von Epenerzählern, die es bis heute gibt, dargebracht. Epenerzähler zu werden ist nicht leicht. Das Epos muß wortwörtlich so vorgetragen werden, wie man es von seinem Lehrer oder Meister gelernt hat. Außerdem wird die Erzählung durch schauspielerische Einlagen und Musik aufgelockert. Bevor man selbst als Epenerzähler gilt, muß man seinen Meister ungefähr zehn Jahre begleiten und in dieser Zeit auch die Musikinstrumente erlernt haben.

Auch die mündliche improvisierte Dichtung gehört zur usbekischen Literatur. Regelmäßig finden Wettbewerbe statt – wer nicht zuerst sinnvoll in Versform antworten kann, hat verloren.

Rudaki, der um 940 geboren wurde, war einer der berühmtesten Dichter des frühen Mittelalters. Er soll über eine Million Verse verfaßt haben, von denen aber nur einige tausend überliefert sind. Auch Rumi (1207 bis 1273), der Begründer des Ordens der tanzenden Derwische, war nicht nur Mystiker, sondern auch Dichter. Seine Werke, die mehrfach übersetzt wurden, erinnern an biblische Psalmen. Eine gute deutsche Übersetzung gibt es von Cyrus Atabay. Er charakterisiert Rumis Dichtung folgendermaßen: »Poesie ist für Rumi die Aufhebung der Beschränkungen, die Wahrheit liegt nicht im rationalen Bereich, sondern in dem der Phantasie. Thema seiner Dichtung ist die Verherrlichung der Dinge unter der Sonne, der Dinge, die uns heimsuchen, und der Dinge, die uns ein Rätsel bleiben.«

»Wer sich nicht beeilt, verhält sich richtig – der macht aus Maulbeerblättern Seide und aus Blüten Honig«

Alisher Navoiy

Auf den Namen Alisher Navoiy wird der Besucher Usbekistans immer wieder treffen. Diverse Straßen, Theater, Denkmäler und sogar eine nach ihm benannte Stadt gibt es in Usbekistan. Sogar die Erstklässler hören von ihm am Anfang ihrer Leseausbildung (wer hört von uns in der ersten Klasse schon von Goethe?).

Navoiy gilt als der Vater der usbekischen Literatur, denn er dichtete nicht in der damals dominierenden persischen Sprache. Seine in klassischem Usbekisch verfaßten Gedichte und Schriften begründeten seinen Ruhm in Mittelasien. Lange vor Herder, der ja bekanntlich das Interesse an den Literaturen der kleinen Völker weckte, schreibt Navoiy: »Der Reichtum der usbekischen Sprache ist durch vielerlei Wahrheiten bereits bewiesen, somit der Dichter, dessen Talente aus diesem Volk hervorgegangen, nicht des Persischen zum Ausdruck seiner Fähigkeiten bedarf, ja selbst wenn ihm Werke in beiderlei Sprachen gelängen, so wünschte er sich, daß die Zahl der in seiner Muttersprache niedergeschriebenen jene bei weitem überrage.«

Nizamadin Ali Shir, der spätere Alisher Navoiy, was der ›Melodiöse‹ bedeutet, wurde 1441 in Herat als Sohn einer türkischen Adelsfamilie geboren. Früh kam er mit Kunst und Dichtung in Berührung und dichtete selbst. Er ging in die Politik und wurde 1472 zum Großwesier ernannt. Dank seiner konnte Herat, obwohl es 1222 durch die Mongolen und 1383 durch Tamerlan zerstört wurde, kultureller Mittelpunkt Mittelasiens werden, denn Navoiy ist ein aktiver Förderer der Künste, des Handwerks und der Wissenschaft. 1487 sank jedoch sein Stern als Politiker, und er wurde in eine abgelegene Grenzstation verbannt. Seine Gedichte wurden aber unterdessen immer bekannter. Als er nach zwei Jahren aus der Verbannung nach Herat zurückkehrte, widmete er sich nur noch der Literatur. Anfang Januar 1501 brach Navoiy auf einer Siegesfeier plötzlich tot zusammen. Seine Dichtung ist sehr poetisch, blumenreich, ganz in der Tradition orientalischer Dichtung. Übersetzt wirkt sie leicht kitschig. Berühmt ist seine ›Chamsa‹ (›Fünffaches‹), zu der auch die Poeme ›Leila und Medschnun‹, ›Sieben Planeten‹ und ›Farchad und Schirin‹ gehören.

Die usbekischen Gegenwartsdichter sind leider nicht übersetzt und deswegen dem ausländischen Leser kaum zugänglich. Übersetzt sind jedoch die Werke von Sadriddin Aini (1878 bis 1954). Er lebte lange in Samarkand und gilt als der Begründer der tadschikischen Literatursprache. Seine historischen Romane, zu denen auch ›Buchara‹ und ›Der Tod des Wucherers‹ gehören, sind elegisch und dramatisch, manchmal nahe am Kitsch.

Auch Musik gehört zum Leben und zur Kultur der Usbeken. Bis zum 19. Jahrhundert waren die Melodien nicht in Notenform erfaßt, die Musiker spielten nach Gehör. Diese Tradition ist in der Folklore bis heute erhalten geblieben. Nur europäische Musik wird nach Noten gespielt, alle Volksmelodien, werden – auch auf der Bühne – auswendig gespielt. Die meisten Melodien beruhen auf dem Sechstonsystem (Schachmaqam) und haben einen eigenartigen Rhythmus, der für das europäische Ohr nur schwer zu erfassen ist.

Seidenblatt von Samarkand

Der Name Samarkand hat in der deutschen Literatur schon lange einen Platz, vor allem war es Johann Wolfgang Goethe, der den Zauber des Orients in seinem ›West-östlichen Divan‹ besang. Spätestens seit Goethe sind für viele Deutsche die Namen Samarkand und Buchara Synonyme für etwas Romantisches, ›Süßes‹, Prunkvolles.
Während der Napoleonischen Kriege hatte Goethe den ›Divan‹, also die Gedichtsammlung des persischen Dichters Hafis (ca. 1320–1389) – von Joseph von Hammer ins Deutsche übersetzt –, gelesen. Hafis litt unter den ständigen Kriegen und despotischen Maßnahmen des Weltbeherrschers Timur, dichtete aber unerschütterlich heiter, »wie ein Vogel singt«, über die ewigen Dinge. Hinter scheinbarer Sinnlichkeit verbirgt er höhere Weisheit. Ihn muß Goethe als wahlverwandt verstanden haben, denn er grüßt ihn durch Raum und Zeit hinweg, mit den Zeilen:

Und mag die ganze Welt versinken
Hafis, mit dir, mit dir allein
will ich wetteifern!
Lust und Pein
Sei uns, den Zwilligen, gemein
Wie du zu lieben und zu trinken
Das soll mein Stolz, mein Leben sein.

Nun töne, Lied, mit eignem Feuer!
Denn du bist älter, du bist neuer.

Auf seiner Traumfahrt in den Orient, der schon seit Kindertagen eine Zuflucht seiner Wünsche ist, verarbeitet er sein Wissen über Dichtung, Landeskunde, Geschichte und Religion Persiens, Arabiens und Indiens. Wie der Titel andeutet, verbindet Goethe das Westliche und das Östliche; er muß die orientalische Denkweise und Formensprache als anschmiegsam im Gegensatz zu seiner strengen, klassischen Dichtkunst empfunden haben. Auch ›Suleika‹, deren Buch eines der zentralen im Divan ist, hat ›reale Wurzeln‹ in einer unerfüllten Liebe Goethes. Mit dem Namen ›Suleika‹ benennt der Islam die Frau des Potiphar als der ›Entsagung Zierde‹ – nicht die sinnliche Liebe, sondern die geistige Liebe ist ihr zu eigen. An seine geliebte Suleika schreibt das lyrische Ich:

Dir sollten Timurs Reiche dienen,
Gehorchen sein gebietend Heer:
Badakschan schenke dir Rubinen,
Türkise das Hyrkansche Meer.

Getrocknet honigsüße Früchte
Von Bochara, dem Sonnenland,
Und tausend liebliche Gedichte
Auf Seidenblatt von Samarkand […]

Hätt ich irgend wohl Bedenken,
Balch, Bochara, Samarkand
Süßes Liebchen, dir zu schenken,
Dieser Städte Rausch und Tand?

So war es wohl Goethe, dessen Erwähnung von Samarkand und

Diese Miniaturmalerei stammt aus einer Ausgabe von Hafis ›Divan‹ aus dem 18. Jahrhundert und zeigt den Vogel Semurg mit einem Elefanten im Schnabel

Buchara die Deutschen von diesen fernen Orten träumen ließ. Er legt Suleika Timurs Reiche zu Füßen, die sich immerhin von Indien bis Kleinasien und Ägypten erstreckten, erwähnt Badakschan, eine Stadt irgendwo zwischen Kaspischem Meer und Indien gelegen, in deren Umgebung die schönsten Rubine gefunden worden sein sollen, er spricht von den Türkisen, jenen Edelsteinen von himmelblauer bis grüner Farbe, die vornehmlich in Persien entdeckt wurden, und er erwähnt das Kaspische Meer, dessen antiker Name Hyrkansches Meer lautete. Goethe, so scheint es, wußte auch von wohlschmeckenden getrockneten Früchten, die der Besucher auch heute noch genießen kann, und es war ihm bewußt, daß Samarkand für die Herstellung von Seidenpapier berühmt war.
Neben den faszinierend klingenden Städtenamen, war es vor allem die Gestalt Timurs, die die Phantansie der Europäer anregte.
Der englische Dramatiker Christopher Marlowe (1564–1593) schrieb das Stück ›Tamerlane‹; er beschreibt darin aber keineswegs einen blutrünstigen, unheimlichen Despoten, sondern einen Mann der Tat, der ein Reich begründet, es gegen Bajazid, den Osmanen, den man auch in Europa fürchtete, verteidigt und dieses Reich organisiert. Bis weit ins 17. Jahrhundert erlebte das Stück zahlreiche Aufführungen. Georg Friedrich Händel schrieb die Oper ›Tamerlan‹ und unterhielt 1724 damit das englische Publikum.
Für Goethe wurde Timurs mißlungener Winterfeldzug gegen China, dessen Schilderung von Ibn Arabschah er als Übersetzung kannte, eine Parallele zu Napoleons verheerendem Rückzug aus Rußland 1812. Er beschreibt in ›Timur name‹, dem Buch des Timur, (ebenfalls im ›West-östlichen Divan‹) ein Zwiegespräch des kalten Winters mit dem ›kalten‹ Despoten.

Der Winter und Timur

So umgab sie nun der Winter
Mit gewaltgem Grimme. Streuend
Seinen Eishauch zwischen alle,
Hetzt' er die verschiednen Winde
Widerwärtig auf sie ein.
Über sie gab er Gewaltkraft
Seinen frostgespitzten Stürmen,
Stieg in Timurs Rat hernieder,
Schrie ihn drohend an und sprach so:
Leise, langsam, Unglücksel'ger!
Wandle du Tyrann des Unrechts;
Sollen länger noch die Herzen
Sengen, brennen deine Flammen?
Bist du der verdammten Geister
Einer, wohl! ich bin der andre.
Du bist Greis, ich auch, erstarren
Machen wir so Land als Menschen.
Mars! du bists! ich bin Saturnus,
Übeltätige Gestirne,
Im Verein die schrecklichsten.
Tötest du die Seele, kältest
Du den Luftkreis – meine Lüfte
Sind noch kälter als du sein kannst.
Quälen deine wilden Heere
Gläubige mit tausend Martern –
Wohl, in meinen Tagen soll sich,
Geb es Gott! was Schlimmres finden.

Nicht nur Goethe, auch andere deutsche Dichter liebten den Mythos des Orients, so widmet Friedrich Rückert (1788–1866) ein Gedicht aus seinen ›Morgenländischen Sagen und Geschichten‹ einem islamischen Philosophen, der aus dem Gebiet um den Syrdarja stammte:

Alfarabi aus Farab
an den Grenzen Turkestans ...,
Wunderbarer Philosoph,
der den Menschen ganz verstand!
Lachen, Weinen, und davon
müde schlafen, ist das nicht
eines Menschen Lebenslauf?

Ebenso wie Goethe bezieht sich Rückert auf Hafis und seine nur scheinbar vordergründig-sinnliche Dichtung:

Hafis, wo er scheinet Übersinnliches
Nur zu reden, redet über Sinnliches;
Oder redet er, wo über Sinnliches
Er zu reden scheint, nur
Übersinnliches?
Sein Geheimnis ist unübersinnlich;
Denn sein Sinnliches ist übersinnlich.

Wenn auch die Faszination des Orients möglicherweise nicht mehr so stark ist, wie sie Anfang des 19. Jahrhunderts war, so hat doch wohl vor allem Goethe dazu beigetragen, daß die Namen Samarkand und Buchara im europäischen kulturellen Gedächtnis einen märchenhaften, faszinierenden und romantischen Klang haben.

Angewandte Kunst

Die Kunst, Teppiche zu weben und zu knüpfen entstand in den Jurten der Nomaden, und bis heute sind die Bucharer Teppiche, die ja eigentlich gar nicht in Buchara hergestellt wurden, sondern dort nur verkauft wurden, über die Grenzen Mittelasiens hinaus berühmt.

Wie Seidenteppiche hergestellt werden, kann man sich in Samarkand zeigen lassen und dort auch ein wunderschönes Objekt erstehen. Der römische Dichter Catull bemerkte: »Obgleich es sich um eine Barbarenstadt (Samarkand) handelt, findet man Teppiche von einem Purpurrot, das sich höchstens mit einem in der Sonne funkelnden Glas Wein vergleichen ließe. Sie sind so dicht, daß man beim Darüberschreiten auf einer Galeere zu Schaukeln vermeint.«

Daneben gibt es die bestickten, dekorativen Wandteppiche, Susani genannt. Eine große Auswahl von ihnen ist im Museum für angewandte Kunst in Taschkent zu sehen.

Aber nicht nur im Museum, sondern in ganz Usbekistan wird der Besucher Handwerkskunst entdecken können. Eine Besonderheit ist die Bucharaer Goldstickerei. Ihre Blütezeit hatte sie im 19. Jahrhundert. Nur Männer durften samtene Chalate (Umhänge, Kaftane), manchmal auch Hosen und Gürtel mit Gold- und Silberfäden besticken. Diese Fertigkeit erlernte der Sohn von seinem Vater. Die bestickten Kleidungsstücke wurden als Hochzeitsanzüge oder zu anderen festlichen Gelegenheiten getragen.

Wandteppich im Museum für angewandte Kunst in Taschkent

Essen und Trinken

»Haben Sie schon Plov probiert?« – dies ist eine Frage, die Touristen häufig gestellt wird. Mehr als 90 verschiedene Varianten der usbekischen Nationalspeise Plov oder Pilav gibt es. Der Legende nach soll er von Köchen Alexander des Großen erfunden worden sein. Als Alexander den Feldzug nach Mittelasien plante, befahl er seinen Köchen, eine Speise zu erfinden, die sowohl sättigend sei als auch den Magen nicht zu sehr belastete. Reis und Hammelfett waren die ersten Ideen der Köche – nach und nach entstand das Reisgericht mit Hammelfleisch. Pilav wurde ein Leibgericht der Völker des Orients.

Es gibt ihn in zahlreichen Varianten, die den Anlässen entsprechend ausgewählt werden. Eine Art etwa für Hochzeitsfeiern, eine für den Leichenschmaus, wieder eine andere zur Geburt des Sohnes. Außerdem gibt es regionale Unterschiede, die Bucharer kochen ihn anders als die Ferganer oder Samarkander. Er kann mit Erbsen, Rosinen, getrockneten Aprikosen, Kürbis und Quitten, mit Leinöl oder mit Baumwollöl zubereitet werden. Wichtig ist auch, die Reissorte richtig auszuwählen, denn sie bestimmt den Geschmack. Die Zubereitung ist Männersache – jeder Mann muß Plov zubereiten können. Besonders in der Teestube kann man beobachten, wie Männer gemeinsam Plov kochen. Zuerst muß der Kessel erhitzt werden, dann wird das Hammelfett hinzugegeben, die Fleischstücke werden angebraten und schließlich werden in Scheiben geschnittene Zwiebeln hinzugefügt, später auch geschnittene Möhren. Wähernd des Bratens können Gewürze hinzugefügt werden: Paprika, Berberitzen, zerstoßene und getrocknete Tomaten. Dann kommt Wasser dazu, Salz und der Reis wird in das kochende Wasser gegeben. Wenn der Reis genügend Flüssigkeit aufgesogen hat, wird der Kessel abgedeckt, der Inhalt kann ungefähr 20 bis 25 Minuten garen. Wenn Plov unter freiem Himmel zubereitet wird, schmeckt er besser!

Lebensmittel sind auf den Basaren sehr preiswert

Beliebt sind auch ›Manty‹, mit Fleisch gefüllte Teigtaschen, die man als usbekische Variante von Ravioli bezeichnen könnte. Die Füllung ist allerdings anders als die der Ravioli und unterscheidet sich auch leicht von den ähnlichen russischen Pelmeni: verschiedene Gewürze, viel Zwiebel, Pfeffer und Fleisch und, was zumindest für den usbekischen Geschmack wichtig ist, Hammelfett. In einem besonderen Kochtopf, dem Kaskan, werden die Manty im Dampf gegart.

Grüner Tee wird zu allen Gelegenheiten getrunken

›Lagman‹ ist sowohl Suppe als auch Hauptgericht, es ist quasi eine dicke Nudelsuppe mit kleingeschnittenem gebratenem Fleisch, Kartoffeln und verschiedenen Gemüsesorten. Es können Möhren, Rote Beete, Kohl, Rettich, Tomaten, Knoblauch, Paprika und Zwiebeln hinzugefügt werden. Kompliziert ist eine gelungene Herstellung des Nudelteiges, denn die Nudeln müssen zart, dünn und schmackhaft sein. Manchmal kann man die Köche bei ihrer virtuosen ›Lagman-Show‹ beobachten: sie jonglieren mit den Teigstücken, ziehen sie auseinander, drehen sie und zerteilen sie in dünne Fäden.

Schaschlik (bekannt auch unter den Namen Schisch-Kebab und Kawab) muß man unbedingt probieren. Am offenen Feuer wird Kalb- oder Hammelfleisch gegrillt. Das Fleisch wird gewürfelt, gesalzen, mit Pfeffer und Paprika gewürzt und in Weinesssig eingelegt. Es werden kleingeschnittene Zwiebeln und Korianderkörner hinzugefügt. Alles wird gut gemischt und in einem Gefäß (in Usbekistan wird betont, daß es ein Emaillegefäß sein soll) mit einem Tuch bedeckt kalt gestellt. Nach ungefähr einem Tag, wenn das Fleisch mariniert ist, werden acht bis zehn Stücke auf einen Eisenstab gespießt. Über einem nicht zu starken Feuer wird der Spieß langsam gedreht. Wenn kein Saft mehr aus dem Fleisch tropft, kann der Spieß serviert werden. Es bietet sich an, dazu mit Weinessig gewürzten Zwiebelsalat oder Tomaten-Gurkensalat zu speisen.

Auch zahlreiche Fleisch-und Milchsuppen gehören zur nationalen Küche, vor allem ›Shurpa‹ und ›Mastava‹. Shurpa besteht aus Hammelfleisch und verschiedenen Gemüsesorten, Fadennudeln und Suppengrün. Statt Hammelfleisch kann auch Rind- oder Hühnerfleisch verwendet werden. Mastava ist eine Reissuppe mit vielen kleingeschnittenen Zwiebeln, Möhren, Tomaten, Erbsen und wilden Pflaumen.

Brot zu backen gehört zu Fertigkeiten, die gerade die ländlichen Familien beherrschen. Die klassischen Brotarten werden alle ganz dünn in kleiner und rundlicher Form gebacken. Gut zu beobachten ist das in Vabkent. Vor der Bäckerei hängen gut sichtbar Fladenbrote. Wie in vielen anderen Ländern ist Brot fast eine heilige Nahrung. Es wird nicht weggeworfen, und wenn jemand ein Stück Brot auf dem Boden liegen sieht, muß er es aufheben und an einen Ort legen, an dem es nicht zertreten werden kann. Übrigens, gleichgültig, welches Gericht serviert wird, Brot wird immer dazu gereicht. Generell ist die usbekische Küche immer noch von russischen Einflüssen geprägt. Auch das lokale Eis schmeckt köstlich, sein Genuß widerspricht aber allen ärztlichen Ratschlägen!

Die wichtigsten Getränke sind Tee, Milch, oft als Kefir getrunken, und Säfte. Im Winter wird vor allem schwarzer Tee getrunken, im Sommer grüner. Der grüne Tee wird auch nach einem opulenten Mahl getrunken, da er die Verdauung erleichtert. Tee wird übrigens statt Wasser getrunken. ›Kumus‹ ist alkoholisierte Stutenmilch. In fließendem Flußwasser wird die Milch mehrere Monate in einem Ledersack gegoren. Sie hat einen gewöhnungsbedürftigen Geschmack und soll gegen Schlaflosigkeit wirken. Kumus trägt auch zur Heilung von Tuberkulosekranken bei. Es ist allerdings in Usbekistan nicht so weit verbreitet wie in anderen Ländern der Region.

Rezept: Plov – eine Variante
Benötigt werden:
400 Gramm Hammelfleisch
300 bis 400 Gramm Reis, je nach bevorzugtem Mischungsverhältnis
250 Gramm Möhren
150 Gramm Zwiebeln

Das Hammelfleisch wird in kleine Stücke geschnitten und im stark erhitzten Öl in einer Pfanne angebraten, dann werden Zwiebeln und Möhren hinzugegeben. Gewürzt werden sollte – vor allem mit Salz und Peffer – nach eigenem Geschmack. Dann werden vier Gläser Wasser hineingegeben und das ganze zum Kochen gebracht. Man füge den gewaschenen Reis hinzu, wobei das Wasser zwei Zentimeter über dem Reis stehen sollte. Ohne zu rühren läßt man das Gericht auf niedriger Stufe langsam kochen. Wenn das Wasser verdampft ist, schließt man den Deckel und läßt das Gericht auf kleinster Stufe zwanzig Minuten garen. Nach öffnen des Topfes wird einmal kräftig durchgerührt. Fertig. Dekorieren kann man den Plov mit verschiedenen Zutaten, Eiern, Tomaten. Wichtig ist, daß der Reis körnig ist.

Sprache

Die Amtssprache ist Usbekisch, Russisch ist für den nicht Usbekisch sprechenden Reisenden immer noch die Lingua franca, mit der in Usbekistan am meisten zu erreichen ist. Obwohl Usbekistan erst relativ spät russifiziert wurde, ist Russisch doch die Sprache gewesen, ohne die man nicht leben konnte und die vor allem den wissenschaftlichen Austausch dominierte. Viele Intellektuelle haben so ihre usbekischen Wurzeln (und Sprachkenntnisse) neu entdecken müssen, was nicht immer einfach war. Viele technische Begriffe sind nach wie vor nur auf russisch gebräuchlich. Einige Sätze in Usbekisch helfen jedoch immer das Eis zu brechen und eröffnen die Herzlichkeit einheimischer Gastfreundschaft. In einigen Landesteilen und in der jüngeren Generation wird kein oder nur wenig Russisch gesprochen, auch dort helfen elementare Usbekisch-Kentnisse. Es gibt in Usbekistan allerdings mehrere Dialekte, und ein Sprecher des choresmischen Dialektes versteht beispielsweise den Taschkenter Dialekt nicht unbedingt.

Usbekisch gehört zu der östlichen Gruppe der Turksprachen und hat sich von anderen mittelasiatischen Turksprachen im frühen vierzehnten Jahrhundert abgespalten. Bekannt als Chagatai oder Altusbekisch, wurde der Wortschatz der Sprache durch den berühmten Poeten Alisher Navoiy (1441–1501) sehr erweitert und hob sich als Literatursprache vom Arabischen und Persischen ab. Der Buchdruck gelangte erst in der zweiten Hälfte des 19. Jahrhunderts nach Mittelasien, bis dahin waren Bücher jahrhundertelang von Hand kopiert worden. Usbekisch ist, wie das Türkische, eine agglutinierende Sprache. An ein Wort wird also alles – z. B. Präpositionen – angehängt. Wer türkisch kann, wird auf viele Gemeinsamkeiten treffen.

1923 wurde eine moderne usbekische Sprache mit leicht modifiziertem arabischen Alphabet verschriftlicht. Aus politischen Gründen sollte die islamische Vergangenheit Usbekistans verdrängt werden, und so führte man 1927 das lateinische Alphabet ein. Im Zuge der Sowjetisierung wurde usbekisch ab 1940 in kyrillischen Buchstaben mit speziellen Sonderzeichen geschrieben. Dieser Prozeß wird jetzt rückgängig gemacht. 1993 wurde die Rückkehr zur lateinischen Schrift, ähnlich der türkischen Variante, im Parlament beschlossen. In den Medresen, den Koranschulen, wird auf arabisch unterrichtet.

In diesem Buch wurde die lateinische Schreibweise gewählt, da nur noch wenige kyrillische Schilder zu finden sind und auch diese in Kürze verschwunden sein werden. Auf Straßenschildern und Karten ist die Umstellung auf lateinische Buchstaben in vollem Gange. Die Schulkinder lernen bereits das neue Alphabet, die meisten Usbeken wissen aber selbst noch nicht, wie die kyrillischen Buchstaben zu transliterieren sind. Deswegen werden Städte und Straßen häufig in verschiedenen Varianten geschrieben. Im vorliegenden Buch wird versucht, die korrekte

Transliteration zu verwenden – häufig sind jedoch die Sehenswürdigkeiten nicht mit der korrekten Umschrift beschriftet. In diesem Fall wird diese Umschrift verwendet. Städtenamen, die auf deutsch geläufig sind, wurden nicht in ihrer usbekischen Variation verwendet. Dazu gehören Taschkent (Toshkent), Samarkand (Samarqand), Buchara (Buxoro) und Chiwa (Xiva).

Während im Ferganatal schon lange in lateinischen Buchstaben geschrieben wird, bleibt in Samarkand die kyrillische Schrift vorherrschend. Hier gibt es eine große tadschikische Minderheit – und die Tadschiken schreiben weiterhin in kyrillischen Buchstaben. Die Situation ähnelt dem Durcheinander auf den orientalischen Basaren und ist genauso bunt, denn immer entdeckt man neue lateinische Schreibvarianten. Da aber alles lesbar und verständlich ist, gibt es in der Praxis keinerlei Probleme.

Grundkenntnisse in Usbekisch helfen auch, sich in den Nachbarrepubliken zu orientieren. Kasachisch, Turkmenisch und Kirgisisch sind dem Usbekischen verwandte Turksprachen. Tadschikisch allerdings unterscheidet sich von diesen Sprachen stark, da es eine auf dem Persischen beruhende Sprache ist.

Englisch findet immer mehr Sprecher, allerdings vor allem in den großen Hotels der touristisch erschlossenen Orte. Für Indiviualtouristen jenseits der ausgetreten Pfade sind elementare Russischkenntnisse sehr von Vorteil, es lohnt sich, einen Sprachführer Russisch-Deutsch im Gepäck zu haben.

Das Kyrillische wurde aus dem Straßenbild fast vollständig verdrängt

Kleiner Sprachführer

Transliteration Usbekisch	kyrillisch	
A a	А а	›a‹ in Vater
B b	Б б	›b‹ in Ball
D d	Д д	›d‹ in Dom
E e	Е е	›jä‹ oder ›jeh‹
F f	Ф ф	›f‹ in Feder
G g	Г г	›g‹ in gut
H h	Ҳ ҳ	›h‹ in Hose
I i	И и	›i‹ in Mitte
J j	Ж ж	›sch‹ (stimmhaft) in Journal
K k	К к	›k‹ in Karte
L l	Л л	›l‹ in Lampe
M m	М м	›m‹ in Mutter
N n	Н н	›n‹ in Nase
O o	О о	›o‹ offen: in Sommer, unbetont wie a
P p	П п	›p‹ in Post
Q q	Қ қ	›k‹ hart in ›Kind‹
R r	Р р	›r‹ in Rad
S s	С с	›s‹ stimmlos in was
T t	Т т	›t‹ in Tante
U u	У у	›u‹ in Mut
V v	В в	›w‹ in Wasser
X x	Х х	›ch‹ in Loch
Y y	Й й	›j‹ in jede
Z z	З з	›s‹ stimmhaft in Rose
O' o'	Ў ў	kurzes ›u‹, fast oh
G' g'	Ғғ	›ga‹, guttural
Sh sh	Ш ш	›sch‹ stimmlos in Schule
Ch ch	Ч ч	›tsch‹ in deutsch
Ng ng	Нг нг	›ng‹ wie in sing

Begrüßungsformeln

1- deutsch
2- usbekisch
3- russisch

guten Tag!
salom alaykum!
здравствуйте! [strástwuitje!]

hallo!
salom!
привет! [privjét!]

auf Wiedersehen!
xayr!
до свидания! [do svidánja!]

Mann
erkak
мужчина [muschína]

Frau
xotin
женщина [schénschina]

danke!
rahmat!
спасибо … [spasíba]

bitte!
marhamat
пожалуйста [paschálsta]

ja
ha
да [da]

nein
yo'q
нет [njet]

wie heißen Sie?
ismingiz nima?
как вас зовут? [kak was sawút?]

ich heiße …
ismim …
меня зовут … [minjá sawút …]

ich verstehe nicht
men suzni tushinmadim
я не понимаю [ja ni panimáju]

sprechen Sie deutsch/englisch?
siz nemischa/inglizcha gapirasizmi
вы говорите по-немецки/английски? [wüi gawarítje pa nemjétzki/anglíski?]

ich möchte …
menga … kerak
я хочу … [ja chatschú …]

Zeitangaben

wie spät ist es?
soat necha bo'ldi?
который час? [katóri tschas?]

heute
bugun
сегодня [siwódnja]

morgen
ertaga
завтра [sáftra]

übermorgen
indin
послезавтра [poslisáftra]

Stunde
soat
час [tschas]

am Morgen
erta bilan
утром [útrom]

am Abend
kechqurun
вечером [wétscherom]

nachts
tunda
ночью [nótschju]

Woche
hafta
неделя [nidélja]

Wochentage

Montag
dushanba
понидельник [panidélnik]

Dienstag
seshanba
вторник [ftórnik]

Mittwoch
chorshanba
среда [sredá]

Donnerstag
payshanba
четверг [tschetwérg]

Freitag
juma
пятница [pjátniza]

Samstag
shanba
суббота [subóta]

Sonntag
yakshanba
воскресенье [waskresénje]

Monat
oj
месяц [mésiz]

Ortsangaben

wo?
qayerda
где? [gdje?]

rechts
o'ngda
справа [spráwa]

links
chapda
слева [sléwa]

geradeaus
to'g'ri
прямо [prjáma]

hier
bu yerda
здесь [sdjes]

dort
u yerda
там [tam]

Wo ist … ?
kayerda?
где находится …?
[gdje nachóditza …?]

Altstadt
eski shahar
старый город [stári górad]

Bank
bank
банк [bank]

Brücke
kyprik
мост [most]

Eingang
kirish
вход [fchod]

Ausgang
chikish
выход [wüichod]

Geschäft
magazin
магазин [magasín]

Postamt
pochta
почта [pótschta]

Platz
maydon
площадь [plóschadch]

Straße
ko'cha
улица [úlitza]

Toilette
hojatxona
туалет [tualét]

Unterwegs

Reise
sayohat
путешествие [puteschéstwije]

Bahnhof
vokzal
вокзал [wacksál]

Zug
poezd
поезд [pójesd]

Fahrkarte
bilet
билет [biljétt]

wieviel kostet …?
necha pul?
сколько стоит …? [skólka stóit …?]

Geld
pul
деньги [djéngi]

Haltstelle
ostanovka
остановка [astanófka]

Abfahrt
jo'nash
отправление [atprawlénije]

Ankunft
kelish
прибытие [pribüitije]

Bus
avtobus
автобус [aftóbus]

Sammeltaxi
marshrutnyj taksi
маршрутный такси
[marschrútni taxí]

Straßenbahn
tramvay
трамвай [tramwái]

Flugplatz
uchish maydoni
аэропорт [aeropórt]

Essen, Trinken und Schlafen

Restaurant
restoran
ресторан [restarán]

Ich habe Hunger
mening qornim och
я хочу есть [ja chatschú jest]

Frühstück
nonushta
завтрак [sáftrak]

Mittagessen
tushlik ovqat
обед [abjéd]

Abendessen
kechki ovqat
ужин [úschin]

Speisekarte
menju
меню [menjú]

Vorspeise
suyuq ovqat
закуски [sakúski]

Suppe
sho'rva
суп [sup]

Fleisch
go'sht
мясо [mjása]

Obst
meva
фрукты [frúkti]

Aprikosen
o'rik
абрикосы [abrikósi]

Honigmelone
qovun
дыня [dínja]

Wassermelone
tarvuz
арбуз [arbús]

Weintrauben
uzum
виноград [winagrád]

Gemüse
sabzavot
овощи [ówaschi]

Reis
guruch
рис [ris]

Salz
tuz
соль [sol]

Brot
non
хлеб [chleb]

Saft
sharbat
сок [sok]

Mineralwasser
mineral suvi
минеральная вода
[minerálnaja wadá]

schwarzer /grüner Tee
qora/ko'k choy
чёрный/зелёный чай
[tschórni/siljóni tschai]

Kaffee
kofe
кофе [kófe]

Wein
vino
вино [winó]

Bier
pivo
пиво [píva]

groß
katta
большой [balschój]

klein
kichik
маленький [málinki]

schön
chirojli
красивый [krasíwi]

Hotel
mehmonxona
гостиница [gastíniza]

Hotelzimmer
nomer
номер [nómer]

Gesundheit

Arzt
doktor
врач [wratsch]

Krankenhaus
kasalxona
больница [balníza]

Apotheke
dorixona
аптека [aptéka]

Medikamente
dori
лекарство [likárstwa]

ich habe Durchfall
ichim ketayapti
у меня понос [u minjá panós]

ich muß mich übergeben
qayt qilyapman
у меня рвота [u minjá rwatá]

Zahlen

eins
bir
один [adín]

zwei
ikki
два [dwa]

drei
uch
три [tri]

vier
to'rt
четыре [tschitírje]

fünf
besh
пять [pjat]

sechs
olti
шесть [schest]

sieben
yetti
семь [sjem]

acht
sakkiz
восемь [wósim]

neun
to'qqiz
девять [djéwit]

zehn
o'n
десять [djésit]

zwanzig
yigirma
двадцать [dwátzit]

dreißig
o'ttiz
тридцать [trítzit]

vierzig
qirk
сорок [sórak]

hundert
juz
сто [sto]

tausend
ming
тысяча [tísitscha]

Die usbekische Hauptstadt Taschkent ist eine moderne Großstadt, die sich jedoch an einigen Stellen ihr orientalisches Flair bewahren konnte.

Taschkent

Die Stadt der tausend Brunnen

Die Hauptstadt Usbekistans mit ihren 2,4 Millionen Einwohnern ist noch immer eine russische Stadt, geprägt vor allem durch die sowjetische Architektur der 70er Jahre. 1966 mußte Taschkent (usbekisch Toshkent) nach einem verheerenden Erdbeben wieder aufgebaut werden. Durch die Bauprojekte der letzten Jahre wird versucht, der Stadt ein modernes und usbekisches Gesicht zu geben. In Taschkent ist die Spannung zwischen Europa und Orient am besten spürbar. Hier beobachtet man verschleierte und knappe Designermode tragende junge Frauen nebeneinander. Nicht weit von den Lehmhäusern der Altstadt steht der neue gläserne Sportkomplex des Präsidenten.

Taschkent liegt in den westlichen Ausläufern des Tienshan – bei klarem Wetter kann man die schneebedeckten Gipfel sehen – in der vom Fluß Chirchik bewässerten Oase und dehnt sich auf 220 Quadratkilometern aus. Es ist eine warme Stadt, sieben Monate gibt es keinen Frost, auch nur wenig Schnee. Die Temperaturen erreichen Höchstwerte bis zu 44 °C, im Winter aber auch Tiefstwerte bis zu –30 °C. Die meisten Niederschläge fallen im Winter und Frühling.

Stadtgeschichte

Schon im 4. bis 3. Jahrhundert lebten auf dem Gebiet des heutigen Taschkent – wörtlich: Stadt (kent) aus Stein (tash) – Menschen. In den unterschiedlichen historischen Quellen trifft man auf verschiedene Ortsnamen: Dschadsch, Tschatschkent, Schaschkent, Binkent. Im 11. Jahrhundert wird der Ort in geographischen Handschriften zum erstenmal Taschkent genannt. Timur errichtete hier eine mächtige Festung, nach ihm regierten verschiedene Herrscher.

Während der Herrschaft der Schaibaniden, die das erste usbekische Staatswesen begründeten, gelang Taschkent der Aufstieg zum Handels- und Handwerkszentrum. Nach dem Sturz der Dynastie wurde die Stadt zum Streitobjekt verschiedener kasachischer Chane, bis sie schließlich im Jahre 1723 von Nomaden aus der westlichen Mongolei, den Dschungaren, unterworfen wurde. Taschkent konnte jedoch seine wirtschaftliche Stärke bewahren und intensivierte seine Beziehungen zu Rußland. Nach der Befreiung von den Dschungaren wurde Taschkent 1796 Hauptstadt eines gleichnamigen Staates. Dieser Staat unterhielt ein eigenes Heer, prägte eigene Münzen und betrieb eine eigene unabhängige Innen- und Außenpolitik. Damals war Taschkent nach Buchara die zweitgrößte mittelasiatische Stadt. Auf 12 Quadratkilometern lebten 40 000 Einwohner. Es gab unterschiedlichste Handwerksbetriebe: Spinnereien, Seidenstoffherstellung,

Taschkent, Übersicht

Legende
1 Südbahnhof
2 Fernbusbahnhof
3 Flughafen
4 innerstädtischer Busbahnhof
5 Bahnhof

Kunsthandwerke, Schmiedehandwerk, Goldstickerei. Auf mehreren Basaren wurden auch Erzeugnisse aus Indien, China, Buchara, Afghanistan, Rußland und Persien gehandelt. Im Jahre 1814 verlor Taschkent seine staatliche Unabhängigkeit

Springbrunnen in Form einer Baumwollkapsel

und gehörte von nun an zum Besitz des Chanats von Kokand. Aber immer wieder gab es Aufstände gegen die Kokander Statthalter. Der Weber Jussuf entfesselte einen vierzehntägigen, besonders hartnäckigen Aufstand, der aber niedergeschlagen wurde. 1865 schloß sich Taschkent dem russischen Reich an und befreite sich somit von Kokand. Am 30. Juni 1865 wurden die Schlüssel der zwölf Stadttore feierlich dem Militärgouverneur des Gebietes Turkestan überreicht. Alle Schlüssel waren aus reinem Gold, ihre Nachbildungen sind heute im Museum der Geschichte der Völker Usbekistans zu sehen. Die Stadttore sind nicht mehr erhalten.

Zwei Jahre später wurde Taschkent Verwaltungszentrum des Generalgouvernements Turkestan mit 80 000 Einwohnern. Der wichtigste Basar lag in der Stadtmitte auf dem Registan: eine regelrechte Handelsstadt mit 2292 Läden. Die Gänge zwischen den Läden hatten wegen der heißen Sonne ein Schutzdach, eine Besonderheit des Taschkenter Basars. Der Hauptbasar ist bis heute so erhalten geblieben. Ende des 19. Jahrhunderts wurde Taschkent von einem Reisenden so beschrieben: »Den Zentralteil der Stadt nahmen ausgedehnte überdachte Basare mit Tausenden Läden ein. Rings um die Läden erstreckten sich eng bewohnte Quartale, die von schmalen unregelmäßigen Gassen durchschnitten waren. Auf diese Straßen ging kein einziges Fenster, so daß sie äußerst langweilig und trostlos aussahen.« Durch die Angliederung an Rußland wurde nicht nur der Handel belebt, sondern es begann auch eine Industrialisierung. Im Jahre 1912 hatte die Stadt 210 000 Einwohner, und in der Altstadt standen 21 000 Lehmziegelhäuser an schmalen Straßen: ein verwirrendes Labyrinth. Die russische Stadtplanung ist dagegen einfach: sternenförmig, symmetrisch, überschaubar laufen die Straßen auf ein Zentrum zu. Alles ist großräumig und klassizistisch angelegt.

Im März 1917 wurde Taschkent die erste Stadt in Turkestan, die einen Sowjet einsetzte. Als die Nachricht von der Oktoberrevolution – um zwei Wochen verspätet – eintraf, wurde sofort ein Aufstand organisiert und im April 1918 die Turkestanische Autonome Sowjetrepublik gegründet. Nach der Beendigung des Bürgerkriegs wurde 1924 die Usbekische Sozialistische Sowjetrepublik gegründet, deren Hauptstadt im Jahre 1930 Taschkent wurde. Im September 1931 wurde die erste sowjetische Baumwollerntemaschine produziert, von da an konnten 70% der Rohbaumwolle damit geerntet werden. In der für die Sowjetunion der 30er Jahre typischen Euphorie ging man sofort davon aus, daß die mühselige Handpflückerei nun beendet sei und Baumwolle in unbegrenzten Mengen gewonnen werden könnte. Die Neulandgewinnung um Taschkent nahm dadurch immer größere Dimensionen an; die Stadt wurde zu einem wirtschaftlichen Zentrum Mittelasiens, das Menschen aus der ganzen Region anzog.

Am 26. April 1966 wurde Taschkent von einem schweren Erdbeben heimgesucht, in dessen Folge es während eines ganzen Jahres tausend weitere Erdstösse gab. Etwa hunderttausend Wohnungen waren unbewohnbar geworden und etwa dreihunderttausend Menschen obdachlos. Taschkent wurde nach einem Generalbebauungsplan neu errichtet; um den heutigen Unabhängigkeitsplatz (Mustaqillik Maydoni, Ex-Leninplatz) und um dem Amir-Timur-Platz, entstanden viele Grünanlagen und Springbrunnen.

Nach der Unabhängigkeit wurde Taschkent zur Hauptstadt der neuen Republik. Repräsentative gläserne Bauten entstanden, Parlament, Rathaus und Timuridenmuseum wurden ganz traditionell mit blauer Kuppel gebaut. Mit dem Navoiy-Park entstand 1998 ein kleiner Vergnügungspark im Zentrum der Stadt, die ihr sowjetisches Gesicht beibehielt – weit ausgedehnte Parkanlagen, viele Springbrunnen und breite Straßen. Seit Frühjahr 1999 ist aus Angst vor weiteren Attentaten das Regierungsviertel gänzlich abgesperrt.

Die Altstadt

Im Vergleich zu der islamischen Architektur, die der Besucher in Samarkand, Buchara und Chiwa sehen wird, sind die Baudenkmäler der Altstadt in Taschkent bescheiden anzusehen, deswegen werden sie hier auch nur kurz beschrieben. Die heutige Altstadt breitet sich um die Metrostation ›Chorsu‹ aus. Zwischen breiten Straßen sind die alten, langsam zerfallenen Lehmhäuser zu sehen, die Gasleitungen verlaufen überirdisch und das Abwasser ist ein Problem. An der Metrostation ›Chorsu‹ liegt auch der Taschkenter Basar. Einige sakrale Gebäude befinden sich nördlich des Basars an der Zarkaynar ko'chasi. Das älteste stammt aus dem 16. Jahrhundert, und in seinem Inneren ruht der im Jahre 926 verstorbene Verfechter des Islams in Taschkent, Abu Bakra Kaffal Shashi. Das schlichte Backsteinmauerwerk mit einer kleinen Kuppel wirkt unauffällig, obwohl die stellenweise an den Mauern erhaltenen Majolikareste und Mosaike davon zeugen, daß

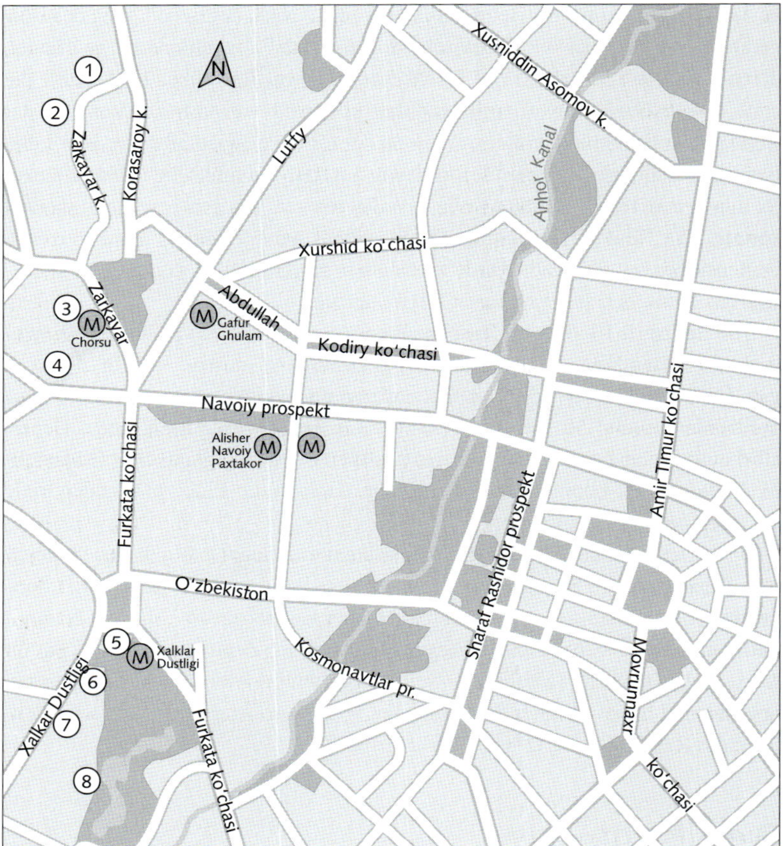

Taschkent, Altstadt

Legende

1 Kaffal-Shashi-Mausoleum
2 Medrese Barak Chan
3 Basar
4 Medrese Kukeldash
5 Platz der Völkerfreundschaft
6 Medrese Abdul Xasim
7 Parlament
8 Navoiy-Park

das Mausoleum einst ornamentiert war. Direkt in der Nähe befindet sich die Medrese Barak Chan. Die Medrese wurde in der ersten Hälfte des 16. Jahrhunderts vom Kokander Chan Barak, aus dem Geschlecht der Schaibaniden, errichtet. Der Grundriß ist herkömmlich: ein rechteckiger Hof, auf den die Türen von

30 Wohnzellen sowie der Hörsäle führten. Heute hat hier die geistliche Verwaltung der Moslems von Mittelasien und Kasachstan ihren Sitz. In der Nähe liegt die islamische Hochschule Imam al Buchari, an der man studieren kann, wenn man das siebenjährige Studium an einer Medrese abgeschlossen hat.

Zu Fuß gelangt man von der Medrese zum Taschkenter Basar. Zuerst sollte man sich die Handwerkergasse im Norden des Basars anschauen. Hier kann man die typischen Wiegen mit dem praktischen ›Abflußloch‹ und das dazugehörende Equipment bewundern. Für die Babys sind diese Wiegen gar nicht so schön, denn sie werden festgebunden – sonst wäre ja der praktische Abfluß nutzlos. Über den Taschkenter Basar sollte man sich treiben lassen und das Angebot in vollen Zügen genießen. In dem geschlossenen Gebäude werden getrocknete Aprikosen, Granatäpfel, Rosinen, hellgelbe Möhren, Pistazien und Mandeln verkauft. Auf die Devisentauschaktionen, die durch ein halblautes ›Dollar, Dollar‹ angeboten werden, läßt man sich besser nicht ein, da erstens gerade auf den Basaren Zivilfahnder unterwegs sind und zweitens die Gefahr, betrogen zu werden, recht groß ist.

Direkt am Basar liegt die Medrese Kukeldash, die im 16. Jahrhundert errichtet wurde. Mit indischen Bauarbeitern baute der grausame und mächtige Wesir Kukeldash 38 Wohnzellen, nur zwei Meter lang und breit. Sie hatten keine Möbel, und in einer lebten zwei bis drei Schüler. Durch die verschiedenen Erdbeben hat die Medrese Schaden genommen, nur noch eins der ursprünglich zwei Stockwerke ist erhalten. Es existieren auch hier wieder grausame Legenden, z. B. daß in der Medrese ehebrecherische Frauen hingerichtet wurden – wobei schon ein

Auf dem Taschkenter Basar

falscher Blick genügen konnte. Man steckte sie in einen Sack, nähte diesen zu, schleppte sie auf die Medrese und warf sie aus 20 Meter Höhe auf die vorbeiführende Straße.

Etwas weiter südlich trifft sich das moderne, unabhängige Usbekistan am Platz der Völkerfreundschaft (Metro ›Xalqlar Do'stligi‹). Am Eingang des Platzes, vor dem Palast der Völkerfreundschaft, wurde ein Denkmal für den Taschkenter Schmied Shachmed Shachmahmudov und seine Frau Bahri errichtet. Das Ehepaar hatte während des 2. Weltkrieges, als über eine Million evakuierte Menschen in Usbekistan untergebracht werden mußten, 15 verwaiste Kinder adoptiert. Hinter dem Palast liegen die Medrese Abdul Xasim, das neugebaute, blaukupplige Parlament und eine Art Vergnügungspark, der den Namen des Dichters Navoiy trägt. Auf einem künstlichen See kann man Boot fahren, oder man steigt die Stufen zu einer Rotunde hinauf, von der aus Alisher Navoiy das Geschehen beobachtet.

Alisher Navoiys Denkmal im nach ihm benannten Park

Die Neustadt

Das Zentrum des neuen Taschkent ist der ›Amir-Timur-Park‹. Inmitten eines kreisförmigen Parks steht seit 1993 das neue Symbol des usbekischen Nationalbewußtseins: Tamerlan (1336–1404) oder, wie ihn die Usbeken nennen, Amir Timur. Er vollzog von Mittelasien aus eine der größten Reichsbildungen in der Geschichte des Orients und gilt heute in Usbekistan als der bedeutenste mittelasiatische Herrscher. Das Reiterdenkmal, an dessen Stelle noch bis vor wenigen Jahren Marx und Engels einträchtig standen, paßt sicherlich besser zur usbekischen Geschichte als die beiden Deutschen. Dennoch demonstriert dieser Denkmaltausch beispielhaft den Identitätsfindungsprozeß und Wertewandel des jungen Staates. Allerdings hat dieser Ort schon manchen Denkmalwechsel erlebt: Seit 1880 war hier der zaristische Gouverneur Kaufmann zu sehen, ihm folgte eine Skulptur ›Befreiung der Arbeit‹, die ab 1940 durch Stalin ersetzt wurde, dem 1967

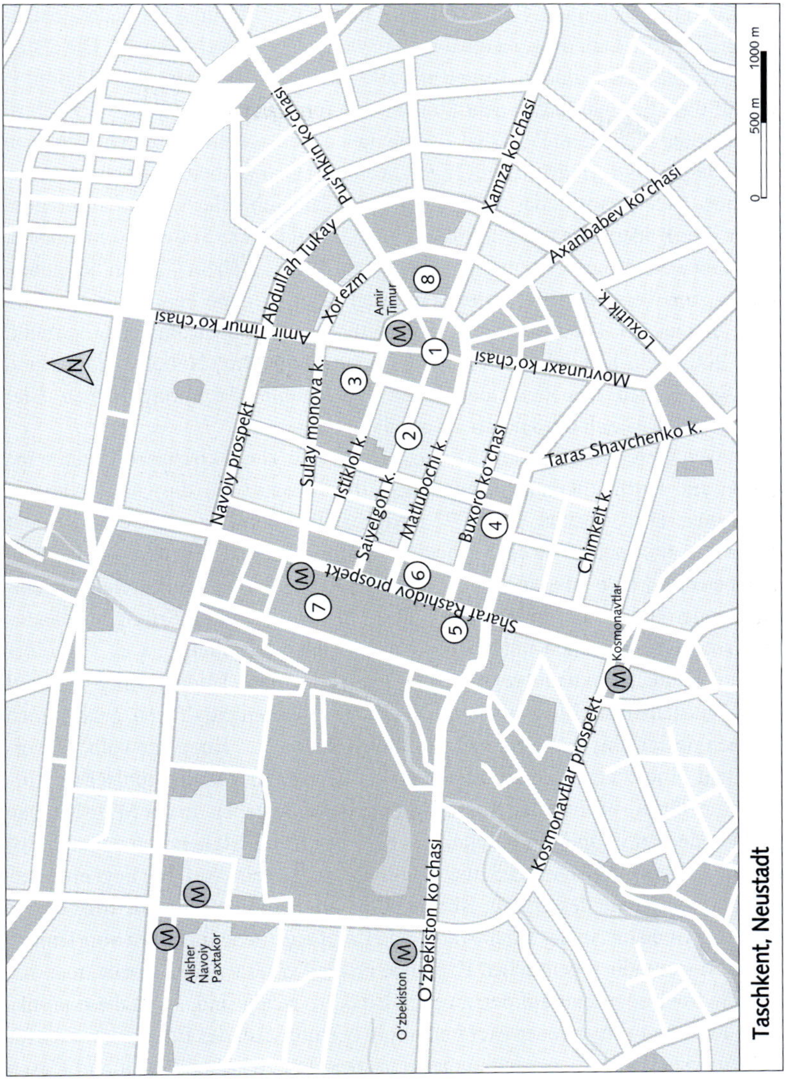

Taschkent, Neustadt

Legende

1 Amir-Timur-Denkmal
2 Fußgängerzone
3 Timuridenmuseum
4 Navoiy-Opern- und-Balletttheater
5 Künstlervereinigung Usbekistans
6 Historisches Museum
7 Unabhängigkeitsplatz
8 Hotel ›Uzbekistan‹

Marx und Engels folgten. Ein Detail am Rande: Zwar ist Timur die neue Identifikationsfigur des Landes, genaugenommen war er aber gar kein Usbeke. Die ersten Usbeken, die Schaibaniden, kamen erst 200 Jahre nach Timur in diese Region.

Auf das Denkmal laufen acht Straßen sternförmig zu. Die Salyelgox ko'chasi – sie beginnt hinter dem Denkmal – sollte man unbedingt entlangschlendern, denn die im Jahre 1998 errichtete Fußgängerzone bietet Gelegenheit zum Schaufensterbummel, Café-Besuch oder einfach nur zum Flanieren. Hier verkaufen Straßenmaler ihre Bilder, hier werden Silberschmuck und andere Souvenirs angeboten. Zahlreiche Straßencafés – meistens leider mit Plastikmöbeln – laden bei gutem Wetter zum Verweilen ein. Oder man testet seine Stimme beim Karaoke. Wer seine heimischen Lebensmittel, Kleidungstücke oder Eßgewohnheiten vermißt, kann aufatmen: hier gibt es Supermärkte westlicher Art, Nobelboutiquen und Fast-food-Ketten. Am Rande der Straße stehen zahlreiche Springbrunnen. Hier geht es eher russisch-europäisch als orientalisch zu.

Unweit vom Reiterstandbild Timurs, an der Amir Timur ko'chasi 6, durch seine Größe und Farbkraft unübersehbar, liegt das Museum für die Geschichte der Timuriden. Das Museum, erst 1997 fertiggestellt, gehört zu den Gebäuden, mit denen das neue selbstbewußte usbekische Nationalgefühl gefestigt werden soll. Der neuentdeckten Identifikationsfigur Timur ist hiermit ein durchaus beeindruckender Tempel errichtet worden. Das Museum ist ein großzügig angelegtes und von Springbrunnen umgebenes rundes Gebäude. Außen ist es von einer weißen Säulenkolonnade geprägt, die eine türkisblaue rippenförmige Kuppel trägt. Betritt man das Museum durch die prächtig geschnitzten Türen, gelangt man in einen riesigen bis in die Kuppel geöffneten Raum. Das Kuppelgewölbe ist verziert mit einem vergoldeten ornamentalen Muster und kalligraphischen Aufschriften, die die wichtigsten Aussagen Timurs wiedergeben. In der Mitte hat man eine verkleinerte Kopie des berühmten steinernen Koran-Halters, der auf dem Hof der Bibi-Xanom-Moschee in Samarkand steht, aufgestellt. Auf ihm liegt eine aufgeschlagene Kopie des Osman-Korans. Eine orientalische Miniatur stilisierend, zeigt das Gemälde an der Hauptwand eine Empfangsszene im Palast von Timur.

Auch wenn die eigentlichen Exponate erst auf einer zweiten Ebene, man hat den Eindruck sogar nur auf den zweiten Blick, zu sehen sind, so ist diese prunkvolle Imitation vergangener Architektur ein beeindruckendes Erlebnis; wobei für westeuropäische Besucher möglicherweise der Grat zwischen Pracht und Kitsch schwer zu finden sein wird. Ob den in- und ausländischen Besuchern ein ›sakrales Gefühl‹ vermittelt wird oder ob ihnen gar eine ›besondere geistige Kraft‹ geschenkt wird, wie es von der Museumskonzeption angestrebt ist, möge jeder selbst beurteilen.

Das Museum verfügt über 1500 Exponate aus der Timuridenzeit, von denen 452 gezeigt werden. Neben Münzen, angewandter Kunst und Manuskripten sind

Das Amir-Timur-Denkmal in Taschkent ist das Sinnbild des neuen usbekischen Geschichtsverständnisses

vor allem Modelle der mittelasiatischen Städte interessant. Das Leben und der Alltag wird dem Besucher durch riesige Wandgemälde, die nach damaligen Miniaturen angefertigt wurden, nähergebracht.

Bemerkenswert sind noch Handschriften, die von den Feldzügen Timurs berichten (›Safar name‹/›Buch der Siege‹), die ›Bestimmungen Tamerlans‹ über den Staatsaufbau und die Gesellschaft, ein Faksimile des Briefwechsels zwischen Timur und dem französischen König Karl VI. sowie einige Manuskripte berühmter Dichter jener Zeit. Außerdem wird versucht, die Bedeutung der Timuriden für ihre Nachfolger aufzuzeigen, in dem auch ausgewählte Gegenstände aus dem 17.–19. Jahrhundert in die Ausstellung aufgenommen wurden. Das Museum ist von 10 bis 18 Uhr geöffnet (außer montags; Metro ›Amir Timur‹).

Dem Museum gegenüber liegt ein Teich, an dessen Ufern sich einige kleine Cafés befinden. Da außerdem noch Springbrunnen in der Nähe stehen, ist es hier selbst an heißen Tagen angenehm frisch. Auch einige Mitarbeiter des benachbarten Energieministeriums verbringen hier ihre Mittagspause, so daß die Chance, einen interessanten englischsprechenden Gesprächspartner zu treffen, mittags recht groß ist.

Zehn Minuten Fußweg sind es vom Reiterstandbild zu einem anderen Platz der Innenstadt. Zwischen der Buchara ko'chasi und der O'zbekiston ko'chasi liegt das Navoiy-Opern- und-Balletttheater. Das von Ščusev, dem Erbauer des Leninmausoleums auf dem Roten Platz, errichtete Theater ist im typischen Baustil der

Das Taschkenter Opern- und Balletttheater lohnt einen Besuch

Stalinzeit errichtet worden. Früher befanden sich hier instabile, wackelige Lädchen, im nassen Herbst konnte man diesen Stadtteil nur mit Stiefeln betreten, da man im Schlamm steckenblieb. Das Viertel hieß Pjan-Basar, was soviel wie ›Trinker-Basar‹, bedeutet, weil so viele Weinhändler hier ihre Läden hatten. 1933 wurde ein Wettbewerb ausgeschrieben, den Alexej Ščusev gewann (auch der Kazaner Bahnhof in Moskau stammt von ihm).

Außen mischt sich Neoklassik mit Elementen mittelasiatischer Architektur. Als die Kunst noch ›dem Volke‹ gehörte, wurde ein Theater errichtet, das die Werktätigen an ihre Arbeit und Herkunft erinnern sollte: begonnen 1940 und vollendet 1947 – unter Mitarbeit japanischer Kriegsgefangener. Durchs Hauptportal gelangt man ins Vestibül, dessen Fußboden mit dunklem Marmor ausgelegt ist. Es folgt der Paradesaal mit einer breiten Marmortreppe und Platz für 1400 Zuschauer. Der Kronleuchter erinnert an eine edelsteinbesetzte Tjubetejka. Die sechs Foyers, zwei auf jeder Etage, die Taschkent, Samarkand, Buchara, Termiz, Chiwa und Fergana gewidmet sind, sind sehenswert. Aus jedem dieser Gebiete kamen Meister, die nach alten lokalen Traditionen die Räume mit Alabasterschnitzereien ausgestalteten. Das Taschkenter Foyer ist mit großen Sonnenscheiben, wie man sie auch auf der Susani-Stickerei findet, verziert. Das Bucharer Foyer erinnert an den weißen Saal des letzten Emirs von Buchara und trägt ein subtiles Pflanzenmuster. Im Termiz-Foyer wurden mittelalterliche Ornamentmotive aus dem Palast des Herrschers von Termiz verwendet. Im Chiwaer Foyer finden sich geschnitzte Stuckpaneele und Ornamente der Kachelverkleidungen und Holzschnitzerei Chiwas. Ein landestypisches Erlebnis bietet ein Besuch der mit bunten Stoffen und sozialistisch-realistischen Spiegeln ausgestatteten Damentoilette. Daneben befindet sich die günstige Variante des Buffets. Karten werden zwischen den Säulen vor dem Theater verkauft. Billiger als hier kann man nirgendwo Aida sehen. Die Inszenierungen sind klassisch – nicht immer Weltklasse, aber absolut sehenswert.

In der Mitte des Platzes steht ein achteckiger Springbrunnen aus dunklem Marmor, dessen Umriß an ein traditionelles usbekisches Muster erinnert, als Sinnbild Usbekistans ragt in der Mitte eine offene Baumwollkapsel empor. Direkt gegenüber befindet sich das Hotel ›Taschkent‹, etwas südlicher das Kaufhaus ZUM. Geht man geradeaus am Hotel ›Taschkent‹ vorbei, kommt man auf die Sharaf Rashidov ko'chasi, wo man moderne Kunst in der Künstlervereinigung Usbekistans sehen kann (Nummer 40). Ebenfalls an dieser Straße liegt das Historische Museum: Hinter einem schmiedeeisernen Gitter ließ sich 1833 der russische Großfürst N. Romanov ein Palästchen bauen. Er hatte seine Mutter bestohlen und war deswegen nach Taschkent geschickt worden. Es handelt sich um ein im eklektischen Stil errichtetes zweistöckiges Backsteingebäude, das an eine mittelalterliche Burg erinnert, aber auch Elemente orientalischer Baukunst besitzt. Am Paradeeingang begrüßen den Besucher zwei Plastiken: ein schöner steinerner Hund und daneben ein Hirsch mit ausladendem Geweih. Im Garten befindet sich ein großer Springbrunnen, der lange der einzige in Taschkent war.

Neben dem Unabhängigkeitsplatz (Mustaqillik maydoni), zu dem man gelangt, wenn man nördlich der Straße folgt, fließt der Kanal Anchor, die einstige Grenze zwischen Altstadt und Neustadt.

Museen

Staatliches Museum für Geschichte der Völker Usbekistans: Früher hieß es Leninmuseum. Die Exponate stammen aus dem ersten mittelasiatischen Museum, das 1876 in Taschkent eröffnet wurde. Es besitzt eine numismatische Sammlung und archäologische Fundstücke verschiedener Epochen, Keramik, Teppiche, Stoffe, Gewänder, Juweliererzeugnisse, Stickereien und die einzige vollständig erhaltene usbekische Buddhafigur aus dem 1. Jahrhundert. Sharaf Rashidov Prospekt 3, hinter dem Unabhängigkeitsplatz, Metro ›Amir Timur‹, Tel. 133 57 13, von 10 bis 18 Uhr, sonntags geschlossen.

Susani im Museum für angewandte Kunst

Museum für angewandte Kunst: Alle Gattungen der nationalen angewandten Kunst sind hier vertreten: Schmuckstücke für Frauen, dekorative Teppiche, Goldstickereien, Gewebe, kunstvolle Stickereien, Metallkunst, Keramik, Porzellan, Musikinstrumente sowie Geschenkartikel. Das Museum befindet sich in dem sehenswerten Polovzev-Haus, einem wunderschön ausgestatteten Adeligenhaus. Rakatboshi ko'chasi 15, Metro ›Kosmonavtlar‹, Tel. 56 40 42. Geöffnet von 10 bis 17 Uhr, außer dienstags.

Tamara-Xanum-Museum: die letzte Wohnung von Usbekistans größter Tänzerin. Tamara Xanum war armenischer Abstammung und wurde 1905 in Margilan geboren. Sie widmete ihr Leben der Kultur Mittelasiens und der Befreiung der Frau. Früher konnten Frauen nur zu Hause singen und tanzen, die weiblichen Rollen in den Theatern wurden von jungen Männern gespielt. Tamara Xanum war eine der ersten, die selbst öffentlich auftrat. In dem Museum sind Fotos, Gemälde und sehr viele ihrer prächtigen Kostüme ausgestellt. Tamara Hanum ko' chasi 41, Metro Xamid Olimjon, Wohnung 14, Tel. 68 86 90, 11 bis 17 Uhr, sonntags geschlossen. Von der Metrostation geht man die Asaka ko'chasi Richtung Südosten, biegt dann links in die Darxon ko'chasi ab, nach 200 Metern geht es wieder links in die Tamara Hanum ko'chasi. Nach weiteren 100 Metern rechts, das Museum befindet dich am Ende eines Wohnblocks.

Die Metro

Die Taschkenter sind stolz auf ihre U-Bahn, die erste in Mittelasien und eine sehr schöne dazu. Begonnen wurde mit dem Bau 1972 – man wollte dem schnellen Bevölkerungswachstum gerecht werden. Der erste Zug rollte fünf Jahre später eine zwölf Kilometer lange Strecke entlang. Bis heute gehen die Planungen für den Ausbau weiter. Die Metro wurde erdbebensicher gebaut. 1990 wurde die

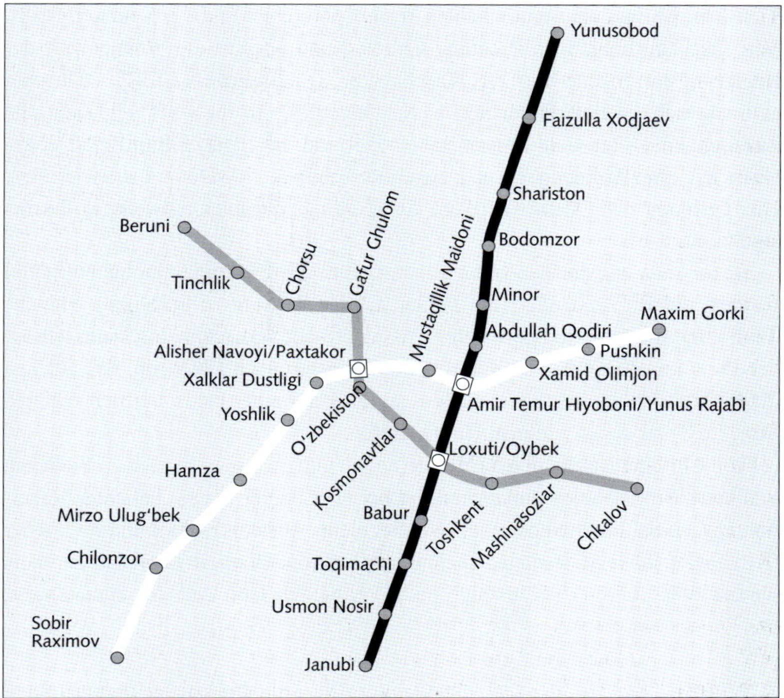

Taschkent, Metroplan

zweite Linie fertiggestellt, eine dritte wurde inzwischen teilweise in Betrieb genommen. Hier ist es erfrischend kühl, deswegen stellt die Metro die beste Möglichkeit dar, in der Stadt vorwärts zu kommen. Auch wenn es in der Rush hour hier eng wird, so kommt man doch schnellsten zum Ziel.

Die Stationen sind schön gestaltet – das dominierende Thema ist die Baumwolle. Besonders schöne ›Paläste der Werktätigen‹ kann man auf der roten Linie bewundern: Alisher Navoiy, O'zbekiston und Kosmonavtlar. In ersterer hat man in einer stilisierten Medrese die Werke Navoiys als Reliefs abgebildet; besonders sollte man, wenn man die Rolltreppe hinunter fährt, auf den nachgeformten Eingangspishtak achten. Die Station O'zbekiston symbolisiert das Baumwoll-Land Usbekistan. Blaue Kanäle fließen in knospenförmige Lampen. In der Station Kosmonavtlar fühlt man sich in eine Raumstation versetzt.

Ausflug nach Chimgon

82 Kilometer entfernt von Taschkent befinden sich die Ausläufer des westlichen Tienshan. Chimgon ist ein beliebtes Wintersportgebiet und ein Sommerressort. Von Taschkent fährt man Richtung Chirchiq und passiert die Wohnpaläste der Regierungsmitglieder und das Taschkenter Traktorenwerk (TTZ). Chirchiq erstreckt sich auf einer Länge von 13 Kilometern. Da in der Stadt viele Deutsche wohnten, sind jetzt viele Häuser unbewohnt und das Stadtzentrum wirkt etwas verlassen. Eine Wohnung soll man angeblich schon für 400 Dollar kaufen können. Hier befinden sich Chemiefabriken, die allerdings nur noch teilweise in Betrieb sind.

Bevor man auf die Paßstraße gelangt, muß ein Ökologie-Obolus entrichtet werden, der für Ausländer fünf Dollar beträgt (in Sum zu bezahlen). Manche Taxifahrer sind nett und geben ihre Passagiere als Verwandte aus, dann beträgt der Preis nur 20 Cent. Von dem Ökologie-Posten nach Chimgon, das auf fast 2000 Metern Höhe liegt, sind es 27 Kilometer auf einer landschaftlich schönen Strecke. Unterwegs kann man Honig kaufen.

Von Chimgon aus kann man Wanderungen unternehmen, an kleinen Flüßchen und unter Birkenhainen picknicken. Im Sommer ist der Ort ein beliebtes Naherholungsgebiet. Das Städtchen selbst bietet nichts Attraktives. Dominiert wird der Ort von dem absolut desolaten ehemaligen Intourist-Hotel, in dem man nur dann übernachten sollte, wenn es sich nicht vermeiden läßt. Auf der Hauptstraße,

Steinerner Koranständer im Innenhof der Bibi-Xanom-Moschee in Samarkand
Im Innenhof der Tillakori-Medrese in Samarkand wird Kunsthandwerk angeboten

Auch Reitausflüge sind von Chimgon bei Taschkent aus möglich

zugleich die einzige Straße Chimgons, bieten kleine Restaurants vor allem Schaschlik an.

Im Winter ist Chimgon ein beliebter Wintersportort. Die Skisaison dauert von Dezember bis März. Theoretisch gibt es einen Schlepplift und einen Sessellift russischer Bauart. Meistens ist aber nur der Sessellift in Betrieb. Ein Fahrt dauert zehn Minuten und kostet umgerechnet einen Dollar. Die Piste, etwa einen Kilometer lang, ist nicht planiert, und man fährt mehr oder weniger durch den Tiefschnee. Skier kann man für umgerechnet fünf Dollar ausleihen, aber intelligenterweise nur am nicht funktionierenden Schlepplift.

Der Winter-Vergnügungen der Usbeken unterscheidet sich von westeuropäischen Vorstellungen. Auf dem Zweier-Sessellift sitzen Liebespaare, es wird Schlitten gefahren, auf der Hauptstraße kann man am Zügel geführt auf störrischen Pferdchen auf und ab reiten. Die Piste ist hingegen ziemlich leer, und man kann ungestört Skifahren. Für Skisportbegeisterte sind die Pisten zu kurz und zu leicht, aber als Tagesausflug ist der Besuch von Chimgon im Winter lohnenswert. Schließlich fährt man nicht jeden Winter im Tienshan Ski.

Über Chrivaq kann man zurück nach Taschkent fahren und so einen kleinen Rundtrip durch die Tienshan-Ausläufer machen.

Das Taxi von Taschkent kostet für den gesamten Tag 30 Dollar.

Ruheplatz vor einem Haus in Buchara
In der Gräberstadt Shohizinda in Samarkand
Altstadtmauer in Chiwa

Vorwahl: aus Deutschland/Österreich/der Schweiz: 009 98/71, aus anderen usbekischen Städten: 8/371.
Uzbektourism hat ein Büro hinter dem Hotel ›Uzbekistan‹, Tel. 133 07 33, Fax 132 79 48. Hier können Stadtrundfahrten und Stadtführer bestellt werden.
Über sportliche Aktivitäten informiert die ›Tourist sporting clubs Association of Uzbekspestour‹, T. Shevchenko ko'chasi 44, Tel. 32 34 40, Fax 75 73 32 und der Uzbek Republican Alpinism Sports Club, Pushkin ko'chasi 4, Tel. 67 23 97.

In den letzten Jahren sind in Taschkent sehr viele neue Hotels entstanden und ehemalige Intourist-Hotels renoviert worden. Auf www.tashkent.org sind einige Hotels beschrieben und weitere Links aufgeführt. Die erste Adresse ist das Hotel ›Intercontinental Tashkent‹, Amir Timur ko'chasi 107a, Tel 120 70 00, e-mail: tashkent@interconti.com. Das Fünf-Sterne Haus hat seinen Preis: Ab 260 Dollar kann man ein Doppelzimmer bekommen.
Ähnliche Preise hat das im Zentrum gelegene ›Sheraton Hotel‹, Amir Timur ko'chasi 15, Tel. 138 30 00, Fax 120 89 04, e-mail: shertas@online.ru. Ein Doppelzimmer kostet 295 Dollar.
Die meisten Touristengruppen werden im Hotel ›Uzbekistan‹ untergebracht, das inzwischen fast komplett renoviert ist. Das Hotel dominiert das Stadtbild der Neustadt, mehrstöckig und in der Form eines aufgeschlagenen Buches gebaut. Es liegt zentral und an der Metro ›Amir Timur‹, direkt am Tamerlan-Park. Bis zur Fußgängerzone sind es zwei Minuten Fußweg. Xamza ko'chasi 45, Tel. 120 77 77, Fax 120 77 75, reservation@hoteluzbekistan.com, www.hoteluzbekistan.com, Doppelzimmer 120 Dollar. Viele usbekische Reiseveranstalter können jedoch bessere Preise anbieten, so daß das Hotel auch für Individualtouristen interessant ist.
Das Hotel ›Malika‹ liegt Richtung Flughafen und damit außerhalb des Stadtzentrums. Alle Zimmer sind traditionell usbekisch gestaltet und verfügen über Bad/WC, Klimaanlage, Sat-TV und eine Minibar. Der Service ist sehr freundlich, das Doppelzimmer kostet 40 Dollar. Chilanzar district, Block 8, Chuponata ko'chasi 53a, Tel./Fax 173 15 52, 173 14 22, e-mail: malikatashkent@-yandex.ru.
Die Taxifahrer am Flughafen bieten auch Transfers zu Hotels an. Die Preise liegen im Bereich von 50 Dollar. In der Regel haben sie auch einen Hotel-Prospekt des vorgeschlagenen Hotels. Nicht immer treffen die Hotels den europäischen Geschmack.

Ein absolutes Muß ist der Besuch von ›Caravan‹, einem usbekischen Restaurant, das mit viel Liebe zum Detail eingerichtet ist und usbekische und europäische Gerichte serviert. Neben Live-Musik gibt es auch eine Art-Gallery in der Gegenstände der traditionellen usbekischen Handwerkskunst verkauft werden. Abends ist eine Reservierung ratsam. A. Khalkar ko'chasi 22a, Tel. 55 62 96, 152 75 55, e-mail: caravan@bcccom.uz.

Nett ist auch das Restaurant ›Tbilisi‹, georgische Spezialitäten. Im Zarafshon-Komplex, unweit des ›Broadway‹, Ecke Avtomobillarni to'xtash joyi und Matbuotchilar Ko'chasi, Tel. 133 56 93, 186 32 27.

Auf der Puschkinstraße hinter dem Hotel ›Uzbekistan‹ gibt es viele Restaurants, ebenso in der Fußgängerzone.

Alisher-Navoiy-Opern- und-Balletttheater. Ataturk ko'chasi 28. Tel. 133 35 28 und 13 3 56 89. Kartenvorverkauf neben dem Haupteingang.

Turkestan-Konzerthalle, Prospekt Navoiy 2, Tel. 34 99 45.

In Taschkent gibt es außerdem noch sehr viele Konzertsäle und russisch- und usbekischsprachige Theater, die hier nicht alle aufgeführt werden können. Informationen über ihr Repertoire kann man in den einzelnen Hotels bekommen.

Für russisch und usbekischsprachige Touristen ist der Besuch des ›Ilkoms‹, Paxtakor 5, Tel. 133 41 85, Metro ›Paxtakor‹, lohnend. Das kleine Studiotheater zeigt avantgardistische Theaterstücke. Direkt daneben befindet sich eine Bar, in der man auch gut essen kann.

Das Konservatorium, Pushkin ko'chasi 31, Tel. 133 52 74 und 133 55 68, Metro ›Amir Timur‹, bietet klassische Musik, nicht immer auch höchsten Niveau, dafür sind immer Karten zu bekommen.

In der Fußgängerzone Sayelgoh ko'chasi, auch Broadway genannt, Metro ›Amir Timur‹, kann man traditionellen Silberschmuck, nachgepreßte CDs, antiquarische Bücher (teilweise auch neue), Bilder und Amulette aller Art kaufen. Im Kaufhaus ZUM, O'zbekiston ko'chasi, Metro ›Kosmonavtlar‹, kann man Stoffe und die üblichen Kaufhauswaren bekommen. Sehr schöne Lackmalereien mit orientalischen Motiven gibt es in der Abdul Xasim Medrese, Metro ›Xalqar Do'stligi‹.

Hochwertiges und sehr schönes Kunsthandwerk bekommt man in der ›Caravan Art Gallery‹, A. Khalkar 22a, Tel. 55 62 96, 152 75 55, e-mail: caravan@bcccom.uz.

Der Flughafen liegt sieben Kilometer südlich des Stadtzentrums. Vom Stadtzentrum erreicht man den Flughafen mit dem Taxi, das nicht mehr als 10 Dollar kosten sollte. Im Hotel ›Uzbekistan‹ kann man Flugtickets bestellen.

Das zentrale Verkaufsbüro von Uzbekistan Airways befindet sich in der Kunaev ko'chasi 9, Tel. 56 38 37.

Der Flughafen besteht aus einem nationalen und einem internationalen Terminal.

Der Nordbahnhof liegt an der Turkestan ko'chasi, Metro ›Toshkent‹. Hier fahren die Züge nach Rußland, Kasachstan und Kirgistan ab.

Züge in die anderen Städte Usbekistans fahren vom Südbahnhof, Usman Nosir ko'chasi. Solange die Station ›Janubiy‹ der neuen (grünen) Metro-Linie noch nicht geöffnet ist, ist die Anreise etwas mühsam: Man fährt am besten bis zur Metrostation ›Chilonzor‹ und kann dann jeden Bus in südlicher Richtung nehmen. Tickets für nicht aus der GUS kommende Ausländer werden in der Movarunnahr ko'chasi 51 (täglich von 8 bis 17 Uhr geöffnet) verkauft.

Fernbusse verkehren vom Avtovokzal, der sich in der Metrostation ›Sobir Raximov‹ befindet. Da die Busse häufig sehr voll sind, sollte man sich ein Ticket im Vorverkauf erwerben.

Die Taxis nach Samarkand fahren vom Avtovokzal (Metro ›Sobir Raximov‹), ins Ferganatal vom Nordbahnhof. Innerstädtische Taxis des ›Taxi Express‹ können unter Tel. 139 99 99 oder 136 02 72 bestellt werden. Bei der Bestellung wird der Fahrpreis genannt.

Das Ferganatal

Das Ferganatal ist nicht so malerisch, wie es sein Name verspricht. In erster Linie ist es eine landwirtschaftliche Nutzfläche und ein Industriegebiet. Zwar gibt es idyllische Wandergebiete, aber insgesamt ist die Landschaft eher eintönig. Das Tal ist riesige Schale, umgeben von Bergen. Inzwischen ist die Schnellstraße Taschkent–Fergana fertiggestellt, aber nach wie vor dürfen Touristenbusse diese nicht passieren, deswegen kommen Gruppenreisende ins Ferganatal meistens per Flugzeug. Individualreisende sollten jedoch mindestens eine Strecke mit dem Taxi fahren, da man dann die Berge besser erlebt.

Das Ferganatal nimmt insgesamt eine Fläche von knapp 80 000 Quadratkilometern ein, davon liegen 17 000 auf dem Gebiet von Usbekistan, 53 000 auf dem Gebiet von Kirgisien und knapp 8000 auf dem Gebiet von Tadschikistan. Insgesamt leben neun Millionen Menschen in der Region.

Es gibt riesige Obst- und Gemüseplantagen. Babur, der erste Großmogul, sagte über seine Heimat, das Ferganatal: »Getreide und Obst (gab es) im Überfluß« und »die Fasane (waren) so unglaublich fett, daß man sagt, vier Leute

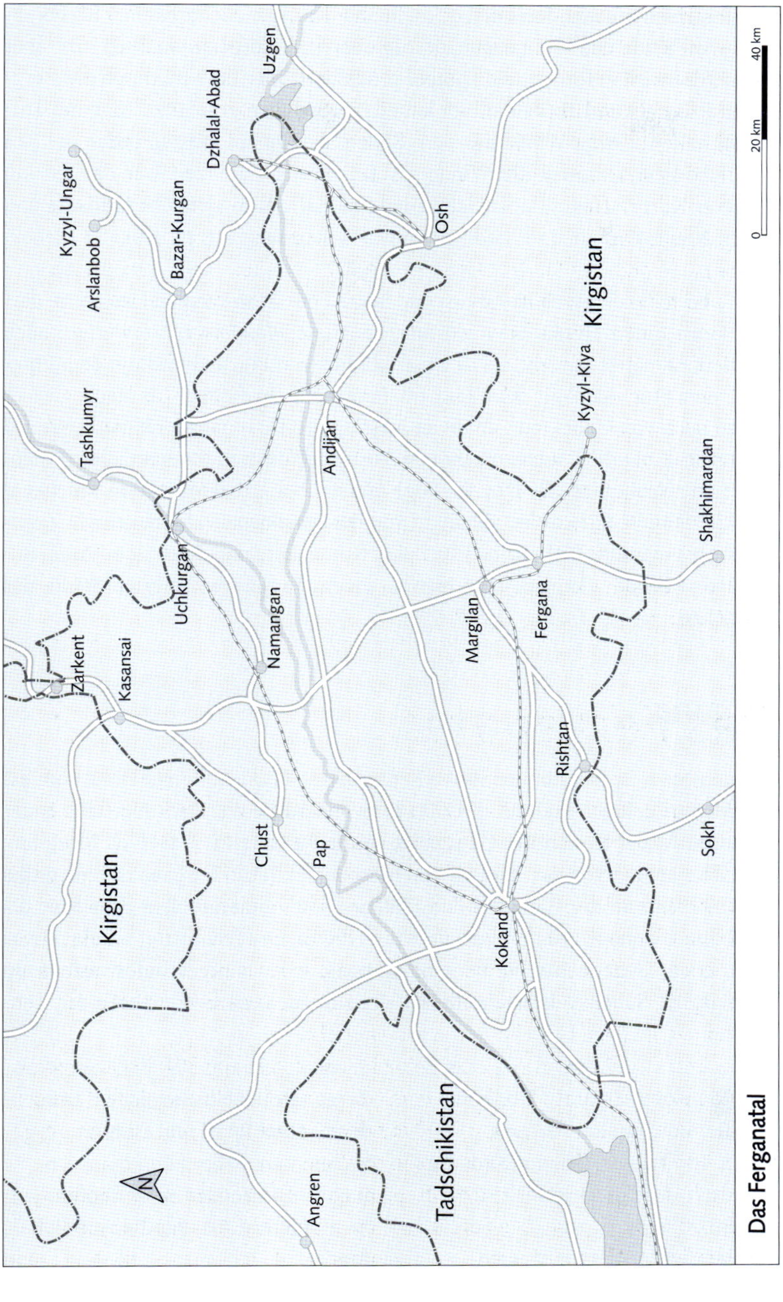

Das Ferganatal

könnten einen mitsamt Reis und gekochtem Gemüse nicht aufessen.« Im Ferganatal wird Seide und Wein angebaut, Melonen und Kürbisse wachsen hier, aber auch Erdöl wird gefördert und Dünger produziert. Das Tal wird durch die Bergketten Kuramin und Tschatkall vor kalten Nordwinden geschützt. Alai und Turkestan halten warme Winde aus dem Süden ab. Nur im Westen durch das Tor vom Khodjent kommen die Winde ins Tal. In der Zarenzeit war das Tal ein beliebter Kurort. Heute findet sich in den Städten viel sowjetische Industrie und wenig Natur. Die einzige Stadt, die etwas sehenswert ist, ist Kokand (usbek. Kukon).

Die beste Besuchszeit ist August und September. Man kann viel wandern, darf aber keine guten Hotels oder gar ausgezeichnte Wanderwege erwarten, auch Wanderkarten gibt es nicht. Es ist zwar möglich, auf eigene Faust mit dem Flugzeug, dem Bus oder mit dem Taxi ins Ferganatal zu fahren – einfacher ist es jedoch, sich von Uzbektourism einen Ausflug ins Tal organisieren zu lassen, so kommt man nämlich auch zu schönen Aussichtspunkten, die man alleine nicht findet oder nicht erreicht. Die Ausflüge können bei Uzbektourism in Taschkent gebucht werden und kosten, abhängig von der Personenanzahl, bei einem Zweitagestrip ungefähr 150 Dollar. Auf der Route Fergana–Margilan–Andijan–Kokand–Rishtan–Fergana kann man an einem Tag die wichtigsten Städte des Tals sehen.

Fergana

Fergana-Stadt ist das administrative Zentrum des Tales. Auf einer Höhe von fast 600 Metern gelegen und mit 230 000 Einwohnern ist die Stadt meistens erster Anlaufpunkt der Reisenden. Gegründet wurde Fergana 1877 als Nov Margilan, nur 12 Kilometer von der Altstadt von Margilan entfernt. Fergana ist eine grüne Stadt, 70 Prozent der Bäume sollen Platanen sein, die Stadt aber deswegen als ›Schlafende Schöne‹ zu bezeichnen, wie es die Eigenwerbung tut, scheint etwas übertrieben. Gegenwärtig ist Fergana vielmehr ein wichtiges Industriezentrum Usbekistans. Sehenswert ist der Markt, der sich im Stadtzentrum befindet.

Hotel ›Ziyorat‹, Dodhoh ko'chasi 2a, Fergana, 712014 Fergana, Tel. aus anderen Städten Usbekistans: 8/37 32/ 26 86 00.
Unter dieser Adresse ist auch ›Ferganatourist‹ zu erreichen, über die man Ausflüge und Hotels buchen kann. Hier kann man sich auch ein Auto mit Fahrer mieten, die einfachste Art, das Tal zu erkunden.

Margilan und Namagan

Die Städte Namagan und Margilan sind von Taschkent mit dem Flugzeug zu erreichen. Namagan (340 000 Einwohner) ist als Industriestadt auch ein kultureller Mittelpunkt des nördlichen Ferganatals. Margilan (130 000 Einwohner) ist die Stadt der Seide. Hier gibt es die größten Seidenraupenzuchten, ein wissenschaftliches Institut und mehrere Fabriken. In der Seidenfabrik an der Imom Zahiriddin 138 sieht man den gesamten Produktionsprozeß der Atlas- oder Khanseide. Die Designer geben gerne Erläuterungen. In einem kleinen Geschäft können Seidenstoffe, Schals, Kleider und andere Souvenirs erworben werden.

Andijan

Die Stadt (usb. Andijon) liegt im südöstlichen Teil des Ferganatals am Fluß Andijansaj. Im Nordosten und Südwesten erheben sich die Andijaner und Alamyschikskie Hügel (Adyry), die bis zu 400 Meter hoch sind. Andijan ist der Sitz des usbekisch-koranischen Joint Ventures ›UzDaewoo‹.

Es gibt mehrere Namenslegenden, die blutrünstigste behauptet, an dieser Stelle seien Karawanen überfallen worden und Menschen (Un-gzan) getötet worden. Daraus habe sich Andijan entwickelt. Die Historiker haben andere, prosaischere Erkärungen. Der Name komme von einem usbekischen Stamm, den ›Andi‹. Im 15. Jahrhundert wurde die Stadt in Chroniken auch Andagan genannt.

Um 1800 gab es mehr als 69 Friedhöfe in der Stadt, mit mehr als 350 000 Gräbern. Nach einem starken Erdbeben von 1902 blieben so gut wie keine historischen Denkmäler erhalten. Schon vor Christi Geburt war Andijan als Handelsstadt der Seidenstraße bekannt. Am Fluß wurde eine Karawanserei gebaut, Handwerker ließen sich nieder, die Stadt wurde größer. Als Andijan von den Arabern erobert wurde, hatte es sich schon zu einer großen Stadt entwickelt. Im 9./10. Jahrhundert gehörte es zum Samarkander Reich und erlebte

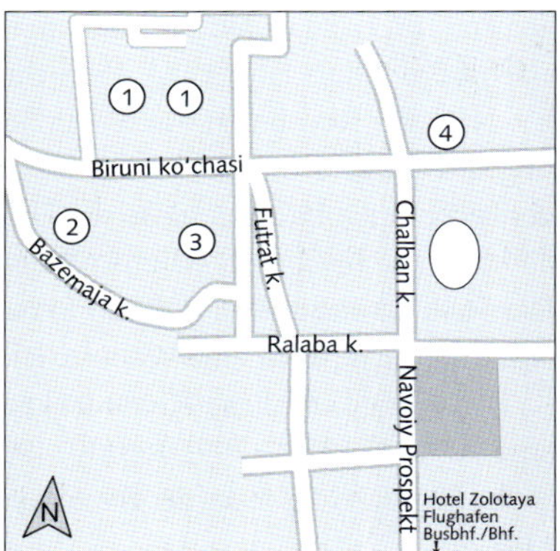

Andijan

Legende

1 Medrese und Moschee Jummi
2 Babur-Literatur-Museum
3 Basar
4 Post

unter Timur eine Zeit des Aufschwungs. Ende des 15. Jahrhunderts wurde Sahir-ed-din Muchammed Babur (1483–1530), der Begründer der Mogulkaiserdynastie, ein Poet und Wissenschaftler, Herrscher über die Stadt. Zu dieser Zeit besaß Andijan eine Stadtmauer, zwei Wassergräben sowie drei Stadttore. Im Zentrum lag eine von Gräben umgebene Festung. Die Chroniken berichten von einem großen Basar, Palästen, Medresen und Minaretten. Im 16. Jahrhundert eroberten die Schaibaniden auch Andijan, später wird es Teil des Kokander Chanats, allerdings mit einem eigenen Andijaner Bek.

Sahir-ed-din Mohammed Babur, der berühmteste Sohn Andijans

Ende des 19. Jahrhunderts ziehen russische Truppen in das Tal ein, es beginnt ein blutiger und grausamer Kampf um die Stadt, der mit der Einverleibung Andijans in das russische Generalgouvernement Turkestan endet. Wie auch in anderen Teilen des Gouvernements beginnt eine rasche Industrialisierung, 1898 wird die Eisenbahnlinie nach Taschkent eröffnet. Nach der Revolution war es hier besonders schwierig, die Basmachi niederzuringen. Nachdem sich die Sowjetmacht stabilisiert hatte, konnte Andijan zu einer der bedeutesten Industriestädte der Usbekischen SSR werden. Hier entstand nicht nur das erste Institut für Baumwollzucht, sondern hier wird auch Erdöl gefördert. Die Stadt hat heute über 300 000 Einwohner. Der Besuch von Andijan lohnt sich eigentlich nicht, es ist eine trostlose, leicht verfallene sowjetische Industriestadt.

Das einzige erhaltene Kulturdenkmal sind die Medrese und Moschee Jummi, errichtet 1883–1890, 1992 zerstört, 1903–1908 neu errichtet. Die Gebäude liegen an der Biruni ko'chasi. An der Bazernaya ko'chasi befindet sich ein Babur-Literatur-Museum, das täglich von 9 bis 16 Uhr (außer montags) geöffnet ist. Babur war der letzte der Timuriden, der versuchte, das Reich seiner Vorväter noch im 16. Jahrhundert zurückzugewinnen. Er wurde 1483 in Andijan geboren und kam noch mehrfach ins Ferganatal auf seiner Flucht vor seinen Widersachern. Schließlich zog er nach Indien und begründete dort die Mogul-Kaiserdynastie. Bedeutsam aus literarischer Sicht ist sein ›Baburnama‹, seine Lebensgeschichte. Diese lyrischen Verse, in verschiedenen Handschriften und Kopien, werden zusammen mit Miniaturen in dem Museum ausgestellt. Sahir-ed-din Mohammed Babur starb in Agra 1530.

Es gibt zwei Hotels, die beide sehr schmutzig sind. Das Hotel ›Zolotaja Dolina‹ (Goldenes Tal!), Mashrabi ko'chasi 19, verlangt 30 Dollar für das Doppelzimmer, das billigere Hotel ›Andijon‹ liegt in der Rabala ko'chasi 241.

Es gibt keine speziellen Restaurants. In der Nähe des Basars befinden sich mehrere Teestuben.

Der Flughafen liegt zehn Kilometer außerhab des Zentrums, man kann mehrmals täglich nach Taschkent fliegen. Tickets bekommt man in der Koltsevaja ko'chasi 1.
Die Busse Nummer 1 und 8 fahren vom Hotel ›Zolotaja Dolina‹ zum Flughafen. Zweimal täglich (6 Uhr und 19 Uhr) fahren Züge nach Taschkent. Die Fahrtzeit beträgt zehn Stunden.

Kokand (Kukon)

Die Stadt hatte einst eine Schlüssellage am Eingang zum Ferganabecken. Bis ins 10. Jahrhundert befand sich hier die Stadt Khavakend, eine Stadt auf der Karawanenstraße von Indien und China. Im 13. Jahrhundert zerstörten die Mongolen die

Der Palast des Chans in den 30er Jahren des 20. Jahrhunderts

Stadt. Die heutige Stadt entwickelte sich aus einem Fort, das 1732 gebaut worden war und das 1740 die Hauptstadt des Chanats von Kokand bildete. Seine größte Macht besaß das Chanat in der ersten Hälfte des 19. Jahrhunderts, als es sich bis in das heutige Kasachstan ausdehnte. In dieser Zeit war Kokand ein wichtiges Handelszentrum und mit mehr als 300 Moscheen der religiöse Mittelpunkt des Ferganatals. Ab 1840 litt das Chanat unter der ständigen Rivalität mit Buchara. Im Zuge dieser Wirren konnten 1866 die wichtigsten Städte des Chanats, die außerhalb des Ferganatals lagen, unter ihnen auch Taschkent, von den Russen erobert werden. Endgültig wurde das Chanat 1876 eingenommen. 1917 konnte sich eine muslimische Regierung kurzzeitig wieder im Chanat etablieren, mußte allerdings

Kokand

Legende

1 Palast des Chan Xudayar
2 Jummi-Moschee
3 Xamza-Museum
4 Friedhof der Chane
5 Hotel ›Kukon‹
6 Café ›Shark‹
7 Basar
8 Busbahnhof
9 Furkat-Park
10 Mukimi-Park
T Teehäuser

schon 1918 unter russischem Druck aufgeben. Heute ist Kokand mit seinen 175 000 Einwohnern der Hauptverkehrsknotenpunkt des Tals.

Sehenswert sind der Palast des Chans Xudayar, die Jummi-Moschee und das Xamza-Museum. Zum Palast des Chans gelangt man, in dem man von der Turkestan ko'chasi durch die Mukimi-Grünanlage geht. Der Palast, erst 1871 vollendet, blendet den Besucher mit seiner 70 Meter langen, bunten Fassade. Hier ist ein unglaublicher Reichtum an verschieden dekorativen Verfahren und Materialien zu finden. Im Palast befindet sich heute ein Museum für Landeskunde (montags geschlossen).

Südlich vom Mukimi-Park trifft die Turkestan ko'chasi auf die Xamza ko'chasi. Wenn man zur Jummi-Moschee möchte, biegt man hier links ein. Sie ist die größte Moschee der Stadt und wurde 1809 bis 1812 erbaut. 1989 wurde sie restauriert. Daneben befindet sich die Medrese Amin Beg, manchmal auch als Khomol-Khozi-Medrese bezeichnet. Seit 1991 studieren hier 40 Studenten. In unmittelbarer Nähe liegt das 1989 eröffnete Xamza-Museum. Hakim Hakimzade Niyazi, genannt Xamza, wurde 1889 in Kokand geboren und starb 1929. Er gilt als der Begründer der usbekisch-sowjetischen Literatur und hat sozialkritische Theaterstücke verfaßt, mit denen er die Revolution unterstützte. In dem direkt neben dem Museum liegenden kleinen Furkat-Park befindet sich eine Statue des Dichters. Der ruhige Park bietet sich auch für eine schattige Ruhepause an.

Etwas nördlicher liegt der Friedhof der Chane, der durch eine hohe Mauer von der Außenwelt getrennt ist. Einige der Mausoleen sind sehenswert.

Spartanische Doppelzimmer für 15 Dollar kann man im Hotel ›Kukon‹, Imam Ismail Buxari ko'chasi 1, Tel. 434 00, 364 03, bekommen.

Direkt neben dem Hotel liegt ein Restaurant, in dem man gute usbekische und russische Spezialitäten essen kann. Auch das Café Shark gegenüber der Jummi-Moschee ist nicht schlecht. Auch die zahlreichen Teestuben laden zum Verweilen ein, so zum Beispiel an der Turkestan ko'chasi, Ecke Xamza ko'chasi.

Zweimal täglich kann man nach Taschkent fliegen, der Flughafen liegt außerhalb der Stadt. Flugtickets bekommt man direkt neben dem Hotel Kukon. Der Bus Nummer 14 fährt vom Flughafen über den Bahnhof zum Hotel Kukon. Der Busbahnhof für Fernbusse (in alle Richtungen, nach Taschkent nimmt man besser ein Sammeltaxi) liegt neben dem Basar an der Furkata ko'chasi 102.

Einkaufen kann man auf dem Basar, neben dem Busbahnhof an der Furkata ko'chasi.

Die 2700 Jahre alte Stadt
an der legendären
Seidenstraße hat schon
immer Reisende in ihren
Bann gezogen und
bis zum heutigen Tag
nichts von ihrer
Faszination verloren.

Samarkand

Das glanzvolle Antlitz der Erde

Neue archäologische Ausgrabungen belegen, daß Samarkand (usbekisch Samarqand) über 2700 Jahre alt ist. Samarkand – früher als Marakanda bekannt – war die Hauptstadt von Sogdien, wurde 329 von Alexander dem Großen eingenommen und stand danach immer wieder unter der Herrschaft verschiedener Eroberer. Samarkand überlebte den Einmarsch und die Zerstörungen durch die Truppen von Dschingis Chan. Nach einer Revolte gegen die mongolischen Unterdrücker begann Samarkand unter Timur und seinen Söhnen – allen voran der geniale Astronom Ulug'bek – seinen Aufstieg zur wichtigsten Kultur- und Handelsstadt in Mittelasien. Die Architekturdenkmäler, für die Samarkand berühmt ist und die noch heute wirken wie aus 1001 Nacht, entstanden zwischen dem 15. und 17. Jahrhundert.

»Man sagt«, schreibt ein unbekannter Dichter, »daß man durch die ganze Welt reisen kann, sich die Pyramiden anschauen und das Lächeln der Sphinx bewundern kann. Du kannst das weiche Singen des Adriawindes hören und ehrfurchtsvoll vor der Akropolis knien, du kannst von Rom und seinem Collosseum gefangen sein, entzückt sein von Notre Dame in Paris oder dem alten Mailänder Dom. Aber wenn Du einmal Samarkand gesehen hast, wirst Du immer von seiner Magie verzaubert bleiben.« Das Samarkand der damaligen Zeit trug die Beinamen ›des Planeten herrlichstes Antlitz‹ oder ›glanzvolles Antlitz der Erde‹. Marco Polo (1254–1324), der, so vermuten neuere Forschungen, nie in China war und nur bis Samarkand gekommen sein soll, schreibt in Kapitel 52 seines Reiseberichtes: »Samarkand ist eine vornehme Stadt, geschmückt mit schönen Gärten und umgeben von einer Ebene, in der alle Früchte wachsen, die man sich nur wünschen kann. Die Einwohner, teils Christen, teils Mohammedaner, sind dem Neffen des Großchans untertan; dennoch sind die Beziehungen zwischen beiden Parteien nicht freundschaftlich, sondern es herrscht ein ständiger Kampf und Krieg.«

Im 18. Jahrhundert begann mit dem Überfall der Schaibaniden, der eigentlichen Vorfahren der heutigen Usbeken, der Niedergang Samarkands; in der Zeit von 1720 bis 1770 war die Stadt sogar gänzlich unbewohnt. Erst nachdem Samarkand 1887 unter russischer Herrschaft eine Provinzhauptstadt mit Eisenbahnanschluß wurde, konnte sich die Stadt wirtschaftlich erholen.

Heute hat die Stadt Samarkand 372 000 Einwohner. Das moderne Samarkand teilt sich in zwei Teile. Das eigentliche städtische Leben findet in dem einst von Russen geplanten Stadtteil statt. Wie in St. Petersburg laufen drei Straßen auf einen zentralen Platz zu. Leider ist dieser Platz, heute heißt er Unabhängigkeitsplatz, leer und sehr baufällig. Weiter westlich, auch noch im russischen Teil der Stadt, liegen die großen Geschäfte, moderne Cafés, Sportstadien und Bürogebäu-

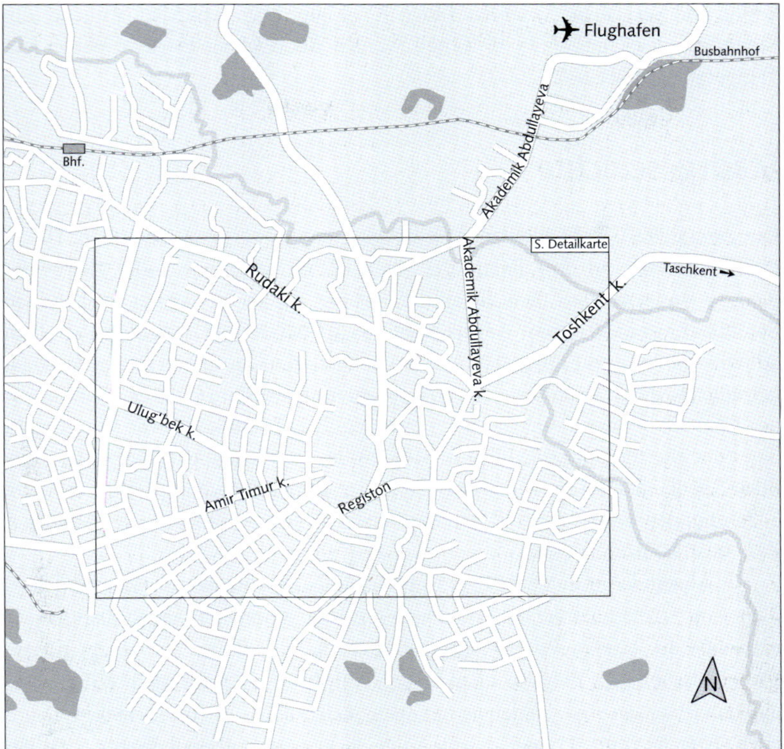

Samarkand, Übersicht

de. Auch die Universität liegt in diesem Stadtteil. In Samarkand gibt es eine große Brauerei und mehrere Unternehmen der Leichtindustrie. Außer der Architektur bietet Samarkand wenig Interessantes. Das kulturelle Leben ist mehr oder weniger der Videounterhaltung gewichen, im Opernhaus werden nur touristische Vorstellungen gegeben. Der andere Teil mit einem anderen Gesicht ist das Gelände, auf dem sich die Altstadt befand. Abends kann man sich hier in den Teehäusern amüsieren, ein besonders eindrucksvolles im Kolonialstil mit echten Geiern und anderen Vögeln befindet sich an der Registonskaya, gegenüber dem Registan. Das heutige Samarkand wäre, würden nicht überall die blauen timuridischen Bauwerke blitzen, eine langweilige, zerissene Stadt, mit wenig Atmosphäre. Da aber die Architektur allgegenwärtig ist, wirkt die Stadt majestätisch und äußerst einladend.

Gebirgszüge umgeben die Stadt als weit geschwungener Bogen im Norden, Osten und Süden. Es sind die Ausläufer der Gebirgszüge des Pamiro-Altai, Turkestan und Serafshan. Samarkand liegt 725 Meter über dem Meeresspiegel. Im Sommer kann es hier bis zu 45 °C heiß werden, der trockene Frost im Winter läßt Temperaturen bis zu –25 °C zu.

Stadtgeschichte

Die ganz frühe Geschichte der Stadt ist unter den Historikern umstritten: Hat in grauer Vorzeit ein König Samar die Stadt (›kand‹) gegründet, oder war es der König Afrosiyob, nach dem die antike Festung, die im Nordosten der heutigen Stadt liegt, benannt wurde? Auf jeden Fall sind Spuren des Urmenschen aus dem Altpaläolithikum und Jungpaläolithikum im Samarkander Gebiet und in der Stadt gefunden worden. Auch Bewässerungssysteme, die aus dem 6. und 5. Jahrhundert vor Christus datieren, sind ausgegraben worden. Samarkand war Mittelpunkt eines der ältesten Staatengebilde in Mittelasien, dem Land der Sogden, die ihren Staat Sogdiana nannten, wie im Awesta, einer Sammlung von Schriften aus dem 1. Jahrhundert vor Christus (Texte der Sonnen- und Feueranbeter, der Anhänger Zarathustras) nachzulesen ist.

Als Alexander im Jahre 329 vor Christus die Stadt – damals das Zentrum Sogdiens – erreichte nahm er sie, trotz einer dreizehn Kilometer langen Stadtmauer, ein, ohne auf großen Widerstand zu treffen. Es soll Folgendes gesagt haben: »Alles was ich über die Schönheit dieser Stadt hörte, ist tatsächlich wahr, außer daß es viel schöner ist, als ich es mir vorgestellt habe.« Als die Griechen weiter nach Osten Richtung Fergana zogen, baute der sogdische Rebell Spitames, früher König des Reiches, eine Guerillaarmee auf, die die Griechen zunächst erfolgreich unter Druck setzte. Nachdem Alexander sich jedoch auf die Politik der verbrannten Erde verlegte, konnte er Samarkand, in seiner Zeit wurde es Marakanda genannt, ein gutes Jahr später endgültig einnehmen.

Dann begann ein häufiger Wechsel der Machthaber: Seleukiden, das griechisch-baktrische Reich, die Kuschan, Weißhunnen, das türkische Chanat. Ausgrabungen zeigen den griechischen Einfluß und zeugen auch vom Kuschanenreich. In den ersten Jahrhunderten unserer Zeitrechnung erlebte Samarkand einen Niedergang, Handwerker und Händler verließen die Stadt. Erst als die Route der Seidenstraße im dritten Jahrhundert wieder durch Samarkand lief, konnte die Stadt wieder ihre alte Stellung erlangen. Obwohl die Stadt von den Hunnen im fünften Jahrhundert geplündert wurde und im sechsten Jahrhundert unter die Herrschaft der türkischen Chans gestellt wurde, schafften es die unbezwingbaren Sogden von Samarkand, die Möglichkeiten der Seidenstraße für sich zu nutzen.

Nach dem der arabische Feldherr Qutaiba ibn Muslim Samarkand 712 erobert hatte, errichtete er die erste Moschee der Stadt und deportierte einen Großteil der

Bevölkerung. In den nun folgenden Wirren konnte sich in Samarkand ein wichtiges Handwerk etablieren: Im Jahre 751 kamen chinesische Gefangene in die Stadt und führten die örtliche Bevölkerung in die Kunst des Papiermachens ein. Mit den Jahren wurde das Geheimnis immer weiter nach Westen getragen und langsam wurden Pergament und Papyrus durch Papier ersetzt.

Erst im neunten und zehnten Jahrhundert, unter der Samaniden-Dynastie, erlebte Samarkand eine Renaissance. Der arabische Forschungsreisende Abulkassim ibn Haukal hat diese Stadt geschildert: »Es gibt dort eine Zitadelle [...] ich habe sie erstiegen und einen der schönsten Augenblicke erlebt, die den menschlichen Augen jemals vergönnt waren. [...] alles spiegelt sich in den fließenden

Kuppel der Sherdor-Medrese auf dem Registan

Kanälen und gefüllten Teichen. Samarkand ist eine Stadt mit großen Basaren, Wohnvierteln, Bädern und Karawansereien. Das Wasser wird durch einen Kanal geleitet, der mit Blei ausgelegt ist. Mit wenigen Ausnahmen gibt es keine Straßen und kein Grundstück ohne durchfließendes Wasser, nur wenige Häuser haben keine Gärten.« Genau wie Buchara wuchs Samarkand in der für persische Städte typischen Dreiteilung: die Zitadelle mit dem Gefängnis, der Shahristan (die ›innere Stadt‹) mit den Regierungsgebäuden und der Freitagsmoschee und der Rabat (Vorstadt) mit den Basaren und Lagerhäusern. Um den Shahristan zu schützen, wurde er mit einem Stadtgraben und einer Mauer umgeben. Durch vier Tore konnte die Stadt betreten werden. Im Norden hieß das Tor Buchara, im Süden Kesch, im Osten lag das chinesische und im Westen das eiserne Tor. Die Straßen waren mit Steinen gepflastert.

Teppichknüpferin in Samarkand

Das vormongolische Samarkand war eine reiche Stadt. Sie war nach einem Plan errichtet worden, bei dem die Wasserversorgung eine zentrale Rolle spielte. Durch ein Netzwerk zahlreicher Keramikrohre, die durch mit dem Ackerland verbundene Bleikanäle gespeist wurden, konnte mit einer ausgefeilten Technik die Wasserversorgung der Stadt gewährleistet werden. Vor dem Einfall der Mongolen hatte die Stadt 400 000 Einwohner, danach weniger als 100 000. Die Stadt wurde durch die Mongolen verwüstet und geplündert, die Einwohner wurden massakriert. Aus den Überlebenden wurden Handwerker und Gelehrte ausgewählt und zusammen mit den wehrfähigen Männern, insgesamt sollen es sechzigtausend gewesen sein, in die mongolische Hochebene verschleppt. Die übrigen Menschen durften nach der Zahlung eines Lösegeldes in die Stadt zurückkehren. Aber nach kurzer Zeit verließen auch sie die Stadt.

Wahrscheinlich ist der Wiederaufbau der Stadt zunächst deswegen nicht erfolgt, so meinen die Historiker, weil das Bewässerungssystem nicht genutzt werden konnte – das Wissen war mit den Handwerkern und Gelehrten verschwunden.

Dennoch begann man in der Nähe von Afrosiyob mit dem Neuaufbau Samarkands, und dank des fruchtbaren Bodens des Serafshantals verlief das Leben der Einwohner bald wieder in geregelten Bahnen. Zeitgenössische Quellen berichten von Frauen, die ihre Gesichter mit blumengemusterten Seidentüchern verhüllen, von Metallgefäßen und gläsernen Weinschalen. Mit der Regierungszeit Timurs (1370–1404) begann in Samarkand eine von vielen neuen Ideen geprägte Epoche. Die Kunst war unter der Mongolenherrschaft fast völlig zum Erliegen gekommen, denn nur alte schon bekannte Formen und Stile durften verwendet werden. Timur brachte systematisch Künstler und Handwerker – die ihm keineswegs immer freiwillig folgten – aus allen eroberten Gebieten in seine Hauptstadt Samarkand. Tamerlans hektische Baulust brachte einige gigantische Resultate hervor. In Samarkand entstanden prachtvolle Kunstwerke, die durch ihre Mischung verschiedenster Stilformen und architektonischer Strömungen den Betrachter beeindrucken. Neben Einflüssen aus Indien, dem Kaukasus und Syrien sind es vor allem die persischen Architekten, die unter Timur spektakuläre Akzente setzen.

In Timurs Zeiten, als Samarkand die Hauptstadt eines ungeheuren Reiches war und ›Mittelpunkt des Weltalls‹ werden sollte, waren hier Menschen aus allen

Die figürlichen Darstellungen an der Medrese Sherdor sind eine besondere Rarität in der islamischen Sakralkunst

Weltgegenden zusammengeströmt. Man hörte die unterschiedlichsten Sprachen, konnte Kleidung aus den verschiedensten Ländern sehen. Tausende drängten sich jeden Tag, um Timur Geschenke zu machen. Die luxuriöse Kleidung veranlaßt Hafiz-i Abru, den Augenzeugen und Chronisten Timurs, zu vermerken, daß niemand gewöhnliches Leinen getragen hätte, vielmehr seien kostbare Stoffe aus Ägypten und China, aus den Provinzen des Irans, aus Indien und Rußland üblich gewesen. Auch die Machthaber hätten sich, so fährt er fort, aus Furcht von Timurs Zorn, trotz der immer größer werdenden Reichtümer Samarkands, keine Unregelmäßigkeiten erlaubt – und warum auch, seien Heer und Dienerschaft doch aufs beste versorgt gewesen! Und die Höflinge selber seien ›wie das Meer und das Bergwerk reich an Perlen und Gold‹ geworden. ›Wie Narzisse und Lilie schmückten sie sich mit silbernem Gürtel, mit goldenem Diadem.‹

Timurs Nachfolger und Enkel Ulug'bek war in seinem Baustil weniger üppig, dafür aber war sein Herrschaftsstil ausgewogener und stabiler. Mit seiner Regierungszeit (1409–1449) begann nahezu ein Jahrhundert des Wohlstandes und der von Feinden ungestörten kulturellen Blüte Samarkands. Ende des 15. Jahrhunderts regierte der letzte Vertreter der Timuriden: Sahir-ed-din Mohammed Babur, der Verfasser des ›Babur name‹ (Lebensbuch des Babur, geschrieben von ihm selbst) über Samarkand.

Anfang des 18. Jahrhunderts verödete die Stadt und wurde schließlich 1868 dem Russischen Reich einverleibt. Die zaristische Kolonisierung wandelte das Stadtbild: die Stadtmauer wurde zerstört, die Zitadelle als Kaserne genutzt, und im Westen planten die Russen breite Alleen. Mit dem Bau der Transkaspischen Eisenbahn, die 1888 auch Samarkand erreichte, kam auch eine Arbeiterklasse, antizaristische Aktivisten und Träumer von Westen. Die Isolation der Stadt vom Westen – zwischen 1404 und 1841 hatte es nur zwei europäische Besucher gegeben – fand ein Ende. Mit der russischen Kultur wurde auch die erste allgemeine weltliche Schule eröffnet und 1894 die erste Druckerei. Der südliche Stadtteil Samarkands entstand, mit dem schattigen Gorkij Boulevard und zwei Parks.

Dann begann der ›Beutetourismus‹ auch Samarkand zu erreichen. Ein russischer Beamter schreibt: »Kostbarkeiten von unschätzbarem Wert, Kacheln, Bronzegegenstände – alles wird verschleppt [...] Ausländer kommen in ganzen Gesellschaften dorthin und verfrachten die Schätze kistenweise in das britische Museum und den Louvre. [...] In die berühmte Moschee Timurs kamen mehrere mit Revolvern bewaffnete Personen und begannen die Moschee zu plündern. [...] Sie entfernten eine herrliche Majolikaplatte mit einer Aufschrift Timurs. Dieselbe befindet sich jetzt in Berlin und ist ein Schmuckstück des Berliner Museums.«

Ende 1917 hing die rote Fahne der Revolutionäre über dem Registan. 1920 sammelte der bolschewistische General Frunze seine Soldaten hier für den Angriff

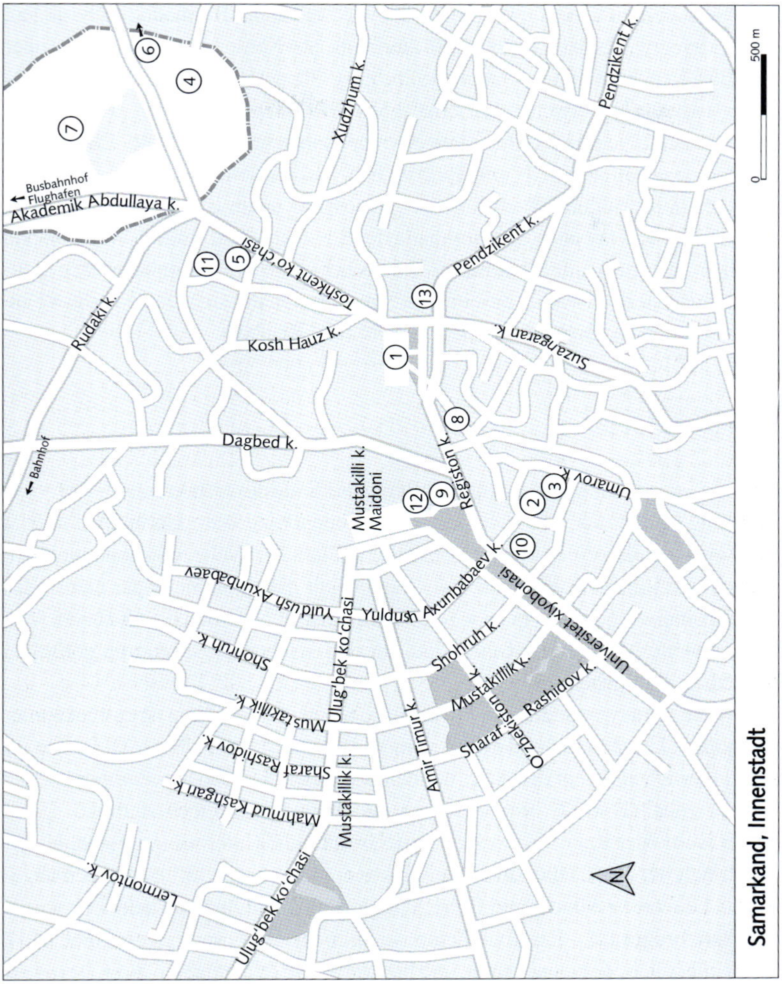

Samarkand, Innenstadt

Legende

1 Registan
2 Gur Emir
3 Oq Saray
4 Nekropole Shohizinda
5 Bibi Xanom
6 Observatorium des Ulug'bek
7 Afrosiyob
8 Sadriddin-Ayni-Memorial-Museum
9 Hotel ›Afrosiyob‹
10 Hotel ›Samarkand‹
11 Basar
12 Opern- und Balletttheater
13 Busbahnhof (innerstädtisch)

auf Buchara; man hatte die Gegner der Sowjetmacht, die Basmachi, zu besiegen, die in der sowjetischen Geschichtsschreibung als Konterrevolutionäre, Räuber und Banditen bezeichnet werden. 1925 bis 1930 wurde Samarkand zur ersten Hauptstadt der Usbekischen Sozialistischen Sowjetrepublik erklärt. 1927 wurde die Universität gegründet, ihr folgte eine medizinische Hochschule. Ein Theater für Oper und Ballett (1964) und Sportstadien wurden errichtet.

Nach industriellem Wachstum ist Samarkand heute die zweitgrößte Stadt Usbekistans und hat auch die Merkmale der Sowjetära bekommen: Wohnblöcke, Fabriken, Institute und öffentlichen Nahverkehr. Die besichtigungswerten Bauwerke liegen teilweise weit auseinander, deswegen bietet sich kein Rundgang an. Beginnen sollte man seine Besichtigung auf dem Registan.

Der Registan

George Curzon, der den Platz (usbek. Registon) Ende des letzten Jahrhunderts nur als Ruine kannte, schrieb: »Der Registan in Samarkand war ursprünglich und ist auch jetzt als Ruine der nobelste öffentliche Platz der Welt. Ich kenne nichts in Europa, das ihm in Einfachheit und Grandiosität nahe kommt, sogar nichts, das sich mit ihm vergleichen ließe.« Keine europäische Stadt ließe sich finden – so Curzon weiter – in der ein freier Platz auf drei seiner vier Seiten von gotischen Kathedralen umgeben sei.

Der Registan von Samarkand (wörtlich übersetzt: Sandplatz) ist das bekannteste Symbol Usbekistans und gehört zum Weltkulturerbe der UNESCO. Er war im mittelalterlichen Orient der Platz, auf dem die Herrscher Erlasse verkündeten, wo Gericht gehalten wurde, wo aber auch ein reges Markttreiben stattfand. Unter Timur wurde der Registan das Zentrum Samarkands. Unter seinem Enkel Ulug'bek erhielt der Platz seine offizielle Funktion: hier wurden Militärparaden abgehalten, Gesetze verkündet und Hinrichtungen vollzogen. In Ulug'beks Zeit wurde der Platz umgebaut – das noch heute beeindruckende Ensemble entstand. 1917 wurde hier die Rote Fahne gehißt, und hier verbrannten die Frauen ihren Gesichtsschleier, den Parandasha. Leider hat man in den neunziger Jahren eine Empore errichetet, so daß der Platz etwas von seiner Schönheit verloren hat. Zum achten Jahrestag der Unabhängigkeit im Jahre 1999 wurde sie zudem in den usbekischen Nationalfarben gestrichen – was nicht gerade zur Harmonisierung mit den anderen Bauwerken beiträgt.

In der ersten Hälfte des 15. Jahrhunderts errichtete man an der Westseite die Medrese Ulug'bek (Ulug'bek madrasasi), eine Chanaka (usbek. Xonako) an der Ostseite, eine Karawanserei an der nördlichen und zwei Moscheen auf der südlichen Seite. Eine Chanaka ist eine Herberge für Pilger, hier fanden aber auch Gebe-

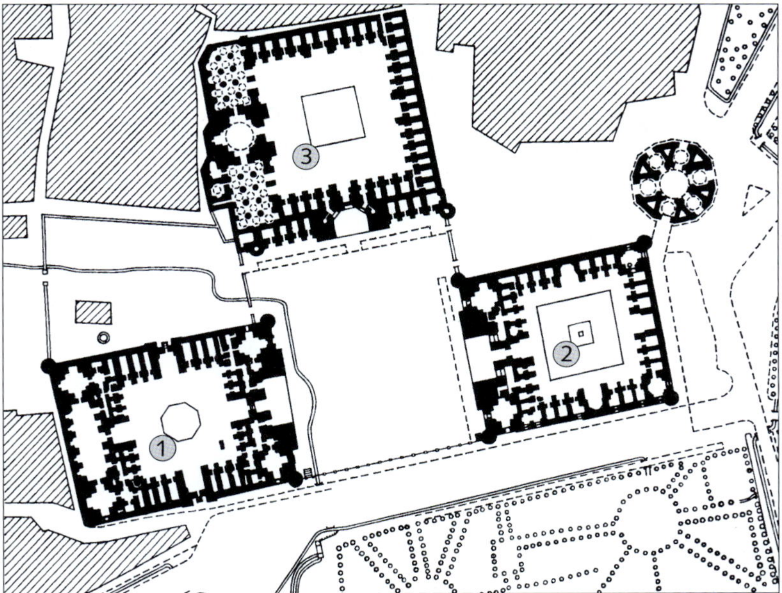

Registan

Legende
1 Medrese Ulug'bek
2 Medrese Sherdor
3 Medrese Tillakori

te statt. Als zwei Jahrhunderte später die Bauten zu verfallen begannen, wurde der Platz erneut umgebaut. Gegenüber der Medrese Ulug'bek entstand die Medrese Sherdor (Sherdor madrasasi), an die Stelle der Karawanserei wurde die Medrese Tillakori (Tillakori madrasasi) errichtet. Diese drei Bauten prägen bis heute den Registan.

Um die Medresen alle im Sonnenlicht fotografieren zu können, muß man einmal abends und einmal morgens den Platz besuchen – und neben dem Eintritt auch noch einen Obolus in Höhe von 200 Sum für die Fotogenehmigung entrichten. Rechts neben dem Eingang steht die ›Löwentragende‹, die Sherdor-Medrese, denn auf ihrem Portal sind tigerartige Löwen (löwenartige Tiger?) dargestellt, die in sich die Sonne tragen und weiße Antilopen jagen. Die ganze Verzierung der Medrese steht unter dem Zeichen der Sonnensymbolik, überall wiederholen sich Varianten des alten Sonnensymbols Svasticha (Hakenkreuz). Streng genommen widerspricht die figürliche Darstellung dem islamischen Bilderverbot, und so liegt die Vermutung nahe, daß hier noch Einflüsse der vorisla-

Die Sherdor-Medrese

mischen feueranbetenden Zoroastrier zu spüren sind. Möglicherweise ist die Darstellung aber auch durch indische Motive beeinflußt. Auf jeden Fall ist der Einfluß der damaligen Bucharer Baukunst zu spüren, wo in jener Zeit ebenfalls figürliche Darstellungen, wie zum Beispiel an der Medrese Devon Begi zu sehen, in Mode waren. Bis auf die figürlichen Darstellungen auf dem Pishtak ist die Medrese von außen mit geometrisch angeordneten glasierten Kacheln verkleidet. Die Vorderfront ist absolut geometrisch gestaltet, an den Ecken Minarette, dann geriffelte Kuppeln und das große Eingangsportal. Sie paßt sich dem timurischen Stil sehr gut an und fügt sich harmonisch in das Ensemble. Im Innenhof kann eine Studentenzelle besichtigt werden. Errichtet hat die Medrese Abdul Jabbar in den Jahren 1619 bis 1631/32.

Die jüngste Medrese ist Tillakori, die ›Goldbedeckte‹ (1641 bis 1660). Ihre Fassade ist länger als die der beiden anderen Medresen und die Studentenzellen liegen in zwei zum Platz hin geöffneten Etagen. Eingerahmt von den beiden anderen Medresen macht sie so den Eindruck, als wollte sie den Besucher einladen. Einige Zeit war das auch ihre Funktion, sie diente nämlich als Freitagsmoschee. So wirkt ihre Fassade dann auch nicht ganz harmonisch, denn die blaue Kuppel der Moschee ist nur an der einen Seite zu sehen. Ihr Pishtak ist nach dem Prinzip der Sherdor-Medrese gestaltet: über dem Bogen ein filigranes Majolikamosaik, rundherum geometrische Verzierungen. Besonders schön ist die im Innenhof gelegene Moschee, deren Ausstattung der Medrese den Namen gab: Der Innenraum glänzt golden. Leider sind trotz kürzlicher Renovierung schon wieder Wasserschäden erkennbar.

Die dritte Medrese auf dem Registan ist die Ulug'bek-Medrese (Ulug'bek madrasasi). Während man Timur mit monumentalen Mausoleen und Moscheen in Verbindung bringt, so assoziert man mit Ulug'bek Wissenschaft, vor allem Astronomie und wissenschaftliche Ausbildung. Die älteste Medrese des Ensembles – errichtet 1417 bis 1420 – ist, passend zu den Interessen Ulug'beks, mit Sternenmotiven verziert. Berühmte Wissenschaftler und Künstler lebten, lehrten und lernten hier, einer war der Dichter Abdurrachman Jami, ein Klassiker der tadschikisch-persischen Literatur. In der Medrese lebten mindestens 100 Studenten, die von den besten Lehrern sowohl in Islamkunde als auch in anderen Disziplinen unterrichtet wurden. Die Legende behauptet sogar, daß der Herrscher Ulug'bek selbst sein Lieblingsfach, die Astronomie, unterrichtet haben soll. Im 35 Meter hohen Eingangsportal ist seine große Leidenschaft durch die azurblauen Sterne dargestellt. Der Bau diente als Vorbild der anderen Medresen, deutlich ist zu erkennen, daß die Form und die geometrischen Verzierungen der Minarette von den Erbauern der Sherdor-Medrese spiegelbildlich übernommen wurden. Die Ulug'bek-Medrese ist ein klassisches Beispiel der timuridischen Baukunst.

Wenn man genügend fotografiert hat, kann man auf dem Registan wunderbar einkaufen. Neben der Sherdor-Medrese befindet sich ein Teppichgeschäft, in dem man sehr schöne und vergleichsweise günstige Seidenteppiche kaufen kann. In ihrem Innenhof sind Audio-Kassetten (Stück um sechs Dollar) mit einmaligen Aufnahmen der traditionellen Instrumente zu erwerben, die sonst nirgendwo verkauft werden. Die Aufnahmen sind kein Folklore-Kitsch, sondern authentische nationale Musik. Besonders eindrucksvoll wirkt die Nay (Querflöte). In allen Geschäften sollte man auf jeden Fall handeln! Im Innenhof der Sherdor-Medrese findet abends eine Folkloreveranstaltung statt, deren Besuch sich lohnt. Unter freiem Himmel auf den traditionellen Bänken (tahta) sitzend, kann man bei Tee und Süßigkeiten ein farbenprächtiges Musikdrama erleben. Die Zeiten kann man direkt bei den Souvenirverkäufern erfragen. Die auf dem Registan stattfindende Sound-Light-Show ist dagegen, zumindest auf deutsch, nicht zu empfehlen.

Südwestlich des Platzes liegt der Dichtergarten, hier steht das Denkmal der vier Shoiren, der Märchenerzähler aus dem Volk: eine spezielle Synthese von Dichtung, Deklamation und Musik, vier Bronzegestalten in Nationaltracht, Schöpfer der mündlichen Dichtung.

Hinter dem Platz befindet sich das Museum der Geschichte, Kultur und Kunst der Völker Usbekistans, von örtlichen Führern in leichter Übertreibung auch ›Eremitage Mittelasiens‹ genannt. Handschriften, Münzen, Juwelierarbeiten, Steinmetzarbeiten und eine ethnographische Abteilung mit Nationaltrachten können besichtigt werden. Außerdem gibt es eine Susani-Sammlung. Toshkent ko'chasi 1, Tel. 35 39 58. Geöffnet von 9 bis 17 Uhr, dienstags von 9 bis 15 Uhr. Mittwochs geschlossen.

Gur Emir

Gur Emir, übersetzt heißt es ›Grab des Gebieters‹, wurde Ende des 14. bis in die Mitte des 15. Jahrhunderts als Grabstätte der Timuriden errichtet. Auf Timurs Befehl wurde es für seinen geliebten Enkel Muhammed Sultan, der unerwartet 1403 starb, projektiert. Vorher hatte Muhammed Sultan in unmittelbarer Nachbarschaft eine Medrese und eine Chanaka, die Herberge für Derwische, errichtet.

Über dem eigentlichen Grabmal erhebt sich ein Tambour, auf dem eine langgezogene gerippte Kuppel ruht, die zum Himmel strebt, als ›löse sie sich von den irdischen Sorgen und der Welt der Eitelkeit.‹ Die Kuppel aus farbigen Schmelzziegeln wirkt von weitem blau. Dieser Farbeffekt entsteht durch die geschickte Vereinigung verschiedenfarbiger Elemente, die ein ziemlich einfaches Mosaik bilden. Neben dem leuchtenden Blau liegen violette Ziegel, die stellenweise eingestreuten blauen und orangen Steine sieht man nur schwer angesichts des Licht-

Gur Emir, die berühmteste Grabstätte Usbekistans

und Schattenspiels der gerippten Wellen. Die Anordung zeigt, daß die Erbauer von der Wirkung der Komplementärfarben wußten und dementsprechend die Steine anordneten. Zu jeder Tageszeit ist die Kuppelfarbe anders, besonders im Abendlicht ist das Farbenspiel sehr schön. Auch die Innenausstattung ist äußerst prächtig: Die Wand ist mit großen Onyxplatten verkleidet, in der dekorativen Bemalung der Wände und des Kuppelinneren wurde überwiegend Gold verwendet. In der Mitte befinden sich einige Grabmale, darunter, in zentraler Lage, auch ein Quader aus fast schwarzem Nephrit: Tamerlans Grab. Er ruht zu Füßen seines geistigen Mentors, des Scheichs Mirsaijd-Bereke. In einer Ecke des Mausoleums kann man an einem Ast einen Tierschwanz sehen, der auf die Abstammung eines weiteren Scheichs deutet, der anscheindend aus einer Familie von Viehzüchtern kam. Heute wird das Mausoleum von den Gläubigen zurückerobert – nicht selten sind Betende am Grabmal des unbekannten Scheichs zu finden. Als Anfang 1405 Timur selbst starb, wurde auch er hier begraben und später seine Söhne und sein Enkel Ulug'bek. Das eigentliche Grab befindet sich in einer Krypta unterhalb des Mausoleums. Gegen eine Gebühr in Dollar (handeln!) wird die die Gruft gerne geöffnet.

Unweit von der Grabstätte befindet sich mit Oq Saray (Weißer Palast) ein weiteres Timuridenmausoleum. Ebenfalls in der Nähe, an der Registon ko'chasi, sieht man das Ruhabad-Mausoleum, in dem angeblich auch ein Haar des Propheten Mohammed bestattet ist.

Tamerlans Grab

In einem sehr harten Winter hatte sich Timur entschlossen, mit einem 200 000 Mann starken Heer China zu erobern. Bartold, ein mittelasiatischer Historiker schreibt Anfang des 20. Jahrhunderts: »Der Winter 1404/05 war einer der kältesten, die Turkestan je erlebt hatte. [...] trotz seines Alters hatte Timur die Strapazen eines solchen Winters auf sich genommen, ohne zu ahnen, daß seine letzten Tage bereits angebrochen waren. [...] Wegen des strengen Frostes trank Timur zu inneren Erwärmung in großen Mengen Alkohol, was als die unmittelbare Ursache seines Todes anzusehen ist. Zwei Tage lang soll er nicht vom Arrak, dem türkischen Schnaps, gelassen haben, und dabei keinen Bissen gegessen haben. Er starb am 18. Februar 1405.«
Sein in Rosenwasser und Moschus einbalsamierter Körper kehrte in einem Sarg aus Ebenholz nachts nach Samarkand zurück. Um keine politischen Konflikte hervorzurufen, wurden zunächst nur die Verwandten und Statthalter vom Ableben des Herrschers in Kenntnis gesetzt, sie wußten, daß »der glücksbegünstigte Falke aus dem Netz der trügerischen Welt nach der Steppe des Hauses der Beständigkeit geflogen war.« Erst einige Tage später nahmen in Samarkand die Trauerzeremonien für den toten ›Herrn der Glückskonjunktion‹ ihren Lauf. »Die Prinzessinnen und Emire«, so berichtet ein Augenzeuge, »die in der Stadt waren, die Frauen der Vornehmen und Würdenträger des Reiches, sie lösten sich die Haare und schwärzten sich das Gesicht, warfen sich einen Filzumhang über den Nacken und strömten herzu. [...] Alle Einwohner schlossen die Märkte und erhoben ein lautes Wehgeschrei, das weithin in alle Welt erscholl. So heftig wogten Jammer und Klagen empor, daß die Furcht wuchs, es sei jener angedrohte Tag gekommen, von dem es heißt, ›Dann falten wir den Himmel zusammen, wie der Schreiber einen Brief‹. Die Sonne an der Sphäre des Sultanats und der Weltherrschaft war untergegangen.«
Unmittelbar nach Timurs Tod setzten die Verteilungskämpfe in seinem Riesenreich ein. Bevor sein Sohn Scharuch die Oberhand gewinnen konnte, herrschte Unruhe.
Die Grabstätte Timurs in dem Gebäude, in dem wenige Jahre zuvor Mohammed Sultan bestattet worden war, entwickelte sich zu einem Wallfahrtsort. Der Syrer Ibn Arabschah weilte damals in der Zeit des Chaos in Samarkand und beschrieb das Innere des provisorischen Mausoleums: »Die Grabstätte war mit Tüchern verdeckt. Tamerlans Waffen und andere Gegenstände aus seiner persönlichen Habe, alle mit Juwelen aus verschiedenen Weltgegenden verziert, waren an den Wänden befestigt; goldene und silberne Leuchter hingen von der Decke; Teppiche aus Seide und Samtstoffen

Im Inneren von Timurs Mausoleum

dämpften die Schritte der Besucher, die jeden Tag zahlreich waren und darauf hofften, daß ihre Gebete am Grab des großen Mannes erhört wurden. Selbst wer außen vorbeiritt, verneigte sich, stieg sogar vom Pferd, um den Toten zu ehren.« Timur war eine Heiligenfigur geworden.
Als Scharuch 1409 Samarkand einnahm, setzte er, ein treuer Anhänger der Scharia, solch einem von islamischen Gesetzen verbotenen Kult ein Ende. Die Habe Timurs wurde dem Staatsschatz übergeben. Bald darauf erfüllte Scharuch seinem toten Vater einen Wunsch, den dieser schon lange gehegt hatte. Der Leichnam jenes Mir Saijd Beke, der ihm einst die Herrschaft geweissagt hatte, wurde nach Samarkand gebracht und in der Gruft bestattet. Timur wurde umgebettet und ruhte hinfort neben seinem geistigen Lehrer Mir Saijd. Neben Timur bestattete man auch seinen Enkel Mohammed Sultan erneut. Später wurden weitere Timuriden in dem Gebäudekomplex begraben, der schließlich mit dem Namen Gur Emir, Mausoleum des Emirs, bezeichnet wurde.
Im April 1941 öffneten sowjetische Historiker und Anthropologen die Gruft. Die Untersuchungen von Gerasimov zeigten einen etwa 1,72 großen Mann, der an Tuberkulose litt, Verwachsungen an der rechten Schulter und am rechten Knie hatte. Eines seiner Beine war kürzer als das andere, weswegen er Timur Lenk (der Lahme) hieß. Vom Schädel, den Gerasimov als Bronzekopf rekonstruierte, hingen immer noch rote Haare herab. Auch Ulug'bek wurde exhumiert. Es zeigte sich, daß sein Kopf neben seinem Körper lag, damit war bestätigt, daß er auf unnatürliche Weise gestorben war. Nach alten Prophezeihungen und nach seiner Grabaufschrift sollte die Welt bei der Öffnung des Grabes von Timur zittern. Tatsächlich bringen manche den deutschen Überfall auf Rußland im Sommer 1941 mit der Graböffnung in Verbindung. Als die Gebeine 1942 nach muslimischen Riten erneut bestattet wurden, bahnte sich mit der Schlacht von Stalingrad eine Wende des Krieges an. Nach dieser weitverbreiteten Kausalität wird die Gruft Timurs zwecks neuerer Untersuchungen – die das neue usbekische Geschichtsbild unterstreichen könnten – wohl so bald nicht mehr geöffnet.

Shohizinda

Südlich von Afrosiyob befindet sich die eindrucksvolle Nekropole Shohizinda. Von Norden nach Süden sind an einem engen, siebzig Meter langen Korridor sechzehn Gebäude, Mausoleen und Moscheen angordnet. Wegen des vielfältigen, intensiven und märchenhaften Dekors könnte man den Komplex ›Majolikafreilichtmuseum‹ nennen. Das Leitmotiv, schon auf dem Eingangsportal zu beobachten, sind Blumen und Sterne – das sogenannte Samarkander Ornament.

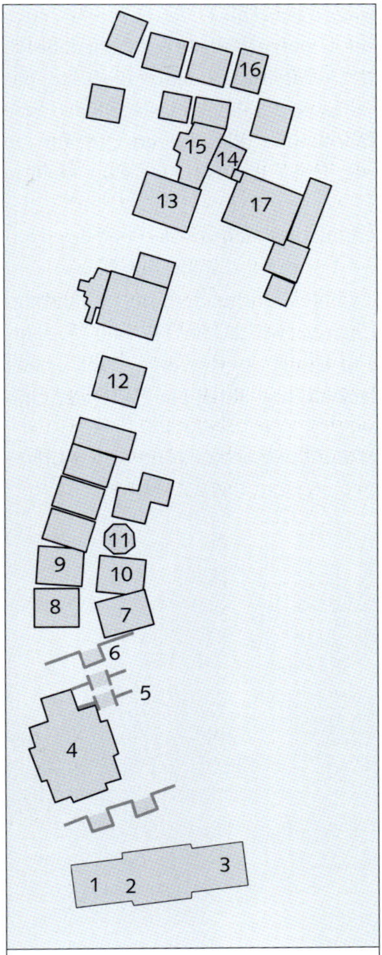

Shohizinda

Legende

1 Moschee
2 Ulug'bek-Portal mit Chortoq
3 Dienstzimmer und kleine Moschee
4 ›untere Gruppe‹
5 Freitreppe
6 Chortoq
7 Mausoleum Tug'lu Tekin
8 Mausoleum Emir Sade
9 Mausoleum Shodi Mulk Oqa
10 Mausoleum Shirinbeka Oqa
11 achteckiges Mausoleum
12 Mausoleum Usta Ali Nasaf
13 Mausoleum des Emirs Burunduq
14 Chortoq
15 Komplex Tuman Oqa
16 Mausoleum Xo'ja Ahmad
17 Komplex des Qussam ibn Abbos

Die Nekropole entstand neben der hier vermuteten Grabstätte Qussam ibn Abbos, dem Cousin der Propheten Mohmammeds. Er wird in den Legenden als der ›lebendige Herrscher‹, also ›Shohizinda‹ bezeichnet. Qussam ibn Abbos befand sich unter den arabischen Eroberern, kam in einer Schlacht um und wurde Ende des 7. Jahrhunderts angeblich hier begraben. Der Legende nach starb er für seinen Glauben, denn Ungläubige sollen ihn enthauptet haben, während er betete. Er starb nicht wirklich – erzählt die Legende weiter –, sondern nahm seinen abgeschlagenen Kopf unter den Arm, stieg durch einen Brunnen in die Erde, wo er unter den Seligen des Paradieses ewig weiterlebt. So läßt sich die Bezeichnung der Nekropole erklären. Qussam Ibn Abbos wird quasi als Heiliger verehrt, auch wenn der Islam keine Heiligsprechung kennt. Untersuchungen ergaben, daß sich in der heutigen Gruft im siebten Jahrhundert keine Bestattung ereignet hat, das Grabmal ist also fiktiv, dennoch eines der ältesten erhaltenen Usbekistans. Sein heutiges Aussehen datiert aus dem 11. Jahrhundert, als eine an Qussam ibn Abbos erinnernde Kultstätte errichtet wurde. Diese befindet sich ganz oben in der Anlage.

Schon im elften und zwölften Jahrhundert bildeten sich um das Grab des ›Heiligen‹ mehrere Grabstätten. Die endgültige Form als ›Straße der Mausoleen‹ bekam Shohizinda im vierzehnten und fünfzehnten Jahrhundert. Im 13. Jahrhundert wurde der Komplex von Dschingis Chan verwüstet, im 14. und 15. Jahrhundert von den Timuriden, insbesondere in Ulug'beks Regierungszeit, erneut aufgebaut. Beginnen sollte man mit der Besichtigung unten am Portal der Grä-

Die Gräberstadt Shohizinda

berstraße. Die Mausoleen der Eingangsgruppe stammen aus dem 15. und 16. Jahrhundert. Den Hauptportikus ließ Ulug'bek im Namen seines Sohnes Abdulaziz errichten, davon zeugt die Inschrift an der Westwand der Portalnische. Glasierte Ziegel bilden geometrische Muster auf den braunen Backsteinen; Ecksäulen und Bogentympanon sind mit vielfarbigen Mosaiken verziert. Hinter dem Portikus liegt der Chortoq – ein Durchgang mit vier Bögen und einer zwölfseitigen Kuppel. Links befindet sich eine Moschee aus dem 15. Jahrhundert und direkt daneben sitzen im Ayvon der Sommermoschee immer einige Gläubige und beten. Die Decke des Ayvon wurde 1910 mit Ölfarben, die Wände mit Alabasterschnitzerei ausgestattet.

Vor den Treppenstufen links beginnt die sogenannte ›untere Gruppe‹ mit einem Zweikammermausoleum aus dem Anfang des 15. Jahrhunderts. Die blaue Kuppel sieht man schon von weitem, sie dominiert die Silhouette der ganzen Anlage. Dieses Mausoleum ist das größte der Anlage: ein zweiteiliges Gebäude mit einem großen kreuzförmigen Gedenkzimmer (Ziyoratxona) und dem Raum, in dem sich das eigentliche Grab (Go'rxona, auch Gur-chane) befindet. In letzterem, innen reich kunstvoll ausgestattet, liegt unter dem Fußboden eine kreuzförmige Gruft. Beide Gebäude haben eine Innen- und eine Außenkuppel, die auf hohen Trommeln ruhen. Lange Zeit behauptete man, hier sei der berühmte Lehrer Ulug'beks Qozizoda Rumiy bestattet. Forschungen aus den 70er Jahren zeigten, daß hier eine Frau im Alter von 30 bis 35 Jahren beigesetzt wurde. Übrigens wirkt das Mausoleum am schönsten, wenn man es von oben, von den letzten Treppenstufen der Anlage betrachet. Abends bietet es mit dem Himmel als Hintergrund und der untergehenden Sonne ein ganz besonderes Farbenspiel.

Die Treppe führt wieder durch einen Chortoq in die Mausoleen der mittleren Gruppe, die größtenteils in den letzten Jahren des 14. Jahrhunderts entstanden, nachdem Timur Samarkand zur Hauptstadt seines Reiches gemacht hatte. Rechts liegt das Mausoleum Tug'lu Tekin, es wurde 1376 errichtet und ist der Mutter eines von Timurs Heerführern gewidmet. Die Portalverzierungen sind vergleichsweise bescheiden. Deutlich ist, daß die Majoliken sehr farbenprächtig sind und fast keine Terrakottaschnitzereien mehr verwendet wurden.

Gegenüber liegt das Mausoleum Emir Sade (Sohn des Emirs, Amirzoda) aus dem Jahre 1386. Wer hier begraben wurde, ist nicht bekannt. Zehn Jahre später als Tug'lu Tekin errichtet, zeigt sich hier eine weitere Entwicklung der Keramikkunst. Die Malereiornamente auf den Majoliken der Portalverkleidung sind viel reicher als die des Tug'lu-Tekin-Mausoleums. Neu ist die Innenausstattung mit Gantschschnitzerei, einem Material, das aus einer Alabaster-Gips-Mischung hergestellt wird.

Daneben befindet sich das Mausoleum Shodi Mulk Oqa. Diese Grabstätte soll der erste von Timur in Auftrag gegebene Bau in Samarkand sein und wurde 1372

Im Mausoleum des Qussam ibn Abbos

für Shodi Mulk Oqa, die Lieblingsnichte Timurs gebaut. 1383 wurde sie hier begraben. Das Mausoleum Shodi Mulk Oqa ragt durch seine Schönheit hervor. Es besticht durch vornehme Eleganz, wunderbare Blautöne der Wände und vielfältige geometrische Figuren. Besonders schön ist das türkisfarbene Portal. Die Ecksäulen sind mit kunstvoller Terrakottaschnitzerei geschmückt. Die Wände der Eingangsnische hat man mit Panneaus verkleidet, die prächtige Blumenvasen darstellen. Neben der glasierten Terrakotta sind die bemalten Majoliken über dem Portalbogen bemerkenswert. Auch zur Innenausstattung nutzte man vor allem Majolikatechnik. Außergewöhnlich ist die Kuppelverzierung: Die Kuppel wird von Rippen in acht Teile geteilt, die in der Mitte einen achtzackigen Stern bilden.

Gegenüber liegt ein Mausoleum für eine Schwester Timurs, Shirinbeka Oqa, die 1385 hier begraben wurde. An diesem Bau wurden zum erstenmal in Shohizinda gravierte Mosaiken benutzt. Die Kuppel mit Mosaikornamenten ruht auf einer sechzehneckigen Trommel, die wiederum auf einem quadratischen Sockel steht. Innen ist das Mausoleum in weichen Farbtönen ausgestattet – Reste einer Goldmalerei sind zu erkennen.

Auf der linken Seite wurden während archäologischer Ausgrabungen in den 60er Jahren Ruinen von zwei weiteren Mausoleen aus dem 14. Jahrhundert entdeckt. Im weiter oberhalb liegenden Bau hat man einen Sarkophag mit bunten Majolikakacheln, arabischen Inschriften und Vergoldungen gefunden. Leider konnten daraus keine Rückschlüsse auf die Bestimmung des Gebäudes gezogen werden. Gegenüber steht ein schlichtes achteckiges Mausoleum aus dem 15. Jahrhundert, unter dessen Fußboden liegt eine Gruft, in der vier Frauen beigesetzt wurden.

Der nächste größere Bau auf der linken Seite ist das Mausoleum Usta Ali Nasaf (14. Jahrhundert). Außen und innen ist es ganz mit verschiedensten Majoliken verziert. Hauptmerkmale der Portalverzierung sind Reliefplatten mit Kufi-Inschriften, die sich ineinander verflechten und geometrische Muster bilden. Etwas oberhalb liegt ein weiteres namenloses Grabmal aus dem 14. Jahrhundert. Die tiefblaue und türkisfarbene Verkleidung zieht die Aufmerksamkeit des Betrachters unweigerlich an. Das Mausoleum des Emirs Burunduq, eines Heerführers Timurs (links vor dem dritten Tor, 14. Jahrhundert), ist nicht ganz fertig geworden. Außerdem wurde die Fassade zerstört und umgebaut.

Mit dem dritten Chortoq beginnt links der Komplex Tuman Oqa, der aus dem 15. Jahrhundert stammt. Er wurde auf Geheiß von Tuman Oqa, der jüngsten Frau Timurs, errichtet. Er besteht aus einem kleinen Dienstzimmer, einer Moschee und dem Mausoleum von Tuman Oqa. Der Haupteingang der dreikuppligen Moschee befand sich im Westbogen des Chortaq. Oben in der Kuppel sind Fenster, die je nach Stand der Sonne unterschiedliche Lichteffekte im Inneren ermöglichen. Nördlich der Moschee liegt das Mausoleum. Seine blaue Kuppel ruht auf einer Trommel. Innen sind Reste eines grünen Paneels mit Goldmalerei erhalten geblieben.

Ganz im Norden der Gräberstraße steht das älteste erhaltene Gebäude der Anlage, das Mausoleum Xo'ja Ahmad (Xo'ja usbek. für Hodscha). Das Portal hat eine spitzbogige Eingangsnische und ist mit türkiser Terrakotta verkleidet. Arabische Inschriften aus dem Koran und florale Elemente bilden harmonische Verzierungen. Rechts vor dem Bau steht ein Mausoleum aus den Jahren 1360/61, das für eine adelige Frau errichtet wurde. Möglicherweise ist hier eine von Timurs Frauen, Qutluq oqa, bestattet worden. Auch diese Grabstätte ist reich und kunstvoll mit glasierter und geschnitzter Terrakotta verziert.

Rechts vom dritten Chortaq befindet sich der Komplex des ›lebenden Scheichs‹ Qussam ibn Abbos. Durch eine filigrane, aus Karagachholz geschnitzte Tür, die von einer Mosaikborte umrahmt wird, gelangt man zum Mausoleum. Rechts im Eingang sind die Reste eines Minaretts erkennbar, das aus der Samanidenzeit stammt und ähnliche Verzierungen wie das Mausoleum der Samaniden in Buchara aufweist. Derzeit finden hier intensive Restaurationsarbeiten statt. Das Gebäude besteht aus zwei Räumen: dem Gedenkraum, auch Gedenkmoschee genant, und der Go'rxona. Beides wurde im 16. Jahrhundert verändert. Es sind zwei innen und außen reichgeschmückte Räume. Sie stammen aus den Jahren 1334/35. Cohn-Wiener, ein Kunsthistoriker, der in den

Verzierungen mit arabischer Schrift in Shohizinda

20er Jahren Usbekistan besuchte, beschreibt sie so: »Das Gebäude ist durch die Strenge seiner Ornamente gekennzeichnet, die fast ausschließlich aus Arabesken bestehen, und durch die Schärfe, mit der die Stützbogen in die Mauern eingeschnitten sind.

Im Innenraum dieses Gebäudes wurde eine besondere Technik der Vergoldung, welche die heimische Brokatstickerei nachahmte und ›kundal‹ genannt wurde, zum ersten Mal angewandt.« Von dem Gedenkraum kann man durch Holzgitter auf den Sarkophag schauen, gegen einen kleinen Betrag kann man manchmal auch direkt zur Ruhestätte des Heiligen gelangen. Um 1380 wurde über dem Grab das bis jetzt erhaltene stufenförmige Grabmal errichtet. Es ist mit Majoliken und vergoldeten Inschriften aus dem Koran verziert, einmal Anfassen soll Glück bringen.

Majolika, auch als Fayence bezeichnet, ist eine Technik, bei der Gegenstände oder Schmuckfriese aus gebranntem Ton mit einer farbigen Zinnglasur überzogen werden. In Shohizinda kann man, wenn man will, zum Majolikaexperten avancieren. Hier lassen sich die Entwicklungen der dekorativen Baukunst besonders gut nachvollziehen. Jedes Mausoleum ist einzigartig und bietet dem Betrachter etwas Neues – man hat den Eindruck, als würde jedes Bauwerk um den Blick des Betrachters wetteifern. Unterhalb der Anlage bieten verschiedene Händler antiken Silberschmuck zum Verkauf.

Bibi Xanom

In unmittelbarer Nähe des Basars – wegen ihrer Größe nicht zu übersehen – steht die Bibi-Xanom-Moschee (auch Bibi Chanim oder Xanim). Nach seinem erfolgreichen Feldzug nach Indien wollte Timur – wohl vor allem um seine unbegrenzten technischen und finanziellen Möglichkeiten zu demonstrieren – die damals großartigste Moschee der östlichen Welt bauen lassen. Er (zwangs-)verpflichtete die berühmtesten Handwerker und Baumeister und brachte Elefanten aus Indien als Lastenträger in seine Hauptstadt. Er wollte eine große Freitagsmoschee bauen, die eine irdische Nachbildung des Paradieses werden sollte. Die Gläubigen sollten in ihr, von überweltlicher Schönheit umgeben, sich einzig und allein dem Gebet hingeben können. Im Mai 1399, zu einer von Astrologen errechneten Stunde, wurde der Grundstein gelegt. Timur selbst beaufsichtigte den Bau der Moschee, und als ihm eines Tages das Portal, das zwar »dem Gipfel der Sphären gleichkam« im Verhältnis zum Kuppelbau über dem Gebetssaal zu niedrig erschien, ließ er es abreißen und neu errichten. Im Chef der Finanzverwaltung fand Timur den Schuldigen und ließ ihn mit dem Leben büßen.

Die überdurchschnittlichen Ausmaße der Moschee (errichtet innerhalb von fünf Jahren 1399 bis 1404) waren zu groß für die üblichen Baumaterialien und architektonischen Fähigkeiten der damaligen Meister. Zudem war der Bau überhastet durchgeführt worden, so daß es fast zwangsläufig zu statischen Problemen kam, auch war die Erdbebensicherheit nicht gewährleistet. Allerdings ist die Schnelligkeit, mit der Timur sein Projekt vorantrieb, für den islamischen Orient mit seiner politischen Instabilität nicht ungewöhnlich. Obwohl das Mauerwerk der Wände verstärkt wurde, begannen schon – so berichten Zeitzeugen – kurz nach Fertigstellung der Moschee Stuck und Steine aus der immerhin 43 Meter hohen Innenkuppel herabzufallen. Auch die Säulenkolonnade der Kuppel war nicht sehr stabil, die Minarette und Portale stürzten nach und nach ein. Bisweilen lösten sich Steine aus dem Mauerwerk und den Wänden und stürzten auf die Betenden herab, einmal sollen es so viele große Steine gewesen sein, daß die Menschen vor Furcht die Moschee verließen und der Vorbeter allein zurückblieb. Neben den schon erwähnten Mängeln trugen auch die häufig vorkommenden Erdbeben zum Zerfall der Moschee bei.

Timurs Hauptmoschee war eines der größten Bauwerke dieser Art. Der Innenhof ist 540 Quadratmeter groß und das Hauptportal 40 Meter hoch. Die architektonische Anlage dieser Moschee zeigt die typische Bauweise einer mittelasiatischen Moschee: ein großer Hof, der von nach innen geöffneten Galerien umgeben wird; auf einer Achse liegen das Eingangsportal und Hauptgebäude. Ursprünglich hatte die Moschee vier große Minarette und vier kleinere, achteckige Türme auf den Eingangsportalen. Das Hauptgebäude ist außen mit Backsteinmustern –

Sie gilt als die größte und schönste Moschee Mittelasiens: Bibi Xanom

Girikhs und sehr große Kufi-Schrift – oder mit Mosaiken und Majoliken verkleidet. Der Innenraum des Hauptgebäudes, der leider nicht zugänglich ist, ist mit gold-blauen Ornamenten auf weißem Grund geschmückt. Erdstöße haben die Moschee zusammen mit Plünderungen zu einem Ziegelbruchhaufen gemacht, seit 1974 wird sie intensiv restauriert.

Timur baute die Moschee zu Ehren seiner Lieblingsfrau Bibi Xanom (deutsch: alte Königin). Sie war Timurs erste und älteste Frau und in politischen Fragen seine Vertraute. Sie hieß eigentlich Sarai-Mulk-Xanom, als die Moschee gebaut wurde, war sie jedoch schon älter und bekam deswegen den Titel Bibi. Bibi Xanom war eine wunderschöne Frau – so erzählt die Legende –, die nicht nur von ihrem Mann Timur geliebt wurde. Auch ein junger Baumeister, der von Timur mit einem Großprojekt beauftragt worden war, hatte sich in sie verliebt. Als Timur von einem Feldzug auf dem Weg nach Hause war, das Projekt aber noch nicht vollendet, drängte Bibi Xanom auf die schnelle Fertigstellung. Der junge Baumeister willigte ein, das Gebäude über Nacht fertigzustellen, wenn er Bibi Xanom küssen dürfe. Nach langem Zögern willigte sie ein. Als Timur kam, sah er, was mit seiner Frau geschehen war. Der Baumeister floh, Bibi Xanom aber sollte von einem der Minarette in den Tod gestürzt werden. Sie bat darum, alle ihre Seidenkleider anziehen zu dürfen, was ihr auch gewährt wurde. Damit war sie gerettet und die Fallschirmseide erfunden.

Gegenüber der Moschee befindet sich das ebenfalls mit einer blauen Kuppel überdachte, jedoch wesentlich kleinere Mausoleum Bibi Xanom. Nach dem Besuch der Moschee kann man wunderbar über den Basar bummeln, Gewürze, schon geknackte Walnüsse, getrocknete Früchte oder was sonst das Herz begehrt kaufen. Nur auf seine Taschen sollte man aufpassen.

Das Observatorium des Ulug'bek

Im Nordosten der Stadt befindet sich das astronomische Observatorium Ulug'beks. 1424 bis 1428 errichtete er hier neben dem Bewässerungsgraben Obi Rachmat (›gesegnetes Wasser‹) eine Forschungsstätte, deren Überreste 1908 freigelegt wurden. Anhand von Chroniken aus dem 17. Jahrhundert gelang es dem russischen Archäologen Vjatkin, die Sternwarte zu finden. Das Hauptinstrument der Sternwarte war vermutlich ein gemauerter Quadrant oder Sextant mit einem Radius von 40,4 Metern am Ende einer durch einen Hügel geführten und durch Mauern abgestützten Mittagslinie. Die Ruine des riesigen Sextanten ist erhalten geblieben, das eigentliche Gebäude, ein zweistöckiger Rundbau, der mit farbigen Fliesen reich verziert und innen mit Sternensujets bemalt war, ist dagegen völlig zerstört worden. Mit dem Sextanten, der sich im Gebäude befand, wurde der Ster-

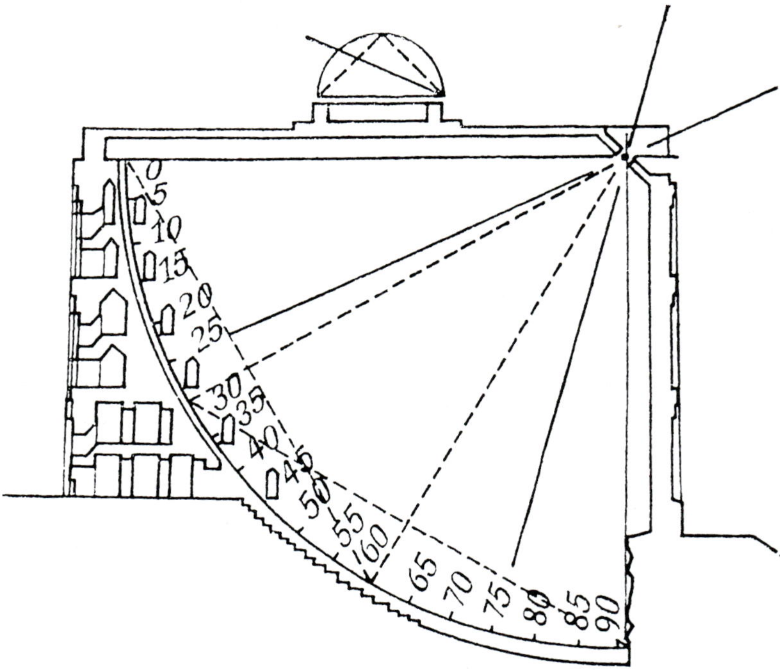

Rekonstruierter Querschnitt durch den Sextanten des Observatoriums

nenatlas des Ulug'bek (›Sidsh-Guragoni‹) erstellt. Die in Samarkand entstandenen astronomischen Tafeln weisen eine im Abendland erst sehr viel später erreichte Genauigkeit auf. 1648 wurden in London Auszüge aus Ulug'beks Atlas herausgegeben und 1665 vom Konservator der Oxforder Universitätsbibliothek der volle Katalog in persischer und lateinischer Sprache veröffentlicht. Heute befindet sich an der Stelle des Observatoriums ein Memorialkomplex, der 1970 errichtet wurde und neben einem Denkmal Ulug'beks auch Vjatkins (1869–1963) Grab und ein Museum beherbergt, in dem die Wirkungsgeschichte Ulug'beks dokumentiert ist (geöffnet täglich von 9 bis 18 Uhr).

In der Nähe der Anlage können in einem Seidengeschäft verschiedene, auch alte Stoffe erworben werden.

Der König der Sterne

Wahrscheinlich hatte Mohammed Taragay eine günstige Sternenkonstellation, als er am 22. März 1394 geboren wurde. Timur jedenfalls muß die Nachricht von der Geburt seines Enkels, die er während seines Westasienfeldzugs erhielt, sehr erfreut haben, denn der 58-jährige erließ der gerade eroberten mesopotamischen Stadt Mardin die Tributzahlungen. Timur fielen die außergewöhnlichen Begabungen seines Enkels schnell auf, zuerst ließ er ihn von seiner Lieblingsfrau Bibi Xanom erziehen und nahm ihn später auf seine Feldzüge in den Kaukasus und nach Indien mit. Mit zehn Jahren wurde er von seinem Großvater mit

Im Inneren des Ulug'bek-Observatoriums

seiner Cousine Öge-begüm verheiratet. Clavijo, der Gesandte des kastilischen Königs, berichtet von der prachtvollen Hochzeit.
Nach Timurs Tod wurde Ulug'bek (›Großfürst‹) von seinem Vater Scharuch, der von Herat aus Persien regierte, bereits mit fünfzehn Jahren zum Regenten von Samarkand ernannt. Er interessierte sich für Poesie, Medizin, Mathematik, Geschichte, Theologie und Musik. Seine Leidenschaft jedoch war die Astronomie. Als der berühmte türkische Astronom Qozizoda Rumiy nach Samarkand kam, begann sich Ulug'bek intensiv mit der Astromonie zu beschäftigen. 1447 wurde er Herrscher über das inzwischen kleine Samarkand und Haupt der Timuridendynastie. Er setzte seine Forschungen fort und hielt sie in einem berühmten Sternenkatalog fest, der über Jahrhunderte als eine der wichtigsten astronomischen Arbeiten anerkannt wurde. So gelang es ihm, das Erdenjahr mit geringfügigen Abweichungen sehr genau zu bestimmen.
Nicht zu vergessen ist jedoch, daß damals Astronomie und Astrologie sehr eng verknüpft waren. Ulug'bek soll gesagt haben: »Religionen verwehen, Kaiserreiche zerfallen, Werke der Gelehrten aber bleiben in Ewigkeit erhalten.« Er, der die Wissenschaft höher als islamische Dogmen schätzte, wurde am 27. Oktober 1449 enthauptet. Zu den Verschwörern, die ihn in einen Hinterhalt lockten, gehörte auch sein eigener Sohn.

Afrosiyob

Hier befand sich das erste Samarkand, die in der Awesta erwähnte legendäre Hauptstadt der Sogden. Man findet es in den Chroniken der Griechen, Perser, Chinesen und Araber. Die Erforschung Afrosiyobs begann Ende des 19. Jahrhunderts. Jetzt sind hier die Ausgrabungen zu besichtigen, die für Nicht-Archäologen jedoch nur schwer nachzuvollziehen sind. Zunächst sollte man jedoch trotzdem einen Blick auf die Forschungsstätte werfen, um einen Eindruck von den Dimensionen zu bekommen. Die Ausgrabungen auf dem Hügel reichen noch tiefer als in die sogdische Zeit. Man hat hier auch Funde aus der griechisch-baktrischen Periode antreffen können.

Interessant ist das auf dem Gelände gelegene Museum für die Entstehungsgeschichte Samarkands. Direkt gegenüber des Einganges ist das Schmuckstück des Museums zu besichtigen: eine sogdische Wandmalerei aus dem 6. Jahrhundert. Leider sind die Bilder, nachdem sie freigelegt wurden, teilweise schwarz geworden. Links kann man einen vielfigurigen Hochzeitszug mit realen und sagenhaften Symbolen sehen, viele verschiedene Farben sind erhalten geblieben. Man kann Vögel, Elefanten und Kamele erkennen. Ein anders Bild zeigt, wie ein Samarkander Herrscher Botschafter aus verschiedenen Fürstentümern empfängt und Gaben überreicht bekommt. An der dritten Wand wird ein Boot mit einem darin sitzenden chinesischen Mädchen, das vermutlich in den Harem gebracht wird, ausgestellt. Am Ufer kämpfen Ritter gegen Raubtiere. An der vierten Wand sind nur wenige Details

Sogdische Wandmalerei im Museum von Afrosiyob

erkennbar. Von den Eroberern wurden vielen Figuren die Augen ausgekratzt und ihre Gesichter verunstaltet. Ansonsten kann man im Museum diverse Austellungen zur Kunst der Zoroastrier sehen, einer ihrer Hausaltäre ist rekonruiert.

Den Palast von Afrosiyob hat man 1912 entdeckt, in den folgenden Jahren wurde mit den Ausgrabungen begonnen. Den Palast, eine rechteckige Erhebung, kann man sehen, wenn man den Hügel ganz besteigt. Die Mauern wurden aus gestampftem Lehm vermutlich im 6. und 7. Jahrhundert errichtet. Er gehörte wohl nicht dem Herrscher von Samarkand, sondern einem hohen Beamten. Anhand der Ausgrabungen kann man gut die Komposition der Anlage sehen: große Räume, von kleineren Nebengemächern und Korridoren umgeben. Das komplizierte Bewässerungssystem und die verschiedenen Stadtmauern des alten Afrosiyobs kann man nur noch erahnen. Geöffnet täglich von 9 bis 17 Uhr, Marshrutnoe taksi (Sammeltaxi) 17 und 45 ab Basar.

Vorwahl: aus Deutschland/Österreich/der Schweiz: 009 98/662, von Taschkent und anderen Städten in Usbekistan 8/36 62.

›Orient Voyages‹ bietet Informationen, Ausflüge, Flugtickets und Hotelreservierungen auch für Individualtouristen an. Ebenso können Kameltouren und Jurtenübernachtungen gebucht werden. Die Firma verfügt über eigene Hotels, Busse, Guides und PKW mit Fahrern und ist ein sehr verläßlicher und guter Partner. Dagbitskaya 33, Samarkand 703020, Tel. 32 08 75, 35 93 79, e-mail: ostar@rol.uz, office@tour-orient.com, www.tour-orient.com.

Ein weiterer Veranstalter ist Sodga-Tour: Kuk Saroy sq. 1, Tel. 33 17 35, 33 28 64. e-mail: sogda@online.ru.

Ein weiterer Veranstalter in Samarkand ist ›Asia Travel International‹, Registon ko'chasi 2, Tel. 31 13 82, e-mail: elena@ati-uzbekistan.com.

Eine kleine, nette Firma mit einer englischsprechenden Managerin, die auch ausgefallene individuelle Touren arrangiert, ist die ›Afrosiyob Business Travel Agency‹, Unversitet xiyobonasi 1, Tel. 35 82 50, e-mail: bagsy@online.ru.

Internet Cafés: ›Extreme‹, Universiteskij bulvar, im Unitel Gebäude, Tel. 33 01 26, von 10 bis 21 Uhr.

›Internet‹, Potschovaja 9, von 9 bis 21 Uhr.

›Zona X‹, Ulugh bek 8. Eine Stunde kostet etwa einen Dollar.

Das Hotel ›Afrosiyob‹ ist das erste Haus am Platz und wurde Anfang der 90er Jahre von einer indischen Firma errichtet. Es steht auf den Ruinen von Timurs ›Grünem Schloß‹ (Ko'k Saray), die man in einer der Hotelbars bewundern kann. Das Haus ist mit mehreren Restaurants und Bars ausgestattet und verfügt über einen

Swimmingpool. Ein Doppelzimmer kostet je nach Saison um 140 Dollar. Registon ko'chasi 2, Tel. 31 13 41, 31 20 80, Fax 31 10 44. Zehn Minuten Fußweg zum Registan.

Auch das Hotel ›Samarkand‹ ist akzeptabel. Es liegt unweit des Gur-Emir-Mausoleums, Tel. 33 18 52 und 35 71 52, Fax 35 88 26 am Universitet xiyobonasi 1. Das Doppelzimmer gibt es ab 80 Dollar.

Empfehlenswert ist das Drei-Sterne-Hotel ›Orient‹. Das kleine Hotel wird familiär geführt und liegt etwa fünf Autominuten vom Registan entfernt. Die Zimmer verfügen über Bad/WC, Telefon, Minibar, Sat-TV, individuell regulierbare Klimaanlage. Das Doppelzimmer kostet 50 Dollar. Dagbitskaya 33, Tel. 35 27 16, Fax 31 00 27, 35 35 71, e-mail: orientstar@tour-orient.com.

Gegenüber dem Registan gelegen ist das Hotel ›Zarina‹. Es ist nett und individuell eingerichtet. Je nach Saison ist das Doppelzimmer ab 45 Dollar zu haben. Umarov ko'chasi 4, Tel. 35 73 77, 36 02 32, Fax 31 06 41, e-mail: esprit@rol.ru, www.esprit.da.ru.

B&B, nahe Gur Emir, Iskandarov ko'chasi 58, Tel. 35 20 92, 35 81 65, e-mail: muhandis@online.ru, Doppelzimmer mit Frühstück 25 Dollar. Die Betreiber veranstalten auch Stadtführungen in englischer und deutscher Sprache.

Etwa zwei Kilometer außerhalb liegt das Hotel ›Malika‹, das im usbekischen Stil eingerichtet ist. Khamrayeva ko'chasi 37, Tel./Fax 33 01 97, 33 43 49 e-mail: mauzo@online.ru oder malika@samarkand.uz, www.malika.by.ru, Doppelzimmer ab 35 Dollar.

Gegenüber dem Registan, an der Registonstraße befindet sich das Restaurant ›Obi Gor‹. Früher war das Markenzeichen ein Geier, der aber inzwischen verstorben ist. Auf zwei Etagen sitzt man auf den Tachta und kann jede Art von Schaschlik probieren und sehen, wie die Spieße zubereitet werden.

Etwas gediegener und teurer speist es sich im ›Crystal‹, das usbekische, armenische und russische Küche anbietet. Uzbekistanskaya ko'chasi 13, Tel. 33 10 16.

Im Café ›Blues‹ gibt es neben kleinen Gerichten auch Jazzmusik. Amir Timur ko'chasi 66, Tel. 33 62 96, e-mail makhmud-blues@rambler.ru.

Am einfachsten ist die Fortbewegung mit dem Taxi. Ein Taxi innerhalb der Stadt kostet etwa einen Dollar pro Strecke. Gerne warten die Taxifahrer auch bei Zwischenstops auf ihre Gäste.

Bis zu dreimal am Tag kommen aus Taschkent Flugzeuge an, aber auch andere internationale Verbindungen gibt es mehrmals wöchentlich. Der Flughafen liegt sechs Kilometer nördlich des Stadtzentrums am Ende der Akademik Abdullaev ko'chasi und

ist am besten mit dem Taxi zu erreichen.
Flugtickets kann man bei den Reiseveranstaltern bestellen oder in den Ticket-Büros um die Mustaqillik ko'chasi erwerben. Besser ist, wenn man sie schon von Deutschland aus vorbestellt.

Zugverbindungen in die anderen großen Städte Usbekistans sind spärlich, deswegen empfiehlt sich der Bus. Der zentrale Busbahnhof liegt östlich des Flughafens. Jede halbe Stude fahren Busse nach Taschkent (fünf bis sechs Stunden Fahrzeit), jede Stunde Busse nach Buchara (fünf Stunden). Nachtbusse nach Taschkent und ins Ferganatal warten außerhalb des Bahnhofs. Sammeltaxis fahren in der Nähe des Registan von der Suzagaran ko'chasi in Richtung Shaxrisabz und Pendjikent (Tadschikistan) ab.

Opern- und Balletttheater, Mustakilliq Maidoni 3. Informationen über den Spielplan gibt es im Hotel Afrosiyob, das sich in unmittelbarer Nähe befindet. In der ältesten russischen Kirche von Samarkand befindet sich die ›Samarkand Picture Gallery‹. Hier gibt es Bilder zeitgenössischer Künstler, Keramik, Antikes und ein Glas Wein. Auf Wunsch finden klassische Konzerte statt. Mustakillik ko'chasi 58, Tel. 33 51 42, geöffnet täglich von 11 bis 20 Uhr.

Sadriddin-Ayni-Memorial-Museum: Ayni (1878 bis 1954) ist der Begründer der tadschikischen Sowjetliteratur. Er schrieb historische Romane, u. a. ›Buchara‹. Registon ko'chasi 7, geöffnet täglich von 9 bis 17 Uhr.

Im ›russischen‹ Samarkand des 19. Jahrhunderts befinden sich die meisten Geschäfte. Das große Kaufhaus liegt an der Shohruh Mirzo ko'chasi, in unmittelbarer Nähe befinden sich die Fußgängerzone (Mustakilliq ko'chasi) und einige weitere Märkte. Hier kann man so aufregende Souvenirs wie Baumwoll-Boxer-Shorts mit den Buchstaben UZB für einen Dollar erwerben. Oder man kann sich maniküren lassen. Der beste Einkaufstip ist allerdings der bunte, laute und lebendige Markt um die Moschee Bibi Xanom. Neben Lebensmitteln aller Art kann man von gefälschten Markenturnschuhen über Kleider und Geschirr alles erwerben.
Usbekistan hat bekanntlich große Goldvorkommen, aber nur wenige Goldgeschäfte. Eines davon, allerdings ein sehr kleines, befindet sich in der Amir Timur ko'chasi 6. Hier kann auch alter Goldschmuck erworben werden.

Timur – Tamerlan

In der heutigen Geschichtsschreibung fällt das Urteil über Timur Lenk, den man in Europa Tamerlan nennt, vernichtend aus. Aus dem Geschichtsunterricht ist das Bild eines grausamen Menschenschlächters präsent. Seine Feldzüge führten von Kleinasien bis an die Grenzen von China, sein Reich reichte vom Transkaukasus in den Nordteil Indiens, bis in den Iran, nach Afghanistan und Syrien. Er schlug das erste Osmanische Reich; der Bau seiner Metropole Samarkand war nur möglich, weil er Künstler und Handwerker zwangsweise dorthin verfrachtete.
Von keinem Historiker wird das Unheil bestritten, das Timur begangen hat, dennoch wurde er viele Jahrhunderte völlig anders beurteilt. Diese Beurteilung erlebt im heutigen Usbekistan ein Renaissance. So werden die Touristenführer angewiesen, nicht mehr von Timur dem Lahmen (Timur Lenk), sondern von Amir Timur (dem Fürsten/Emir Timur) zu sprechen. Auch seine Körpergröße steigt jährlich: Hatte man nach seiner Exhumierung 1941 festgestellt, daß er 1,72 Meter maß, spricht man heute schon von 1,80 Metern.
Timur wurde um 1330 bei Kesch in Transoxanien geboren. Er stammte aus keiner herrschenden Familie, vielmehr aus einer Art Räuberbande. Allerdings war er entfernt verwandt mit Tschagatai Chan, einem der Söhne Dschingis Chans, der Gründer eines Reiches mit der Hauptstadt Samarkand war. Timurs Vater folgten nur drei oder vier Reiter. Als Zeltnomade hatte er von Viehzucht und ein wenig Ackerbau gelebt. Als junger Mann soll Timur mit einer kleinen Bande von Gefährten Viehdiebstähle begangen haben. Bei einem seiner Abenteuer wurde Timur verwundet, es entstand die Legende vom ›lahmen Timur‹. Timurs Erfolg und seine Tapferkeit zogen Tausende von berittenen Gefolgsleuten an.
Er geriet in Auseinandersetzungen mit dem Herrscher von Samarkand, den er kurzerhand durch einen Staatsstreich absetzte.
Bei einem seiner Feldzüge nach Delhi ließ Timur 100 000 Gefangene hinrichten. Der russische Maler Vereščagin malte Ende des 19. Jahrhunderts das Bild ›Apotheose des Krieges‹, auf dem eine Pyramide aus Totenschädeln dargestellt ist. Dieses Szenario hat es wirklich gegeben, als Timur in Bagdad eine Pyramide aus 90 000 Menschenschädeln errichten ließ. Das Reich um Samarkand war Timurs Ausgangspunkt für seine ausgedehnten Feldzüge. Die nahe an Samarkand liegenden Gebiete vergab er an seine Söhne und Enkel, während er die weiter entfernt liegenden Eroberungen von treuen Vasallen verwalten ließ. Die Randzone seines Herrschaftsgebiets bildeten tributpflichtige Reiche.
Timurs höchstes Anliegen war die Sorge um seine Gefolgschaft. Der

Timur-Denkmal in seiner Heimatstadt Shaxrisabz, dem früheren Kesch

Kern stammte noch aus der Zeit der gemeinsamen Überfälle. Sie nannten sich alle Tschagatai, obwohl sie mit dem Sohn Dschingis Chans keineswegs direkt verwandt waren. So bezeichnet man heute allgemein die militärische Anhängerschaft Timurs als Tschagatai. Die Männer in seiner Gefolgschaft waren Zeltnomaden, die an kein Gebiet gebunden waren. Lediglich dem Herrscher waren sie zur Heerfolge verpflichtet. Während der Kriegszüge mußten sie keine Abgaben erbringen. Timurs Erfolge beruhten auf der Schlagkraft seiner Tschagatai. Bei seinem längsten Eroberungszug – Timur kehrte für sieben Jahre nicht nach Samarkand zurück – nach Damaskus und Ankara waren wohl eine Million Menschen in seinem Gefolge, auch Frauen und Kinder. Diese konnten sich auch militärisch nützlich machen, wenn sie etwa ein volles Lager vortäuschten, während die Männer einen heimlichen Überfall durchführten. Auch wenn aus heutiger Sicht eine solche Menschenmasse unbeweglich erscheinen muß, straft Timurs Truppe diese Ansicht Lügen. Er erreichte mit dieser Truppe solche Geschwindigkeiten, daß die Angriffe manche Städte wie aus heiterem Himmel trafen. Die Truppe war in Hundert-, Tausend- und Zehtausendschaften eingeteilt, deren Führer in taktischen Fragen volle Handlungsfreiheit, aber auch volle Verantwortung besaßen. Auch den Oberbefehl überließ Timur gelegentlich seinen engsten Vertrauten. Die wichtigsten Schlachten hat er allerdings selbst geplant.

Innenpolitisch legte Timur starken Wert auf die Förderung des Handels, innere Sicherheit und Stabilität.

Auch die notwendige Infrastruktur gewährleistete er: Die Straßen wurden instandgehalten, in abgelegenen Gegenden wurden Karawansereien errichtet, das Handwerk wurde gefördert.

Im Winter 1405 starb Timur. Das von ihm errichtete Reich zerfiel kurz nach seinem Tod.

Shaxrisabz

Wenn man dem Verlauf der Großen Seidenstraße über das Serafashangebirge folgt, kommt man durch das Dörflein Amakutan und kann im Schatten weißer Akazien ausruhen. Hier befand sich der Sitz von General Abramov, dem ersten russischen Herrscher über Samarkand. In der Nähe, hinter dem Jugendcamp, befindet sich eine 80 Meter tiefe Höhle, die tiefste in Mittelasien. Hier fand der russische Archäologe Lev die Überreste einer paläolithischen Siedlung. Die Straße erreicht die Passhöhe bei 1675 Metern und bietet ein schönes Panorama auf das Kashkadarja-Tal und die alte Stadt Shaxrisabz. Durch Kitab – hier kann ein Oberservatorium besichtigt werden – gelangt man nach Shaxrisabz.

Shaxrisabz liegt, wenn man um die Bergkette herumfährt, 160 Kilometer von Samarkand entfernt. Fährt man über den Paß, sind es nur 80 Kilometer. Die ›grüne Stadt‹, wie der Name übersetzt lautet, ist die Geburtsstadt Timurs. In seiner Zeit war sie als Kesch oder Quix, wie sie Clavijo, der Gesandte des kastilischen Königs nennt, bekannt. Timur wurde in der Nähe der Stadt geboren und hat sie als Sitz seines Sommerpalastes Oq Saray auserkoren.

Die Stadt hat heute 60 000 Einwohner. Besonders auf dem zentralen Platz vor den Ruinen des großen Palastes herrscht immer ein reges Treiben. Hier kann man mit ein wenig Glück einen traditionellen Hochzeitszug sehen oder sich in einer der vielen Teestuben ausruhen. Den besten Blick über die Stadt hat man vom Riesenrad, das sich hinter den Palastruinen befindet. Es wirkt zwar etwas desolat (eine Fahrt kostet 100 Sum), aber man hat einen exklusiven Blick auf das Portal und kann die Dimensionen erst richtig erahnen.

Stadtgeschichte

Die sogdische Stadt Kesch wurde nach der arabischen Invasion vergessen. Den Mongolen leisteten die Einwohner im Jahre 1220 wenig Widerstand. 1336, als Timur geboren wurde, regierte hier der Barlas-Clan, Mongolen aus dem Tschagatai-Chanat, die sich wegen ihres langen Aufenthaltes in dem fruchtbaren Kaschkardarja-Tal türkisiert hatten. Obwohl Samarkand die bessere Lage hatte und deshalb auser-

Die Medrese Allah Kuli Chan in Chiwa
Seitenansicht der Medrese Kutluq Murat Inaq in Chiwa
Fast ganz Chiwa ist von einer imposanten Stadtmauer umgeben
Das Minarett Kalta Minor in Chiwa blieb unvollendet

wählt wurde, das Juwel seines Reiches zu werden, wandte Timur auch Shaxrisabz große Aufmerkamkeit zu. Die innere Stadt war von hohen Mauern und einem Wassergraben umgeben, der mit Zugbrücken überquert werden konnte. Die Krönung von Timurs Verschönerungen war der Bau seines weißen Palastes und die Umbenennung der Stadt in Shaxrisabz, grüne Stadt, wegen ihrer ausgedehnten Gärten.

Auf dem großen Platz im Zentrum der Stadt steht der neue Timur imposant vor den Ruinen seines Schlosses. Hier kann man häufig Hochzeiten, die von einem traditionellen Festzug begleitet werden, beobachten. Um die Mittagszeit posieren auch die Schulkinder in ihren Uniformen gerne für die Touristenkameras. Die moderne Stadt reicht weit über die Grenzen der Timuridenstadt hinaus. Von der einst reichen Architektur sind weniger als ein Dutzend Denkmäler erhalten geblieben, die eindrucksvollsten baute Timur 1379.

Oq Saray

Nur die Ruinen des Portaleinganges sind vom Sommerpalast Timurs erhalten geblieben. Die Übersetzung ›weißer Palast‹ ist leicht irreführend, denn er war himmelblau. Die Bezeichnung ›Oq‹ wurde hier nicht in direkter Bedeutung, sondern übertragen genutzt, und so bedeutet es dann ›erhaben‹, ›aristokratisch‹. Timurs Panegyriker Sherif ed Din Ali Yedzi schreibt, daß die Welt kein ähnliches Bauwerk gesehen habe, das seine Spitze von der Erde bis zur Höhe des Himmelsgewölbe streckt, und fügte hinzu: man gab ihm den Ehrennamen ›Weißer Palast‹.

Ruy Gonzales de Clavijo, der Gesandte des kastilischen Königs, beschreibt das Schloß, das er kurz vor Timurs Tod besichtigen konnte, so:

»Dieses Schloß hatte einen langgezogenen Eingang mit einem hohen Portal. Zur Rechten des Eingangs sah man Bögen aus Ziegeln und desgleichen zur Linken. Sie waren mit Kacheln verdeckt und girlandenartig miteinander verbunden. Unter diesen Türen befanden sich nischenartige Kämmerchen ohne Türen, deren Boden ebenfalls mit Kacheln bedeckt war. Dies war dafür gedacht, daß die Leute sich setzen konnten, wenn der Herr anwesend war. Wenn man weiter ging, kam man an ein weiteres Portal und dahinter in einen großen Innenhof mit weißen Fliesen und rundum mit reichverzierten Portalen abgeschlossen. Mitten in diesem Hof befand sich ein ausgedehntes Wasserbassin. Insgesamt mochte der Hof wohl 300 Schritt breit sein. Dieser Hof führte zu einem großen Gebäudekomplex, den man durch eine riesige und hohe Tür, die reich mit Gold und Kacheln in sehr schöner,

Das Mausoleum der Samaniden in Buchara
Die Moschee Chor Minor in Buchara

künstlerischer Arbeit verziert war, betrat. Über dieser Tür war in der Mitte ein sich sonnender Löwe dargestellt und an den Pfosten weitere Löwen. Dies war das Wappentier des Herrschers von Samarkand. […]

Durch die beschriebene Tür gelangten die Gesandten in einen quadratischen Empfangsraum, dessen Wände mit Gold und Blau bemalt und mit Kacheln verziert waren, mit einer völlig vergoldeten Decke. Von dort wurden die Gesandten in einen

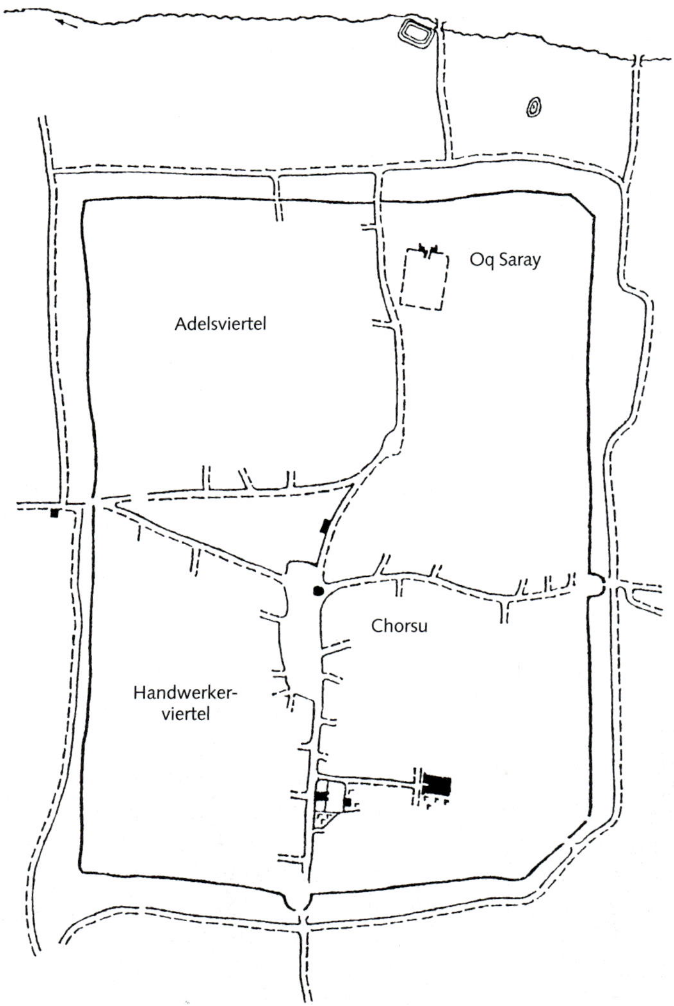

Plan von Shaxrisabz in timuridischer Zeit

Zwischenstock geführt, denn das ganze Gebäude war durch Zwischenbauten wie gepolstert. Man zeigte ihnen so viele Räume und Suiten in diesem Haus, daß es lange dauern würde, sie alle aufzuzählen. Alle waren mit Gold und Blau und mit vielen anderen Farben bemalt, so daß sie hübsch anzuschauen waren. Im Innern besonders, wo die Silberschmiedemeister tätig waren, mußte es herrliche Dinge zu sehen geben. Dort zeigte man ihnen die Räume und Zimmerfluchten, die der Herrscher für sich und seine Frauen hatte errichten lassen, mit den ausgefallensten und reichsten Schmuckwerken, sowohl an den Wänden wie an der Decke und dem Fußboden. In diesen Räumen waren die verschiedensten Meister ihrer Künste am Werk. Von dort aus führte man die Gesandten zur Besichtigung eines Raumes, den der Herrscher für sich besonders reich hatte schmücken lassen, um dort mit seinen Frauen zu verweilen und zu speisen. Vor diesem Saal lag ein großer Garten mit vielen schattenspendenden Bäumen und diversen Fruchtbäumen. Dazwischen lagen zahlreiche Wasserbecken und eigenhändig plazierte Steine. Dieser Garten war so ausgedehnt, daß sich dort im Sommer eine große Menschenmenge zum Vergnügen im Schatten und nahe den Wasserbecken hätte lagern können. Die Ausschmückung des Schlosses war so herrlich und so reich, daß sie unmöglich zu beschreiben ist: man muß schon selbst hingehen und sie mit Muße betrachten.«

Der Palast ist heute fast vollkommen zerstört. Ziegelräuber, Erdbeben und mutwillige Zerstörungen lassen heute Clavijos Rundgang nicht nachvollziehen. Nur eines der monumentalen Eingangsportale ist erhalten geblieben. Es beeindruckt die Besucher heute noch: der Seitenhöhe des Portals von 22 Metern stand eine Scheitelhöhe des Bogens von ungefähr 45 Metern gegenüber. Im Innern der zwei erhaltenen Türme befinden sich Wendeltreppen mit mehreren Ausgängen in

Die Palastruinen

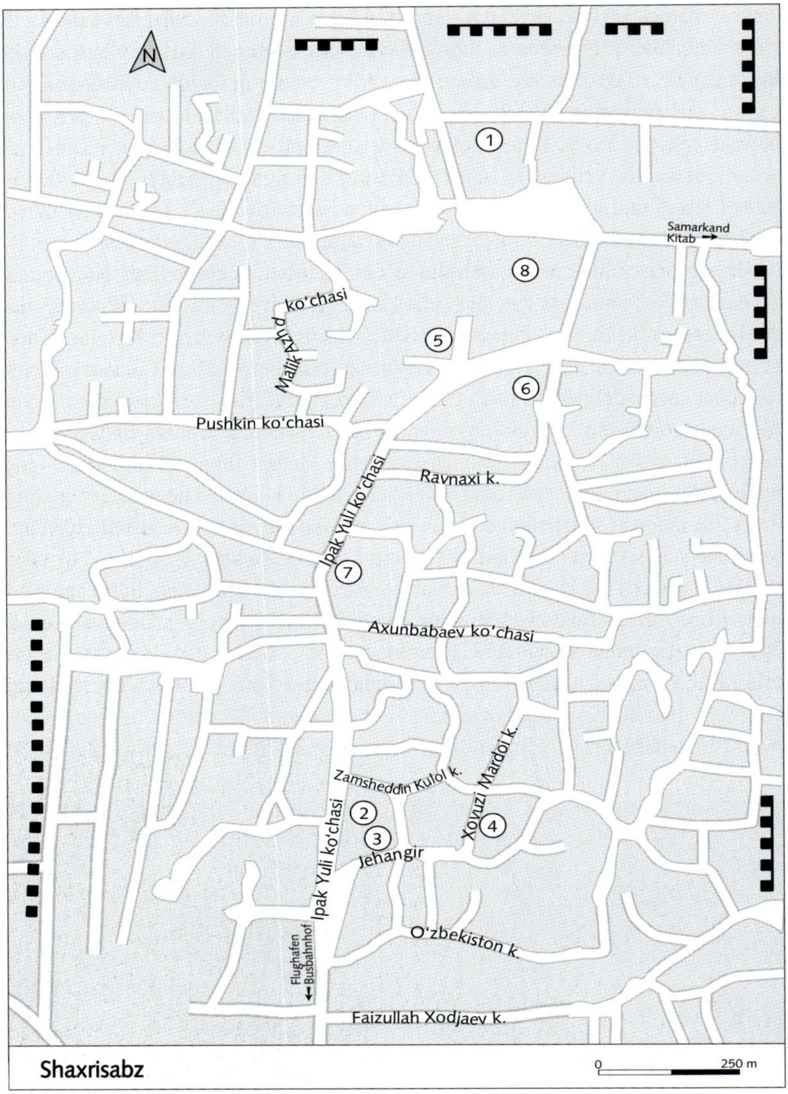

Legende

1 Oq Saray
2 Ensemble Dorut Tilovat
3 Saiden-Mausoleum
4 Jahangir-Mausoleum
5 Hotel ›Orient Star Shaxrisabz‹
6 Stadtmuseum
7 Basar
8 Timur-Denkmal

verschiedenen Höhen. Das Portal ist mit Kacheldekor überzogen. Offenbar hat die Nordorientierung der Anlage, die ihre Hauptfassade der herrlichen Licht- und Schattenspiele beraubte, die Baumeister veranlaßt, auf den Einbau von vorspringenden und zurücktretenden Einrahmungen zu verzichten, die Oberfläche ist vollkommen glatt gehalten, da kein blendendes Sonnenlicht Lichtreflexe ermöglichte. So bot sich die Möglichkeit, die Fassade in geschlossener, farbenprächtiger Komposition zu gestalten. Da sie im Schatten liegt, ist das Dekor eher gedämpft, dennoch ist die Vielfalt der Ornamente erstaunlich.

Eine große Rolle im Dekor spielen die Verkleidungen aus Majoliken und geschnittenen Mosaiken, die eine breite Farbpalette aufweisen. Die vorherrschende Hintergrundfarbe ist saphirblau. Scheinbar grenzenlos ist die Vielfalt von Motiven: Rosetten, Kartuschen, Ranken, Laubwerk und Blumen. Die Ornamente lassen sich lange betrachten und lesen sich wie wundersame orientalische Märchen. Die Idee des Grandiosen ist verwirklicht. Vor dem Portal sind an einigen Stellen die Verzierungen der Fußböden ausgegraben, auch sie in Blautönen gestaltet – als wollten die Baumeister der heißen Sonne eine kühle Eiswelt entgegensetzen.

Schon in der zweiten Hälfte des 16. Jahrhunderts wurde der Palast zerstört und seine Ziegel als Baumaterial weggeschleppt. In jener Zeit war Abdullah Chan der Regent von Buchara. Die Legende berichtet, daß eines Tages Abdullah Chan nach Shaxrisabz geritten sei und den Riesenbau von Oq Saray sah. Er gab dem Pferd die Sporen und jagte den besten, schnellsten Boten voran, weil er dachte, er wäre schon in der Nähe der Stadt. Lange stürmten sie dahin. Der Bote war tot vor Erschöpfung,

Die alte Stadtmauer von Shaxrisabz ist nur teilweise erhalten

aber der Palast schimmerte immer noch in der Ferne. Der Chan ärgerte sich über seinen Irrtum so, daß er befahl, den Palast zu zerstören. In Wirklichkeit wurde der Palast aus politischen Gründen aus dem Gedächtnis des Volkes gelöscht: Die Timuriden, die von den Schaibaniden abgelöst worden waren, sollten vergessen werden. In der zweiten Hälfte des 18. Jahrhunderts waren nur noch Pfeiler und Teile der Portalbögen erhalten. Noch zu Beginn unseres Jahrhunderts nahmen die Bewohner der Altstadt das Ziegelmaterial für den Bau ihrer Wohnhäuser.

Sehenswert ist das Museum für die Geschichte der Stadt Shaxrisabz. Es liegt in einer kleinen Moschee aus dem 16. Jahrhundert, direkt dem zentralen Platz gegenüber, auf der anderen Seite der Hauptstraße. Bemerkenswert ist hier ein Foto der von Gerasimov erstellten Büste Timurs, ein Roßhaarschleier (Tschadschwan), wie ihn die Frauen bis zur Revolution trugen und durch den man selbst durchschauen kann, sowie ein Koran, der so klein wie ein Fingernagel ist. Montags ist das Museum geschlossen, die Öffnungszeiten sind unregelmäßig. Ein kurzer Besuch lohnt sich.

Hochzeitszug in Shaxrisabz

Stadtrundgang

Folgt man der Alten Seidenstraße, heute Ipak Yuli ko'chasi, Richtung Süden, kommt man, nachdem man den Basar passiert hat, nach etwa zehn Minuten zum Ensemble Dorut Tilovat. Die blaue Kuppel der Ko'k-Gumbaz-Moschee (1435) sticht sofort ins Auge. Die Inschrift im Portal zeugt davon, daß sie durch Ulug'bek im Namen seines Vaters Scharuch errichtet wurde. Einst diente sie als Freitagsmoschee von Sharisabz. Heute ist nur noch der Zentralraum in Form eines großen

Kuppelbaus mit nach Osten gerichtetem Portral erhalten. Die Gebetsnische kann man in der Westwand sehen. Gegenüber befinden sich noch einige Grabstätten, so zum Beispiel das Saiden-Mausoleum.

Hinter dem Komplex finden sich weitere Mausoleen. Neben einer Moschee, um die herum neben jahrhundertealten Platanen Wohnzellen für alte, gebrechliche Pilger errichtet wurden, steht das Mausoleum für Timurs Sohn Jahangir, der mit 12 Jahren vom Pferd fiel und starb. Timur hat unter dem Verlust seines Sohnes sehr gelitten. Maksim Gorkij beschreibt in einer Erzählung Timurs tiefe Trauer und seinen Charakterwechsel: »Seit dem Tage, als sein Sohn Dschangir starb und das Volk von Samarkand schwarz und dunkelblau gekleidet den Sieger über die bösen Dshetti begrüßte, von diesem Tag an bis zur Stunde der Begegnung mit dem Tode [...], lächelte Timur 30 Jahre nicht ein einziges Mal – so lebte er, die Lippen zusammengekniffen, vor niemandem das Haupt beugend, und sein Herz war auf 30 Jahre dem Mitleid verschlossen.« Das Mausoleum trägt Züge der choresmischen Architektur, also datiert es vermutlich aus der Zeit um 1379/80. Bis 1404 wurde daran gebaut, 1394 wurde auch Timurs Sohn Omar Scheich hierher überführt.

Damit war die Idee der Familiengrabstätte entstanden. Tatsächlich hatte Timur eine Gruft für sich und andere Familienangehörige errichten lassen, die in den 40er Jahren zufällig von spielenden Kindern entdeckt wurde. Der Schlüssel für die düstere, unbeleuchtete Gruft, die nie als Grabstätte diente, ist am Eingang des Komplexes zu bekommen.

Vorwahl aus dem Ausland: 0 09 98/75 52, aus anderen Städten Usbekistans: 8/37 72.
Eine Touristeninformation gibt es im Hotel ›Orient‹. Hier kann man auch Führungen bestellen.

›Orient Star Shaxrisabs‹, Ipak Yuli ko'chasi 26, Tel. 2 06 38, Fax 2 06 41. DZ 44 Dollar. Zu reservieren über ›Orient Voyages‹ (siehe Informationen Samarkand).

Essen kann man am besten in den kleinen Restaurants auf dem zentralen Platz.

Der Bahnhof ist drei Kilometer vom Zentrum entfernt.

Am einfachsten ist Shaxrisabz von Samarkand aus mit dem Taxi zu erreichen. Für die Strecke über den Tahtakarachapaß muß man etwa zwei Stunden einplanen. Die Fahrt, ist landschaftlich sehr reizvoll und kostet ab 10 Dollar. Allerdings werden an manchen Tagen die Fahrer und ihre Passagiere am Beginn der Paßstraße ausgiebig kontrolliert.

Auf der Hauptstraße, Ipak Yuli ko'chasi gibt es einen Basar und viele Geschäfte.

Der Islam in Usbekistan

Drei islamische Richtungen lassen sich unterscheiden: der Volksislam, der von anderen Religionen und Traditionen, die man als Aberglaube bezeichnen würde, durchdrungen ist, der ›offizielle Islam‹, den die Regierung vertritt und der wichtig für die Nationalitätsbildung ist, und der Islam der Extremisten, deren Ziel ein islamischer Staat ist.

Der Besucher wird immer wieder auf den Volksislam treffen, zum Beispiel wenn Familien die Gräber von Sufi-Heilgen besuchen oder im Samanidenmausoleum beten. In vielen Moscheen und Mausoleen, die früher nur eine reine Sehenswürdigkeit waren, sitzt inzwischen ständig ein Mullah, der gemeinsam mit den Gläubigen betet.

Gab es in der Sowjetunion ein Muftiat für alle mittelasiatischen Republiken, das in Taschkent ansässig war, so hat jetzt jede Republik ihr eigenes Muftiat, das auch in Usbekistan der Träger der ›islamischen Wiedergeburt‹ wurde. Hier wird der offizielle Islam vertreten. Gerne verweist man darauf, daß etwa 1900 Moscheen geöffnet sind, vor der Unabhängigkeit waren es nur 100.

Die staatliche Islampolitik ist jedoch ambivalent. Einerseits wurden mit großem Aufwand kulturelle und religiöse Symbole wiederhergestellt oder neuerrichtet, man eröffnete 1995 das Internationale Zentrum für Islamforschung und gründete 1999 in Taschkent die Islam-Universität.

Andererseits ging und geht man rigide gegen alle islamischen Bewegungen vor, die sich der staatlichen Kontrolle entziehen. Nachdem 1998 das Religionsgesetz novelliert wurde, konnten zum Beispiel nichtregistrierte Moscheen geschlossen werden und der Ruf der Muezzin mit Lautsprecher untersagt werden. Das Tragen eines Bartes soll schon genügt haben, um als religiöser Extremist verdächtigt zu werden. Viele Strafverfahren gipfelten in Schauprozessen, und internationale Menschenrechtsorganisationen warfen der Regierung vor, mit dem Vorwurf des religiösen Extremismus jegliche Regimekritik unterdrücken zu wollen.

In den 90er Jahren wurde das Ferganatal von arabischen Predigern überschwemmt, die an die vorsowjetische islamische Tradition anknüpfen wollten. Finanziert durch arabische Spenden wurden viele Moscheen gebaut. Präsident Karimow sah dadurch seinen offiziellen Islam und damit auch seine Macht gefährdet und ließ, unterstützt von der Geheimpolizei, viele junge Männer verhaften. Das Komitee des US-Repräsentantenhauses für internationale Beziehungen wies im Sommer 2001 auf die Gefahren der usbekischen Politik hin und urteilte »... daß diese Verfolgung und Repression nicht gewalttätiger Anhänger des Islam kontraproduktiv ist. Statt eine Bedrohung zu vermindern, radikalisiert dieses Vorgehen die vom Staat entfremdete Jugend und treibt sie in die Arme der IBU (Islamische Bewegung Usbekistans) und ihrer radikalen Verbündeten.«

Ziel der IBU war es, im usbekischen Teil des Ferganatals einen islamischen Staat zu gründen. Finanziert hat sie sich durch den Opium- und Heroin-Transit von Afghanistan über Tadschikistan und durch Spenden islamischer Stiftungen. In einem verlassenen Ausbildungslager wurden Handbücher für den Dschihad mit einem Grußwort Osama bin Ladens gefunden. Aus den gefundenen Dokumenten ging auch hervor, daß die IBU eine eigenständige Organisation war, die sich auf den Kampf gegen Usbekistan konzentrierte. Ein Resultat des letzten Afghanistan-Krieges war die Zerschlagung der IBU, die bis dahin, eng verbunden mit den Taliban, in Afghanistan Ausbildungslager und Büros unterhalten hatte. Die Regierung der USA setzte sie auf die Liste der gefährlichsten Terrorgruppen, wohl auch deswegen, weil man Usbekistan in die Antiterrorallianz einbinden wollte. Der militärische Führer der IBU, Dschumaboi Namangani, soll während des Krieges bei einem Bombenangriff getötet worden sein. Ob sich die IBU nach der Zerschlagung reorganisieren kann, ist unklar. Hartnäckig hält sich das Gerücht, daß Namangani nicht umkam, sondern sich in Tadschikistan aufhält.

Als gefährlich wird von der usbekischen Regierung auch die islamistische Untergrundbewegung Hizb ut Tahir al Islami bewertet, bei der es sich jedoch nicht um eine gewalttätige, aber dennoch ideologisch radikal operierende Bewegung handeln soll. Das Ziel ihrer Propagandabemühungen ist die politische Integration aller Muslime in einem erneuerten Kalifat. Ihre Lehre fällt in Mittelasien vor allem wegen der ökonomischen Krise auf fruchtbaren Boden; einige Elemente, die auf die arabische Herkunft der Lehre hinweisen, wie antijüdische Parolen, sind der Bevölkerung Mittelasiens aber eher fremd. Erstmals wurden Mitglieder von Hizb ut Tahir während eines Strafprozesses im Oktober 2001 mit Osama bin Laden in Verbindung gebracht. Die Bewegung selbst betont ihre gewaltlose Überzeugungsarbeit, und auch ausländische Beobachter berichten, daß bei Hausdurchsuchungen immer nur Schriftstücke gefunden werden. Dennoch stellen die Anhänger der Bewegung den größten Teil der politischen und religiösen Häftlinge in Usbekistan. Ihre Mitgliederzahl wird auf 10 000 geschätzt.

Einst war Buchara ein wichtiges und legendenumwobenes Zentrum an der Seidenstraße. Auf den Basaren und in den Karawansereien trafen sich Menschen aus aller Welt. In den Gassen der Altstadt scheint diese Vergangenheit zum Greifen nah.

Buchara

Eine Oase in der Wüste

Inmitten von Wüstensand liegt die Oase Buchara. Baumwollfelder, Weideplätze und Obstplantagen umgeben die Stadt. Sie trotzt dem Sand und den Wanderdünen der Kizilkum. Das Gebiet Buchara nimmt fast ein Drittel der Gesamtfläche Usbekistans ein, allerdings leben hier nur acht Prozent der Bevölkerung (ca. 260 000 Einwohner). 300 Tage im Jahr scheint in der Region die Sonne. Die Hauptwasserader der Oase und der Stadt ist der Fluß Serafshan, dessen Wasser restlos zur Bewässerung der Oase dient und der dann, ohne den Amudarja zu erreichen, im Sande versickert.

Auf Sanskrit bedeutet Buchara ›Kloster‹, und einst war die Stadt eines der finanziellen Zentren und wichtiger Warenumschlagplatz der Großen Seidenstraße. Ein intensiver Fernhandel verband Buchara mit Persien, China, Indien und Rußland. Aber auch venezianische Kaufleute kamen hierher, um mit orientalischen Gewürzen, Seidenstoffen, Pelzen, Goldstickereien und Goldschmiedearbeiten zu handeln, nicht zuletzt dadurch konnte sich die Stadt entfalten: seit dem Mittelalter gelangte sie neben ihrer Bedeutung als wichtiger Handelsort auch zu kultureller und wissenschaftlicher Blüte. Berühmte Dichter wie Rudaki und Dakhti und auch der Mediziner Avicenna lebten und lehrten im ›weisen‹ Buchara. Auch Sheikh Bahaudin Nahshbandi lebte hier im 15. Jahrhundert. Der von ihm geprägte Glaube, der Nahshbandisma, breitete sich bis in die Türkei, den Iran, den Kaukasus, nach Indien und Afghanistan aus. Die meisten der über 140 Baudenkmäler stammen aus der Zeit der ›ersten‹ Usbeken, der Schaibaniden. Sie prägten

Blick über die Altstadt von Buchara

das auch heute noch vorhandene Gesicht der Altstadt mit ihren Medresen, Moscheen und Basaren. In den Gassen der Altstadt scheint die Vergangenheit greifbar zu werden.

Die meisten Einwohner Bucharas leben in der sowjetischen Neustadt. Sie ist großzügig angelegt, allerdings mit vielen Hochhäusern. In den letzten Jahren der Unabhängigkeit hat man versucht, einen Platz in der Neustadt umzugestalten. Südlich der Altstadt, an der Muminov ko'chasi, ist ein neuer Komplex mit administrativen Gebäuden entstanden - eingerahmt von Springbrunnen und einer kleinen Open-air-Konzertbühne. Buchara lebt hauptsächlich von der Baumwollverarbeitung und der Verarbeitung der Karakul (Persianer)-Felle. Anders als die Altstadt hat die Neustadt kein richtiges Zentrum.

Die Altstadt wirkt um das Labi-Hauz herum lebendig, sonst hat man manchmal das Gefühl, in einem Freilichtmuseum zu sein, obwohl die Altstadt nach wie vor bewohnt ist. Alle Medresen und Moscheen, bis auf die Koranschule Miri-Arab sind Museen – oder eher Souvenirgeschäfte, in denen sich natürlich nur wenige Bucharaer aufhalten.

Stadtgeschichte

Als eine der ältesten Städte Mittelasiens entstand Buchara (usbek. Buxoro) im ersten Jahrhundert vor Christus am Unterlauf des Flusses Serafshan (usbek. Zarafshon). Bis zur Mitte des vierten Jahrhunderts gehörte Buchara zum Kuschanenreich, ein Jahrhundert später wurde es von den Weißen Hunnen unterworfen. Als die Araber Ägypten, Palästina und den Iran erobert hatten, rückten sie gegen Mittelasien vor, erschienen 709 vor den Mauern Bucharas und nahmen die Stadt im Sturm. Seit dem achten Jahrhundert wird die Stadt in arabischen Chroniken erwähnt. Im neunten Jahrhundert geriet Buchara unter die Macht der Samaniden. Unter ihnen wurde es zum Mittelpunkt eines ausgedehnten Staates, in dem sich Gewerbe, Kultur und Handel erfolgreich entwickelten. Während der Zeit als Hauptstadt des Samanidenstaates veränderte sich allmählich auch das Stadtbild Bucharas. Es entstanden neue Stadtviertel, die Zitadelle Ark, die Innenstadt (Shahristan) und die Vorstadt (Rabat). Im Herzen der Stadt entstanden die wichtigsten Regierungsgebäude (Divane) sowie die Paläste der Machthaber von Buchara. In den Vorstädten ließen sich nach Berufen geordnet Handwerker nieder. Rings um die Stadt wurde eine Mauer mit elf Stadttoren errichtet.

Nach dem Niedergang der Samaniden stand Buchara unter der Herrschaft verschiedener Nomadenstämme: die ersten waren die Karachaniden, die von 999 bis 1141 regierten, gefolgt von den Karakitai. Durch eine harte Steuerpolitik gepeinigt, wurden die Einwohner immer widerständiger und organisierten Aufstände.

Der Aufstand von 1206 wäre fast erfolgreich gewesen, dann aber kam der mächtige Nachbar, der Schah von Choresmien, mit seinen Truppen, schlug den Aufstand nieder und okkupierte die Stadt. Buchara wurde nun Teil des Staates Choresmien. Aber nur für kurze Zeit, denn aus dem Osten rückten bereits die Mongolenhorden heran. 1220 eroberte Dschingis Chan die Stadt nach einer hartnäckigen Belagerung und gab sie seinen Kämpfern zur Plünderung frei. Binnen weniger Tage wurde aus der blühenden Oase eine Wüstenei. Zusätzlich sorgte eine Feuersbrunst dafür, daß auch die Reste der Stadt niederbrannten. Dschingis Chan zwang die überlebenden Einwohner der Stadt, sie zu verlassen. Wer nicht gehen wollte, wurde getötet. Handwerker verschleppte er.

Als Tamerlan in der zweiten Hälfte des vierzehnten Jahrhunderts sein Reich gründete, gliederte er Buchara 1370 diesem Staat an. Wie auch in anderen Städten seines Reiches stand seine Regierungszeit unter dem Zeichen umfangreicher Baumaßnahmen. Er errichtete Paläste, öffentliche Gebäude, Brücken, Straßen und ein verzweigtes Bewässerungssystem. Alte religiöse Bauwerke ließ er renovieren. Unter Ulug'bek setzte sich der Aufstieg Bucharas zu Beginn des 15. Jahrhunderts fort. Die Stadt wurde eine Stadt der Kultur und Wissenschaft. Bucharas nächste Herrscher waren die Schaibaniden. Unter ihnen wurde die Stadt Mitte des 16. Jahrhunderts zur Metropole des Chanats Buchara. Die Handelsbeziehungen wurden erweitert, das Handwerk blühte ebenso wie die Bautätigkeit. De facto war Buchara damals der politische und kulturelle Mittelpunkt ganz Mittelasiens.

Im Jahre 1740 wurde das Chanat Buchara vom Perserschah Nadir unterworfen. Er setzte einen Stadtthalter aus dem Kreise der einheimischen Adeligen ein, nämlich Muhammed Rachim, der sich einige Jahre später dem Schah widersetzte und sich zum Emir von Buchara erklärte. Damit wurde die neue Dynastie der Mangyten eingeleitet, die Buchara von 1753 bis 1920 regierten. Bis 1920 blieb die Stadt das Zentrum des gleichnamigen Chanats. Zur Zeit des Chanats war Buchara aufgrund der vielen Pilger, die in die Stadt kamen, eine Art Mekka Mittelasiens geworden. Deswegen waren seine Medresen attraktiv für die Studenten, und die Stadt hatte den längsten Basar der gesamten Region; er soll aus einer kilometerlangen Ladengasse bestanden haben. Bei Anbruch der Dunkelheit wurde der Handel auf den Basaren eingestellt, um sieben Uhr schlossen alle elf Stadttore. Nach sieben Uhr war es nur noch Ärzten und Hebammen erlaubt, auf den menschenleeren Straßen zu laufen. Um fünf Uhr morgens öffneten sich die Stadttore erneut.

Im 19. Jahrhundert wurde das Chanat Buchara dem russischen Reich als Protektorat angegliedert. Die Sklaverei wurde abgeschafft – betont die russische Geschichtssschreibung. Außerdem begann der Eisenbahnbau und damit die Industrialisierung. 1888 gab es einen bewaffneten Bauernaufstand im Ostteil Bucharas, aber der Emir rechnete mit den Aufständischen grausam ab und ließ ihre

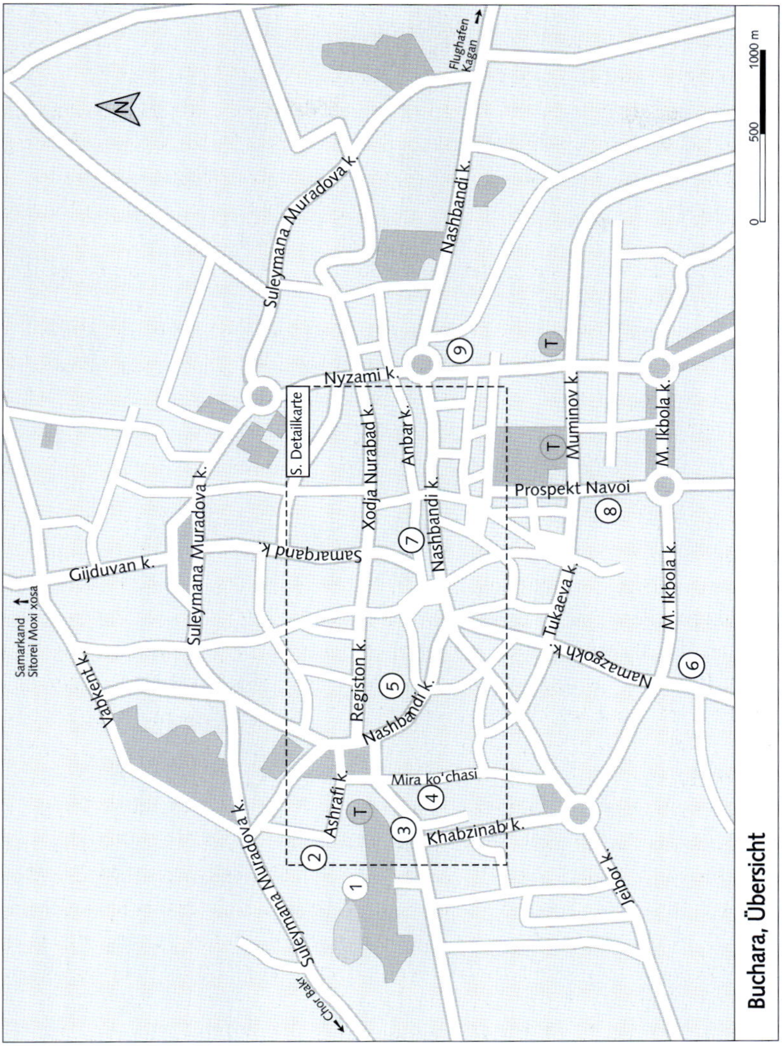

Buchara, Übersicht

Legende
1 Samaniden-Mausoleum
2 Mausoleum Chasma-Ayub
3 Kosh-Medrese
4 Balyand-Moschee
5 Chanaka Xo'ja Zainuddin
6 Moschee Namazgoch
7 Labi-Hauz
8 Hotel›Buchara Palace‹
9 Überlandbusse und Sammeltaxis
T Teestube

Handpuppen des Bucharaer Puppentheaters

Anführer hinrichten. 1905 bis 1907 fanden immer wieder Streiks in Baumwollerntefabriken statt. Nach der russischen Revolution wurde der Emir von Buchara gezwungen, Reformen durchzuführen, die jedoch dürftig und halbherzig waren. Die Aufstände setzen sich fort. Im September 1920 wurde die Altstadt Bucharas schließlich von den revolutionären Aufständischen und Truppen der Roten Armee erobert und am 8. Oktober 1920 die Sowjetische Volksrepublik Buchara ausgerufen. Auch hier begann in den Folgejahren die Sowjetindustrialisierung. Außerdem wurde der Wohnungsbau verstärkt, Hochschulen gegründet und Theater eröffnet.

Samaniden-Mausoleum

Westlich des Registan, etwas außerhalb der Altstadt liegt das Mausoleum der Samanidendynastie. Es stammt aus den ersten Jahren des zehnten Jahrhunderts und ist wegen der Klarheit seiner Formen und seiner einzigartigen Dekoration ein Meisterwerk der frühen islamischen Architektur. Es liegt mitten in einem grünen Vergnügungspark, in dem auch der Helden des Zweiten Weltkriegs gedacht wird, und in dem selbst an den heißesten Tagen ein kühler Hauch zu spüren ist. Das Gebäude wurde von Erdschichten freigelegt, die sich im Laufe der Jahrhunderte über ihm gebildet hatten, und ist jetzt von allen vier Seiten zu betrachen. Sieht man es zusätzlich zu unterschiedlichen Tageszeiten, so geben verschieden Perspektiven – verschiedener Lichteinfall – unterschiedliche Stimmungen wieder. Das Mausoleum entstand in der Regierungszeit von Ismali Samani (892–907), der in seiner Hauptstadt eine Begräbnisstätte für seine Familie errichten wollte. Ursprünglich sollte hier nur sein Vater Achmad beigesetzt werden, tatsächlich wurden dann er selbst, sein Vater und einige seiner Söhne hier begraben.

Weder in Mittelasien noch in anderen Ländern des islamischen Orients findet sich unter den Baudenkmälern dieser Zeit etwas Ähnliches oder auch nur entfernt Ähnliches. Deswegen liegt die Vermutung nahe, daß die künstlerischen Verfahren, auf denen das Mausoleum beruht, in die vorarabische Zeit zurückreichen, die uns keine solche monumentalen Werke hinterließ, da sie weniger dauerhafte Werkstoffe wie Holz und ungebrannte Lehmziegeln verwendete.

Auf den ersten Blick ist die Komposition denkbar einfach: eine Halbkugel auf einem Würfel, als Baustoff diente Backstein. Alle vier Fassaden sind identisch gestaltet. Die Dreiviertelsäulen an den Ecken, die Spitzbogennischen in jedem Eingang, der horizontale Streifen in der Sockelmauerung, eine leichte Bogengalerie und kleine Kuppel – in allem steckt architektonische Exaktheit und Zusammenhang. Auch innerhalb des Gebäudes dominieren Kreis und Quadrat: Der Kubus geht mit Hilfe von acht Bogen einfach, natürlich und logisch in die Kuppel über. Das Mauerwerk verleiht dem Gebäude Transparenz und Unbeschwertheit. Die Steine liegen flach, übereck, senkrecht, diagonal, im Fischgrätenmuster und hervorstechend. Es scheint, als seien alle dekorativen Möglichkeiten des Backsteins ausgenutzt.

Unweit vom Samaniden-Mausoleum liegt das Mausoleum Chashma-Ayub (Quelle des Hiob), ein gedrungenes Bauwerk mit hohem Kegeldach und mehreren Kuppeln, das vermutlich aus dem 12. Jahrhundert stammt. Der rechteckige Bau besteht aus vier Räumen, die sich von Westen nach Osten aneinanderreihen und aus verschiedenen Epochen datieren. Der mit einem Kegeldach überdeckte Raum, in dem heute noch ein Quellbrunnen zu sehen ist, wird als ältester Bauteil angesehen. Seine Entstehung soll der Legende nach mit dem Propheten Hiob zusammenhängen: Als die Stadt Buchara noch nicht existierte und die Umgebung schwach besiedelt war, soll Hiob dort erschienen sein, um Gottes Wort zu predigen. Es herrschte furchtbare Dürre, und die von Durst geplagten Einwohner baten Hiob um Wasser. Er erhörte ihre Bitte, schlug mit dem Stab auf den Boden und das Wasser sprudelte heraus. Im 14. Jahrhundert wurden zwei weitere Räume, im 16. Jahrhundert der letzte Raum angebaut. Da alle Räume von unterschiedlichen Kuppeln bekrönt werden, kann man gut erkennen, wie sich der jeweilige Epochengeschmack in den Kuppeln ausformt. Das Fehlen jeglicher Dekoration lässt das Bauwerk asketisch wirken. Rund um das Gebäude herrscht Markttreiben. Von hier ist nicht weit bis zur Stadtmauer, deren Ruine am Rande des sich immer weiter ausdehnenden Marktes nicht zu übersehen ist.

Musiker mit traditionellen Instrumenten und goldbestickten Kostümen

Kosh-Medrese

Beim Verlassen des Parkes in Richtung Süden gelangt man zu einem weiteren interessanten Ensemble: zu der aus dem 16. Jahrhundert stammenden Gruppe der Kosh-Medrese. Sie besteht aus der Medrese Modari Chan und der Medrese

Abdullah Chan. Beide Bauwerke wurden unter der Regierungszeit des strengen und kriegerischen Abdullah Chans errichtet.

Die Medrese des Modari Chan erscheint innen und außen ziemlich schlicht. Das ist wohl damit zu erklären, daß sie in den ersten Jahren der Regierungszeit von Abdullah Chan errichtet wurde, als dieser mehr an der Festigung der eigenen Macht als an Allah gefällige Bauwerke dachte. Unter seiner Herrschaft erlebte Buchara eine Zeit des Aufstiegs und eine rege Bautätigkeit. Diese Medrese wurde innerhalb von nur zwei Jahren errichtet. Um Zeit und Mittel zu sparen, zog man die Mauern hohl hoch und füllte dann den Hohlraum mit Ziegelbruch und Bauschutt und übergoß das Ganze anschließend mit Alabasterlösung. Deswegen waren die Mauern recht instabil, sie krümmten sich und verloren ihre Festigkeit und ihre Schönheit. Auch die Wandverkleidung litt darunter. Der trapezförmige Grundriß des Gebäudes ist bedingt durch die Unregelmäßigkeit des Grundstücks und den Wunsch, die Straßenlinie an der Hauptfasssade einzuhalten.

Das Denkmal für den schalkhaften Hodscha Nasreddin in Buchara

Einen anderen Eindruck hinterläßt die Medrese Abdullah Chan, die gegen Ende der Regierungszeit des Stifters errichtet wurde. Offensichtlich machte er sich bereits Gedanken um seine Stellung im Jenseits. Die Zellen an der Hauptfassade weichen vom traditionellen Grundriß ab. Zudem erregen Moschee und Hörsaal rechts und links vom Haupteingang durch die Eigenartigkeit ihrer Bedachung Aufmerksamkeit. Abdullah Chan wollte sich vermutlich hier beisetzen lassen. Das ist aus der unüblichen Ausrichtung der Medrese zu schließen: Da das Grab eines Moslems von Norden nach Süden liegen muß, wurde auch die Medrese in diesen Himmelsrichtungen angeordnet. Eine architektonische Neuheit stellt ein achteckiger überdachter Hof hinter dem westlichen Eingang dar, der von zwei Geschossen aus Wohnzellen umgeben ist. Etwas ähnliches findet man in keiner anderen Medrese Bucharas. Zu bemerken ist das Bestreben, das ganze Gebäude möglichst intensiv und praktisch zu nutzen und keinen Platz zu verschenken, selbst in den Ecken sind Räume untergebracht. Hauptfassade und Hoffassade sind mit Schmelzziegeln und Majolika geschmückt. Ins Auge fällt besonders die hölzerne Eingangstür aus Schnitzerei und Holzmosaik aus der zweiten Hälfte des 16. Jahrhunderts.

Moschee Balyand und Chanaka Xo'ja Zainuddin

Südöstlich der Baugruppe der Kosh-Medrese, inmitten von neuzeitlichen Bauwerken, steht die zu Beginn des 16. Jahrhunderts errichtete Moschee Balyand (die Hohe). Ihre Bezeichnung erhielt sie trotz ihrer verhältnismäßig geringen Ausmaße wegen des hohen Fundamentsockels, auf dem sie sich erhebt. Sie entstand wohl als Gemeindemoschee und war mit den Mitteln des Wohnviertels errichtet worden, denn es wurden vor allem preiswerte Baustoffe verwendet. Der bescheidene hölzerne Ayvon umgibt die Moschee von zwei Seiten. Bemerkenswert sind die Feinheit und Eleganz der geschnitzten Blattmuster und der ebenfalls geschnitzten Stalaktitenkapitelle der Säulen. Der Innenraum besitzt eine Wandverkleidung aus intensiv grünen Glasurplatten, auf die eine feine Goldmalerei aufgetragen wurde. Die Wände hat man in Rechtecke aufgeteilt und mit pflanzlichen Motiven bemalt, die an für Buchara typische Teppiche des 16. Jahrhunderts erinnern. Die Gebetsnische weist ein geschnitzes Mosaik mit einem eigenwilligen Muster auf. Die mit Schnitzereien verzierte Holzdecke, wie sie auch in Profanbauten und Wohnhäusern zu finden ist, gilt als eine der ältesten in Buchara.

Westlich von der Moschee Kalon liegt die imposante Chanaka (Pilgerherberge) Xo'ja Zainuddin vom Anfang des 16. Jahrhunderts, die als Wintermoschee genutzt wurde. Gleichzeitig dient das Gebäude als Mausoleum des Scheichs Zainuddin, der in einer besonderen Nische beigesetzt ist. Im hohen und geräumigen Kuppelsaal, in dem sich in einer Nische die Grabkammer des Scheichs befindet, kann man wie in anderen Bauwerken Bucharas den allmählichen Übergang von Achteck zum Rundgewölbe sehen. Die Wände wurden mit der damals in Buchara weitverbreiteten Kundalmalerei (viele Farben mit Gold kombiniert) ausgemalt. Im Nordosten liegt ein Eckayvon mit Holzsäulen, dessen Treppe zu einem quadratischen Wasserbecken führt. An den Holzsäulen sind unterschiedliche Verzierungen angebracht: während die nördlichen nur sehr wenige aufweisen, sind die östlichen mit geometrischen Ornamenten und geschnitzten Kapitellen geschmückt. Die Decke des Ayvons besteht aus sieben Flächen mit Ornamenten aus Holzplatten, die von einem geschnitzten Holzgesims umrahmt werden. Über den Ayvon gelangt man in einen Innenhof mit einigen Bäumen und einem großen Wasserbecken, einem der ältesten, das in Buchara erhalten geblieben ist.

»Reise nach und in Bokhara«

Sir Alexander Burnes wurde 1805 in Schottland geboren und unternahm von Indien aus Forschungsreisen nach Zentral- und Mittelasien, was in den 30er Jahren des 19. Jahrhunderts keine ungefährliche Angelegenheit war. Burnes Landsmann W. Moorcroft etwa war in dieser Zeit in den Gebieten ermordet worden, die Burnes besuchen wollte. Davon ließ sich Burnes nicht abhalten und trat 1832 eine Expedition an, mit der es ihm gelang, bis in das damals in Europa noch wenig bekannte Buchara vorzudringen. Bei einer späteren diplomatischen Mission fand er 1841 bei einem Aufstand in Afghanistan den Tod.
In seinem Buch ›Reise nach und in Bokhara von Indien aus durch Cabool, die Tartarey und Persien‹ beschreibt er das städtische Leben in Buchara:
»Vom Morgen bis zum Abend macht die versammelte Menge ein murmelndes Getöse, und man ist ganz erstaunt über die sich bewegende Masse menschlicher Wesen. In der Mitte des oben erwähnten freien Platzes werden die Früchte der Jahreszeit unter dem Schatten einer viereckigen Matte, die nur von einem einzigen Pfahl schwebend erhalten wird, verkauft. Man muß sich wundern über die nimmer ruhende Beschäftigung der Fruchthändler im Verkauf ihrer Trauben, Melonen, Aprikosen, Äpfel, Pfirsiche, Birnen und Pflaumen, zu denen sich fortwährend Käufer einfinden. Nur mit Mühe kann man sich durch die Straßen den Weg bahnen, und es kann nur mit der jeden Augenblick sich erneuernden Gefahr geschehen, von irgend jemand überritten zu werden, der auf einem Pferde oder Esel sitzt. Diese letzteren Tiere sind ausnehmend schön und traben mit ihren Reitern und Bürden rasch einher. Auch Karren von leichter Bauart bewegen sich vorüber, da die Straßen die Passage von Räderwagen gestatten. In allen Teilen des Basars sind die Leute mit dem Bereiten des Tees beschäftigt, wozu man sich großer europäischer Teemaschinen (Ums), statt der Teetöpfe, bedient und den Tee mittels einer Metallröhre warm erhält. Die Vorliebe der Bokharen für Tee ist, wie ich glaube, beispiellos; denn diese Leute trinken ihn zu allen Zeiten und an allen Orten und auf ein halb Dutzend Arten: mit und ohne Zucker, mit und ohne Milch, mit Fett, mit Salz usw. Zunächst bei den Verkäufern dieses heißen Getränks kann man ›Rahut jau‹ oder die Wonne des Lebens – Traubengallerte oder -sirup mit zerhacktem Eise vermengt – kaufen. Diese Fülle von Eis gehört zum größten Luxus in Bokhara. Es wird im Winter in Gruben gesammelt und zu einem Preise verkauft, der es auch dem Ärmsten zugänglich macht. Es fällt in Bokhara niemandem ein, Wasser zu trinken, ohne es mit Eis

vermischt zu haben, und so kann man einen Bettler in demselben Augenblicke kaufen sehen, wo er seine Armut zu erkennen gibt und die Mildtätigkeit des Vorübergehenden in Anspruch nimmt.

Es gewährt einen erfrischenden Anblick, wenn man bei 90 Grad Fahrenheit Hitze die ungeheuren, farbigen, geschabten und wie Schnee in Haufen aufgestapelten Eismassen sieht. Es würde ins unendliche führen, wollte man den ganzen Kaufmannsverein beschreiben; es genüge daher die Bemerkung, daß in dem Registan fast alles zu haben ist: Juwelier- und Schwertfegerarbeiten aus Europa (freilich grob genug gearbeitet), Tee aus China, Zucker aus Indien, Gewürze aus Manila usw. Auch kann man seine Weisheit durch das Türkische sowohl wie das Persische in den Bücherläden vermehren, wo die Gelehrten oder vermeintlich Gelehrten die zerrissenen Bücher durchblättern. Wenn man am Abend aus diesem lärmenden Gedränge in die entlegeneren Teile der Stadt sich fortbegibt, windet man sich durch gewölbte, um diese Zeit leere Basars und kommt an Moscheen vorbei, die mit schönen Kuppeln versehen und mit dem bei den Mohammedanern geduldeten Zierat ausgeschmückt sind. Nach den Basarstunden sind die Moscheen mit Menschen angefüllt, die ihr Abendgebet verrichten An den Türen der in der Regel den Moscheen gegenüberliegenden Schulgebäude kann man die Studenten nach den Arbeiten des Tages sich ausruhen sehen, die übrigens nicht so fröhlich oder so jung wie die Schüler auf einer europäischen Universität sind, sondern unter denen sich viele ernste und ehrbare alte Leute befinden, welche scheinheiliger sind, aber keineswegs weniger Torheiten oder Ausschweifungen begehen als die Jünglinge in anderen Teilen der Welt. Mit eintretendem Zwielicht nimmt die Geschäftigkeit ein Ende, die königliche Trommel wird gerührt und findet Nachhall in allen übrigen Teilen der Stadt, und zu einer gewissen Stunde darf niemand ohne eine Laterne mehr ausgehen. In solchen Anordnungen ist die Polizei der Stadt vortrefflich, und in jeder Straße bleiben große Güterballen in den Buden während der Nacht in vollkommener Sicherheit liegen. Es herrscht nunmehr überall Ruhe und Stille bis zum Morgen, wo das Getöse in dem Registan aufs neue beginnt. Der Tag wird wie der vorhergehende mit Zechen und Teetrinken begonnen, und Hunderte von Knaben und Eseln eilen mit Milch beladen dem geschäftigen Gedränge zu. Die Milch wird, mit dem Rahm oben schwimmend, in kleinen Näpfen verkauft, von denen ein Knabe zwanzig bis dreißig auf Brettern, die durch einen auf seine Schulter gelegten Stock unterstützt und gehalten werden, nach dem Markte zu tragen imstande ist. Wie viel Milch auch herbeigeschafft werden mag, sie verschwindet schnell unter die teetrinkende Bevölkerung dieser Stadt.«

Moschee Namazgoch

Am Südrand von Buchara, an der M. Ikbola ko'chasi liegt die Moschee Namazgoch mit der Pforte Scheich Jalyal. Die Moschee erhebt sich als ein großer Kuppelbau, dessen Hauptfassade eine riesige, in der ganzen Breite des Bauwerks errichtete Gebetsnische bildet. Während des Gebetes, das an den großen Feiertagen des Islams vor einer vielköpfigen Menschenmenge stattfand, ließen sich die Gläubigen auf dem offenen Platz vor dem Gebäude nieder. An diesem Ort befand sich einst das Gelände des Schemsabad, ein großer Garten mit prunkvollen Palästen und Pavillons, Antilopen und Singvögeln. Gründer dieses Paradieses war Schems-al-Mulk, nach dem der Park dann auch benannt wurde. Nach und nach verödete der Garten, 1119 wurde die Moschee gebaut, die bis heute erhalten geblieben ist. Urprünglich bestand das Gebäude lediglich aus einer Backsteinmauer mit Gebetsnische und einem leichten Sonnendach auf Holzstützen. Die Nische, deren Schmuckwerk kleine Platten aus unglasierter Terrakotta mit feinen Mustern bilden, ist der älteste Teil des Bauwerks, sie ist noch älter als das Minarett Kalon. Im 14. Jahrhundert wurde die Moschee renoviert und fast gänzlich mit bunten, glasierten Terrakottaplatten verkleidet.

Unter Abdullah Chan fand im 16. Jahrhundert ein Umbau statt. Der gesamte monumentale Teil des Bauwerks wurde an die ältere, westliche Mauer angebaut. Auf diese Weise blieb die Gebetsnische und ihr Dekor erhalten, ebenso die in der Wand eingelassenen waagerechten Majolikaplatten mit arabischen Aufschriften

Lauschiges Plätzchen am Labi-Hauz

religiösen Inhalts. Sie wurden im 14. Jahrhundert mit hellblauer, dunkelblauer und weißer Glasur hergestellt. Es gab keinen speziellen Hof für die Gläubigen, sie ließen sich auf dem geräumigen Platz vor der Gebetsnische nieder. Hier sind Ornamente zu sehen, die von zoroastrischem Einfluß zeugen. Insgesamt ist die Moschee jedoch in einem sehr schlechten Zustand.

Die Altstadt

Den Altstadtrundgang beginnt man an besten am Labi-Hauz. Um das Wasserbecken (Hauz) gruppiert sich ein einheitliches architektonisches Ensemble. Direkt am Becken, das im Sommer auch die Funktion eines Innenstadtfreibades hat, gibt es mehrere Open-air-Teestuben (Choixona), in denen man sich erholen und Domino spielen kann. Hier sitzen die Rentner den ganzen Tag, trinken Tee, spielen Domino oder schlafen auf den gemütlichen Sitzbänken (tahta). Nachmittags setzen sich dann auch jüngere Leute zu einer Tasse Tee dazu. Hier kann man den ganzen Tag gemütlich sitzen, das Leben beobachten und in der Regel vorzüglich essen, beispielsweise Plov oder Schaschlik, der meistens vor den Augen der Gäste frisch zubereitet wird. Auch wenn die Musik manchmal laut dröhnt, hier geht alles ruhig zu. Am Labi-Hauz kann man auch abends sehr romantisch die Atmosphäre genießen – nicht nur mit Tee.

Rund um Labi-Hauz

Im Westen, hinter dem Denkmal für Hodscha Nasreddin, steht die Medrese Nadir Devon Begi aus dem Jahre 1622/23. Das Gebäude wurde zunächst als Karawanserei geplant und ausgeführt. Kurz vor Abschluß der Bauarbeiten ritt jedoch der

Legende

1 Labi-Hauz
2 Medrese Nadir Devon Begi
3 Chanaka Devon Begi
4 Medrese Kukeldash
5 Geldwechsler-Basar
6 Moschee Magoko Attori
7 Gewölbe der Mützenmacher
8 Tim-Abdullah-Chan
9 Medrese Ulug'bek
10 Medrese Abdulasiz Chan
11 Basar der Juweliere
12 Miri-Arab-Medrese
13 Moschee und Minarett Kalon
14 Ark (Festung)
15 Bolo-Hauz-Medrese
16 Chor Minor
17 Balyand-Moschee
i Information

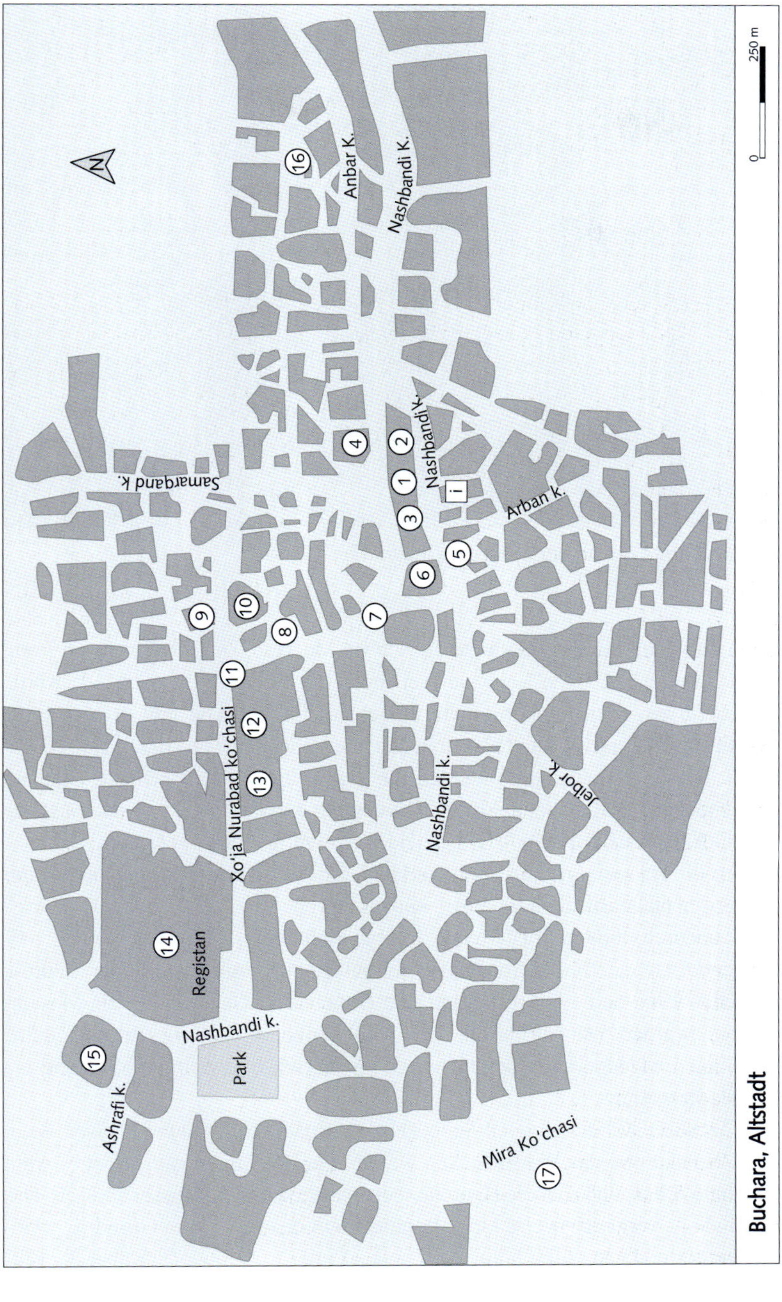

Buchara, Altstadt

Das prächtige Portal der Medrese Devon Begi

Chan durch die Straßen und lobte die schöne Medrese. Da sich Chane nie irren, wurde aus der geplanten Karawanserei eben eine Medrese. Das Gebäude wurde jedoch für die neue Funktion nicht umgebaut. Im Gebäude gibt es also keine Ayvone und keinen für Medresen üblichen überkuppelten Unterrichtsraum (Darshane). Als Unterrichtsräume wurden die großen Eckzimmer genutzt. Erhalten geblieben sind der große und breite Durchgang durchs Portal und der Ausgang zum Gebäude des Wirtschaftshofes, beides typisch für Karawansereien.

Nur die Hauptfassade ist üppig verkleidet, der Pischtak (Eingangsportal) mit fliegenden phantastischen Vögeln, – sind es Störche? die Märchenvögel Semurg? – und anderen floralen Mustern und Tieren geschmückt. Zusätzlich blinken vielfarbige Ornamente in der Sonne.Wie der gesamte Komplex wurde die Medrese zwischen 1960 und 1970 restauriert und erdbebensicher gemacht. Die Mosaikflächen wurden neugeschaffen. Der Märchenvogel Semurg entfaltet seine Schwingen wieder. Heute befinden sich im Inneren Souvenirgeschäfte und ein kleines Restaurant.

Gegenüber auf der anderen Seite steht die Chanaka (Xonaqosi) Devon Begi. Die Chanaka und das Wasserbecken wurden gleichzeitig gebaut, so ist es wohl geplant worden, daß sich die Hauptfassade wunderschön im Wasser spiegelt. Das Gebäude ist vergleichsweise klein, kompakt, mit quadratischem Grundriß, zweigeschossig und fast völlig hinter dem hohen Portal verborgen. Nur über der seitlichen Fassade ist gerade eben die flache Kuppel zu sehen. Innen liegt ein großer, weiträumiger Saal mit drei Türen und einer Gebetsnische in der Westwand. All das ist jedoch nicht zu sehen, denn auch hier befinden sich Souvenirgeschäfte. Auch Bilder von zeitgenössischen Malern kann man hier erwerben.

Das Wasserbecken in der Mitte des Platzes, das Hauz, ist mit massiven Blöcken verkleidet, die so wirken, als sollten Stufen in das Wasser geleiten. Das Wasser kam aus dem städtischen Hauptkanal Shachrud, was soviel heißt wie ›Königlicher Fluß‹. Aus dem Hauz wurden die meisten Einwohner Bucharas mit Wasser versorgt. Wegen der Enge der Gassen und des mangelnden Wassers konnte man kein Bewässerungssystem installieren. So wurde das Bassin immer wieder völlig geleert. Der einzige Kanal und das Hauz waren die Lebensquelle Bucharas, aber andererseits auch Quelle von Krankheiten. Es gab professionelle Wasserträger, die das Wasser in speziellen Ledereimern auf die Basare und Höfe des Emir-Buchara brachten. Damit verbreitete sich eine bestimmte Wurmart. Der parasitäre Wurm konnte bis zu einem Meter lang werden und fühlte sich direkt in der menschlichen Muskulatur wohl. Von Zeit zu Zeit ging man zum Friseur und ließ sich die Würmer, von denen ein Ende sichtbar war, herausziehen und auf eine Spule aufwickeln. Erst als ein sowjetischer Arzt die Hygienevorschriften veränderte, konnte die Wurmübertragung beendet werden. In der sowjetischen Zeit wurde das Hauz ausgetrocknet, 1960 restauriert und erneut mit Wasser gefüllt. Auch der Kanal Schachrud wurde in den 70er Jahren ausgegraben.

Wasserträger auf einer historischen Aufnahme

Offener Wasserkanal in Buchara

HermannVámbéry kritisiert mehrfach die hygienischen Zustände im ›edlen Buchara‹; er spricht von fußtiefem Staub und der ›Armut der Straßen und Häuser‹, beschreibt das schmutzige Wasser, in dem Pferde, Kühe und Esel gebadet werden. Ironisch zieht er ein Fazit: »Das ist die Wasserversorgung des ›edlen‹ Bochara, wo Tausende von Zöglingen jene Religion lernen, die da sagt: ›Die Reinlichkeit stammt von der Religion her‹.« Er beschreibt auch den Wurm, der durch die Wasserträger übertragen wurde:

»Das Wetter war während meines Aufenthaltes in Bochara unerträglich heiß, und dabei hatte ich doppelt zu leiden, weil ich aus Furcht vor der Ritsche, einem Fadenwurm, von dem während des Sommers von zehn Leuten einer befallen wird, immer warmes Wasser oder Tee trinken mußte. So leicht, wie man bei uns Schnupfen bekommt, so leicht nimmt es der Bochariot oder Fremde, der sich dort im Sommer aufhält, wenn es ihn am Fuße oder auch an anderen Teilen des Körpers zu kitzeln anfängt. Etwas später wird ein kleiner roter Fleck bemerklich, und aus diesem taucht ein bindfadendicker Wurm hervor, der oft eine Elle lang wird und den man einige Tage behutsam auf einer Spindel herauswinden muß. Dies ist die gewöhnliche Prozedur, die keine besonderen Schmerzen verursacht; reißt aber der Wurm ab, so erfolgt eine Entzündung, und statt eines kommen sechs bis zehn Würmer hervor, die einen wochenlang unter heftigen Schmerzen ans Lager fesseln. Der Beherzte läßt sich die Ritsche gleich am Anfang heraussschneiden; die Barbiere in Bochara sind ziemlich geübt in dieser Operation, die Stelle, wo man das Kitzeln verspürt, schneiden sie in einem Nu auf, der Wurm wird herausgezogen, und die Wunde heilt bald wieder.«

Evgenij Markov, ein russischer Reisender des letzten Jahrhunderts, beschreibt die Atmosphäre um das Labi-Hauz: »Der Teich mit seinem stehenden Wasser, das warm wie frische Milch ist und von alten Maulbeerbäumen überschattet wird, liegt am Fuße der alten Moschee Devon Begi [...] In bunten Gruppen verteilen sich Betende und müßiges Volk rings um die Moschee und den Teich. Auf den Stufen sitzend, waschen die Menschen ihre staubigen Füße, andere stehen bis zum Wasser im Hals, andere waschen Wäsche, wieder andere gießen aus großen Tonkrügen verschiedene Flüssigkeiten hinein.«

Die Medrese Kukeldash (1568/69) ist nach dem Staatsmann und Truppenführer Kubalcaa Kukeldash benannt, dessen Finanzkraft Buchara mehrere Bauwerke und Bewässerungsanlagen zu verdanken hat. Sie befindet sich im Norden des Wasserbeckens auf der gegenüberliegenden Straßenseite. In der Gestaltung der Medrese findet sich eine Besonderheit, die allerdings keine Nachahmer fand: Die Baumeister haben in der ersten Etage Loggien eingebaut, die sich an den Seitenfassaden anordnen. Kukeldash ist eine der größten Medresen in Buchara. Sie hatte Zimmer (Chudzirs) für 160 Studenten – das hatte natürlich Auswirkungen auf den Komfort, die Unterrichtsräume und Ayvone mußten kleiner ausfallen.

Hodscha Nasreddin

In Buchara sitzt der orientalische Till Eulenspiegel, in Usbekistan Hodscha (Xo'ja) Nasreddin genannt, auf einem Esel und schaut sich das Treiben der unter ihm liegenden Choixona an, in der Tee getrunken, geplaudert und geschlafen wird. Nasreddin wurde ursprünglich unter unterschiedlichen Namen überall dort ins kulturelle Erbe einbezogen, wo Sufi-Orden aktiv waren. Seine Geschichten sind von den umherziehenden Derwischen immer wieder neu erzählt worden. So heißt Nasdreddin in der Türkei Nasrudin Hodscha oder auch Mulla Nasredin. Aber auch die Griechen betrachten ihn als ihre Kultfigur, Cervantes hat einige Anekdoten Nasreddins in seinen Roman ›Don Quichotte‹ einfließen lassen, und in der Sowjetunion wurde der Film ›Die Abenteuer des Hodscha Nasreddin‹ gedreht. Die meisten Geschichten sind – mit geringfügigen Abwandlungen – auch bei uns bekannt:

Jeden Tag überquerte Nasreddin mit seinem Esel die Grenze. Der Esel trug hoch mit Stroh beladene Körbe. Da Nasreddin zugab, ein Schmuggler zu sein, durchsuchten ihn die Zöllner sehr gründlich. Sie machten Leibesvisitationen und verbrannten sogar gelegentlich das Stroh, das Nasreddin transportierte. Nichtsdestotrotz wurde Nasreddin sichtlich wohlhabender. Schließlich setzte er sich zur Ruhe und zog in ein anderes Land. Dort begegnete er eines Tages einem Zöllner, der ihn früher häufig kontrolliert hatte. »Jetzt könnt Ihr es mir ja verraten, Nasreddin«, sagte der Zöllner »was habt Ihr damals eigentlich geschmuggelt?« »Esel«, antwortete Nasreddin.

Nasreddin hat eine listige Art, durch starre Denkstrukturen hindurch zu schlüpfen und zu überraschenden, ungewöhnlichen Lösungen zu kommen.

Niemand weiß genau, wer Nasreddin war, wann und wo er gelebt hat. Man hat versucht, ihm eine Lebensgeschichte ›unterzuschieben‹ und hat seine angebliche Grabstätte entdeckt. Der Versuch, sein Geburtsjahr zu entschlüsseln, mißlang.

Oberflächlich kann man die meisten Nasreddin-Geschichten als Witz auffassen. In den Teehäusern, den Karawansereien, den Radiosendern und in den Privathäusern werden sie in vielen Teilen Asiens immer wieder erzählt.

Allerdings zeigen die Geschichten dieser klassischen Figur, die die Derwische ins Leben riefen, auch andere Bedeutungsebenen. Es gibt immer auch eine Moral von der Geschicht', ein gewisses Etwas. Der Sufismus – in dem die Derwischorden zu Hause sind – behauptet deswegen, Nasreddins Geschichten dienten als Grundlage des sufischen Verständnis des Lebens.

Andere Interpretationen sehen in den unverwüstlichen Nasreddin-Geschichten die Meinung bestätigt, daß Humor überall und immer derselbe sei.

Die Handelsgewölbe

Wenn man die Chanaka Devon Begi rechts liegen läßt, kommt man zum Geldwechsler-Basar. An den wichtigsten Straßenkreuzungen wurden zur Zeit der Schaibaniden fünf Handelsgewölbe errichtet, die Beispiele für die Profanbaukunst des 16. Jahrhunderts lieferten: Toqi-Saragon, das Gewölbe der Juweliere, Telpak Furushon, hier konnte man jede Kopfbedeckung kaufen, Toqi-Sarrafon, hier wurde Geld gewechselt, Toqi-Tirgaron, in dem Pfeile hergestellt wurden, und schließlich Toqi-Ord-Furushon, in dem die Mehlhändler saßen. Nur die drei zuerst genannten Handelskuppeln sind erhalten geblieben und ermöglichen einen Einblick in das Geschäftsleben des alten Buchara.

An der Spitze des Toqi-Sarrafon ist ein hellblaues Türmchen zu sehen, hier wurde hauptsächlich von Indern Geld gewechselt. In der Zeit des interkontinentalen Fernhandels war Geldwechsel natürlich ein gutes Geschäft. Als das Gewölbe entstand, wurden in Buchara die Kuppeln auf vier einander überschreitende Gewölbebogen gebaut. Bei dieser Überkuppelung wurden Bogen von zwölf Meter Spannweite benutzt. Sie sind nicht verdeckt und gut erkennbar. In den Ecken der Basisquadrate wurden Durchgänge zur Moschee, zum Bad und zu zwei Handelsräumen angelegt.

Eines der interessantesten Bauwerke Bucharas liegt in nördlicher Richtung hinter dem Geldwechslergewölbe: die kleine Moschee Mago'ki Attori. Sie gab

Seidenweber in Buchara

den Historikern und Archäologen Rätsel auf. Ihr Name verweist jedoch auf ihre Entstehungszeit. Mago'ki bedeutet Grube, Vertiefung, denn die Moschee stand tiefer als die heutige Ebene der Straße und des Platzes. Attori erinnert an den Handel mit Gewürzen und Heilkräutern, der in der Nachbarschaft betrieben wurde. In der Zeit der Sogden, in der Mitte des ersten Jahrtausends vor Christus, befanden sich hier ein Markt und ein heidnischer Tempel. Nach der Eroberung durch die Araber wurde hier eine Moschee errichtet, die dann mehrfach umgebaut wurden. Bei Grabungen fand man Überreste aus dem 10. Jahrhundert. Die ebenfalls aus dem 10. Jahrhundert stammende Hauptfassade ist unverändert geblieben und bietet die Möglichkeit, die Bautechnik der Karachaniden (10. bis 12. Jahrhundert) zu bewundern. Im 16. Jahrhundert war Mag'oki Attori eine gewöhnliche Gemeindemoschee; sie versank stellenweise bis zu sechs Metern im Erdreich. Unter den Schaibaniden bekam sie im 16. Jahrhundert eine neue Überdachung, an der Ostseite wurde zu Beginn des 20. Jahrhunderts ein neues Portal errichtet. Die Moschee ist ein geschlossenes Gebäude, dessen Dach auf sechs steinernden Pfeilern ruht. Schön ist das im 12. Jahrhundert erbaute südliche Portal: Es erhielt zusammen mit dem nischenartigen Eingang ein Dekor aus Alabasterschnitt, geschliffenen Backsteinen, Majolika und geschnitztem Terrakotta. Auf den Halbsäulen sind deutlich zoroastrische Motive zu erkennen.

Geht man geradeaus weiter in nördlicher Richtung, gelangt man zum Telpak-Furushon, dem Gewölbe der Mützenmacher. Das Gewölbe Telpak-Furushon hieß ursprünglich Toqi-Kitab, weil dort mit Büchern gehandelt wurde, erst später sie-

Im Mützenmachergewölbe wurden Kopfbedeckungen jeder Art hergestellt

delten sich hier die Hut-und Mützenmacher an. Da hier fünf Straßen in unterschiedlichen Winkeln zusammentreffen, die alle durch das Gebäude führen, war es schwierig für den Architekten, das Gewölbe überhaupt zu errichten. Es entstanden kunstvoll angelegte, geknickte Übergänge. Das Gewölbe hat die Form eines Rechtecks und ist überspannt von einer Zentralkuppel mit Fenstern. Rings um das Gebäude sind Handels- und Lagerräume unter kleinen Kuppeln untergebracht, die an die einheimische Kopfbedeckung, die Tjubetejka erinnern. Hier werden heute nett gearbeitete Scheren mit Vogelschnäbeln verkauft.

Außer den Handelsgewölben gab es in der Stadt zahlreiche überdachte Passagen, wo ebenfalls ein lebhafter Handel mit einheimischen Erzeugnissen und Waren aus dem Abend- und Morgenland stattfand. Eine dieser Passagen ist der Tim Abdullah Chan, das einstige Zentrum des Bucharaer Seidenhandels. Die Passage ist von vielen Kuppeln überspannt. Auf dem quadratischen Grundriß mit seinen Bogennischen war Platz für 50 kleine Geschäfte. Der Mittelraum ist von einer Galerie und zahlreichen kleinen Kuppeln umgeben. Zur Beleuchtung der Läden gab es im Tambour der Hauptkuppel sowie in den kleinen Kuppeln Fenster und Lichtaugen. Auch heute kann man hier Seide erstehen und sehen, wie Seide gewebt wird.

Vámbéry beschreibt die Situation in letzten Jahrhundert: »Den nächsten Morgen ging ich [...] aus, um Stadt und Basare zu besehen, und obwohl die Armut der Straßen und Häuser, die hinter den elendesten Wohnungen persischer Städte weit zurückstehen, besonders aber der fußtiefe Staub mir von dem ›edlen‹ Bochara einen sehr unedlen Begriff gaben, so war ich doch überrascht, als ich mich zum ersten mal im Bazar und inmitten der dort wogenden Menge befand. Weit entfernt, schön, prachtvoll und großartig zu sein, wie die von Teheran, Täbris und Isfahan, bieten die Basare Bocharas durch die Verschiedenheit der Rassen, Kleider und Sitten dem Auge des Fremden einen auffallenden, eigentümlichen Anblick dar. [...]«

Medrese Ulug'bek und Medrese Abdulasiz Chan

Wendet man sich rechts, sieht man die Fassaden von zwei sich gegenüberstehenden Medresen. Zwischen der Medrese Ulug'bek, links, und der Medrese Abdulasiz Chan, rechts, liegt eine Straße und 200 Jahre Geschichte Bucharas. Nicht nur die Gebäude sind verschiedenartig, auch die Bauherren waren verschiedene Menschen. Der Machthaber Ulug'bek ließ über den Eingang seiner Medrese meißeln: »Das Streben nach Wissen ist die Pflicht eines jeden Moslem und einer jeden Moslime«. Auf dem bronzenen Türklopfer ist ein zweiter weiser Spruch verewigt: »Möge für den Kreis der in der Bücherweisheit bewanderten Menschen die Pforte des göttlichen Segens jederzeit geöffnet sein«. Die Medrese entstand in der Blütezeit der mittelasiatischen Baukunst (1417 – 1418). Der Grundriß der achteckigen Anlage mit Eingangsportal, Ecktürmen und quadratischem Innenhof, Ayvon und

Innenhof der Kalon-Moschee

zwei Geschossen Wohnzellen um den Hof, entspricht der typischen Medresenform. Das Gebäude gilt als Idealtyp der Medrese in Mittelasien. Aus der Eingangshalle kann man die sich zu beiden Seiten der Eingangshalle befindenden Übergänge in den Hof, in den Hörsaal und in die Moschee benutzen. In den Portalpylonen befinden sich die Treppen ins Obergeschoß, zu den Wohnzellen und in die Bibliothek. Die Hauptfassade ist reich geschmückt: die Nische der Portalwand ist mit heraustretenden Bändern, die Aufschriften aus Majolika tragen, versehen. Auch die Hofseite ist prachtvoll gestaltet, trotzdem ist die Verhaltenheit des Dekors spürbar. Aufdringlichkeit und Pomp wurden vermieden. Der Baumeister war Ismail Ibn Tahir Ibn Machmud Isfahani, sein Name geht aus einer Aufschrift am Gebäude hervor. Während einer kompletten Renovierung im Jahre 1585 wurde das Gebäude stark verändert; stellenweise ging die ursprüngliche Gestalt der Dekors ganz verloren.

Die gegenüberliegende Medrese Abdulasiz Chan, aus dem Jahre 1652, übertrifft die Medrese Ulug'bek an Pracht und Größe. Abdulasiz Chan wollte alle seine Vorgänger in dekorativer Ausstattung und architektonischem Wert übertrumpfen. Der Grundriß erinnert an die gegenüberliegende Medrese: ein Hof mit vier Ayvonen, Eingangsportal und offene Nischen in den Hof und in der Fassade. Auf dem Mosaik der Hauptfassade und in der Ausmalung der Innenräume sind Märchenvögel, Vasen mit Blumensträußen, Parklandschaften – ungewöhnlich, da im Islam eigentlich nicht figürlich gemalt wurde – die an die indischen Minaturen der Mogulzeit erinnern, zu bewundern. In den Gemeinschaftsräumen befinden sich dekorative mit Verflechtungen aus Murqarnatschmuck gestaltete Gewölbe, in den Wölbungen und Nischen finden sich Stalaktitenmotive, Wandmalerei und die Reliefmalerei ›Kundal‹. Die bemalten Majolika in den Tympanons der Bogen und das Mosaik des Hauptportals unterstreichen die orientalische Pracht zusammen mit den palastähnlichen Innenräumen.

Geht man ein Stück nach links zurück, gelangt man zum Toqi-Saragon, dem Basar der Juweliere. Die Handelskuppel liegt an der Kreuzung zweier belebter Straßen des heutigen Buchara. Früher lag hier das Zentrum eines Viertels, in dem überwiegend Kaufleute und Handwerker wohnten. Die Hauptkuppel stützt sich auf einen achteckigen Unterbau mit 16 Bogenöffnungen. Vor ihnen erheben sich kleinere Kuppeln, unter denen Läden und Werkstätten untergebracht waren. Einst beherbergte Toqi-Saragon einen ganzen Handelskomplex für Juweliererzeugnisse: Ringe, Ohrringe, Armbänder und alle anderen Arten von Geschmeide wurden hier verkauft. Die Juweliere übten in erstaunlich dunklen und kleinen Werkstätten ihr Handwerk aus. Auf Bestellung wurden auch Futterale für Waffen, Siegelringe und Broschen angefertigt. Auch billige Waren gab es, nämlich die Erzeugnisse der Lehrlinge. Heute werden hier unter anderem antiquarische arabische Bücher angeboten.

Miri-Arab-Medrese und Moschee Kalon

Jetzt kann man nach links auf die Xo'ja Nurabad ko'chasi einbiegen und steht fast sofort an der Miri-Arab-Medrese, die 1530 bis 1536 entstand. Zu jener Zeit gewann die führende islamische Priesterschaft an Macht. Die weltlichen Machthaber waren gezwungen, die Scheichs zu respektieren und zu akzeptieren, da ihr Stammbaum bis zum Propheten Mohammed zurück zu verfolgen war. Im 16. Jahrhundert hatte der Scheich Abdullah aus dem Jemen, der den Beinamen Miri Arab trug, in Buchara großen Einfluß. Er ließ die Medrese mit dem Geld, das ihm der regierende Chan geschenkt hatte, bauen. Der Chan wiederum hatte das Geld für 3000 als Sklaven verkaufte auf Kriegszügen ›erbeutete‹ Männer und Frauen erhalten. Die Medrese steht auf einer leicht erhöhten Backsteinplattform, da der Platz nach Osten leicht abfällt, und ist nach dem traditionellen Schema errichtet. Um den quadratischen Innenhof gruppieren sich abgerundete Ecken und zwei Wohnzellengeschosse. Besonders bemerkenswert ist das hohe Portal. An das Portal schließen sich zu beiden Seiten zwei Nischen an, in den Ecken kann man die charakteristischen Ecktürme, die sogenannten Guldasta, sehen. Links und rechts der überwölbten Eingangshalle befinden sich zwei Kuppelsäle für unterschiedliche Zwecke: der nördliche dient als Beisetzungsstätte für Scheich Miri Arab, seine Verwandten und seine Nächsten. Auch der damalige Gebieter Bucharas Ubaidullah Chan ist hier bestattet, im südliche Saal befindet sich eine Moschee. Außer denen für die Medrese üblichen Räumen gibt es 111 Wohnzellen. Heute ist die Medrese eine islamisch-geistige Lehranstalt, das war sie übrigens auch in sowjetischer Zeit. Deswegen kann man als Tourist den Innenhof in der Regel nicht betreten. Vor dem Eingang sind immer viele junge Männer anzutreffen.

Gegenüber steht die Moschee Kalon. Sie ist eines der ältesten islamischen Gotteshäuser und die zweitgrößte Moschee nach Bibi Xanom in Mittelasien und wurde Anfang des 16. Jahrhunderts im typischen Stil der Timuriden gebaut. Die Moschee hat einen großen rechteckigen Hof für bis zu 10 000 Betende. Die Galerie wird von 288 Kuppeln überdeckt, die sich auf 208 Säulen stützen. Sieben Eingänge führen in die Moschee. An der Westwand im Hauptgebäude befindet sich eine eindrucksvolle Gebetsnische, ein hohes Portal mit Mosaiken und Innenkuppel. Außen wird das Ganze von einer weithin sichtbaren Kuppel auf einem hohen, geschmückten Tambour gekrönt.

Das dritte Gebäude des Ensembles ist das Minarett Kalon. Das 1127 von Arslan Chan errichtete Minarett ist das Wahrzeichen der Stadt. Ein vorangegangener Bau stürzte wegen technischer Fehler ein. Nach Beseitigung der Trümmer wurde ein neuer Versuch gemacht: das neue Minarett sollte schön und stabil sein. So bemühten sich die Baumeister, frühere Fehler zu vermeiden. Sie errichteten das Minarett ohne Hast und zogen die verschiedenen Konstruktionsmöglichkeiten

Das Minarett Kalon stammt noch aus vormongolischer Zeit

sorgfältig in Betracht. Einer Legende nach soll der Baumeister, der das Fundament mit einer Lösung aus Alabaster und Kamelmilch ausgelegt hatte, aus Buchara verschwunden sein, damit ihn niemnd zwingen konnte, vorzeitig, bevor das Fundament getrocknet war, weiter zu bauen. Erst nach zwei Jahren wurde er wieder gesehen. Er überzeugte sich, daß sich das Fundament gesetzt hatte und ließ die Arbeiten fortsetzen. Das Minarett ist 46 Meter hoch. Sein sich nach oben verjüngender Schaft trägt eine Rotunde mit 16 Kielbögen. Darunter umschlingt ein Murqanatkranz das Gebäude. Von oben bis unten ist es mit dekorativen Mustern der

Ziegelmauerung geschmückt. Die einzelnen Gürtel sind durch hochkant gestellte Ziegel voneinander getrennt. Jeder Gürtel hat sein eigenes Ornament, auch hier werden, wie Jahrhunderte vorher im Samanidenmausoleum, die dekorativen Möglichkeiten des Backsteins genutzt. Unter dem Muqarnatkranz der Rotunde befand sich früher ein blauer Majolikafries, dessen Bruckstücke im Heimatkundemuseum zu besichtigen sind. An Stelle des Frieses wurde während der Renovierung 1924 die Verkleidung mit Schmelzziegeln gewählt. Eine Wendeltreppe mit 105 Stufen führt zur Rotunde, von der einstmals ein Chor von Gläubigen zum Gebet rief. Außer der religiösen Funktion hatte das Minarett auch die Funktion, ›Leuchtturm‹ für Karawanen zu sein und Wachturm, um sich nähernde Feinde zu sichten. So war in der Spitze des Minaretts denn auch ein Raum für die Turmwache. Im 18. und 19. Jahrhundert wurde das Minarett zum Todesturm, von dem auf Befehl des Emirs zum Tode Verurteilte hinabgeworfen wurden. Die letzte Hinrichtung dieser Art vollzog sich 1884.

Man kann das Minarett und das Kuppeldach der Moschee besteigen (gegen eine Gebühr von 450 Sum). Im Eingang der Moschee sitzen immer junge Männer, die den Aufgang öffnen. Der Aufstieg ist mühsam, aber lohnend.

Registan und Ark

Folgt man der Hauptstraße der Festungsmauer entlang, gelangt man zum Registan. Früher war der Platz von Palästen, Moscheen und Medresen umgeben – jetzt wirkt er ein wenig leer. Rechts neben dem Haupttor der Festung stand die Hauptmoschee Pojanda, auf deren Portalwand Geschütze postiert waren, die im Falle der Belagerung der Zitadelle auf die Flanke des Angreifers zielten. Links vom Tor befand sich der befestigte Sitz des Hauptbefehlshabers, seine Werkstatt für Waffenreparaturen und das Arsenal.

An Markttagen herrschte auf dem Registan reges Treiben: Obst, Gewürze, orientalische Süßwaren und Tee wurden verkauft. Auf diesem Platz wurden auch die Erlasse und Befehle der ›Sonne Bucharas‹, seiner Majestät des Emirs verlesen. An Festtagen zeigten hier Gaukler, Musiker, Ringkämpfer, Seiltänzer und Spaßmacher ihr Können. Auch die berühmten Dichterwettkämpfe fanden hier statt. Selten gab es einen Tag ohne Hinrichtung oder Auspeitschungen. Den Registan im Sattel sitzend zu überqueren war verboten. Der Reiter war verpflichtet abzusteigen, das Pferd zu führen und sich, das Gesicht dem Ark – der Festung der Stadt – zugewandt, pausenlos zu verneigen. Verstöße gegen diese Vorschrift wurden hart bestraft.

Die Entstehung des Arks datiert vermutlich vom Beginn des ersten Jahrtausends nach Christus. Die Zitadelle war mehrfach zerstört worden und wurde im 7. Jahrhundert mit einem ungewöhnlichen Grundriß wieder aufgebaut. Nachdem die Festungsmauern bereits errichtet waren, so erzählt die Legende, wurde mit dem Bau des Palastes begonnen. Das fast vollendete Bauwerk stürzte aber leider ein. Weil die Ursache dafür nicht geklärt werden konnte, beschloß man, sich auf Übersinnliches zu verlassen, und errichtete den Palast in der Form des Sternbilds ›Großer Bär‹ auf sieben steinernen Pfeilern. Die Gesamtfläche der Festung beträgt fast 35 000 Quadratmeter. Früher gelangte man durch zwei Tore in die Festung. Das Osttor Gurian ist nicht mehr erhalten; heute betritt man durch das westliche Registan-Tor die Festung. Hier ist die Loge zu sehen, in der der Emir saß und seine Urteile verkündete; auch die Peitsche, die die Härte der Bucharaer Justiz symbolisiert, ist über dem Eingang angebracht. Das Westtor wurde in den zwanziger Jahren restauriert.

Der Ark diente als befestigte Residenz der Gebieter Bucharas. Dort gab es Paläste, Heiligtümer, Kasernen, Kanzleien, einen Münzhof, Speicher und Vorratshäuser, Werkstätten, Stallungen, ein Arsenal sowie ein Gefängnis.

Die Festung wurde im Laufe ihrer Geschichte mehrfach zerstört, jedoch meistens wieder aufgebaut. Im 16. Jahrhundert wurde sie von den Schaibaniden renoviert, und in dieser Form ist sie erhalten geblieben. Allerdings entstanden alle sich heute auf dem Gelände des Arks befindlichen Gebäude hauptsächlich im 17. bis 20. Jahrhundert. Die einzelnen Räume der Festung sind auch in Englisch ausgeschildert.

Von der Auffahrt gelangt man in einen überdachten Gang, mit Nischen links und rechts. Diese Nischen waren nicht nur bauliche Verzierungen, sondern die linken bildeten eine Art Gefängnis.

Blick über den Ark

Wendet man sich beim Verlassen des Ganges nach rechts, kommt man zur Hauptmoschee, einem Gebäude mit fünf Holzsäulen. Unweit der Moschee befand sich früher der Speiseraum für die Dienerschaft, dahinter der Münzhof, in dem aber auch Papiergeld gedruckt wurde. Nordöstlich liegt der Hof des ersten Ministers (Kuschbeg), der durch einen schmalen Durchgang vom Thronsaal getrennt ist. In letzterem fanden Zeremonien, wie der Empfang ausländischer Gesandter oder die Krönung der Emire statt. Vom Thronsaal sind nur ein gepflasterter Hof, ein Teil der Überdachung auf Holzsäulen und der Marmorthron erhalten geblieben. Es schlossen sich Wohnräume, Schlafgemächer und sonstige Wohnräume für den Emir und sein Gefolge an.

Auch heute finden in der Festung, vor allem im Ostteil, noch immer archäologische Grabungen statt. Man entdeckte zum Beipiel verrußte Rauchabzüge und Heizungsgänge mit Tonröhren, die darauf schließen lassen, daß die Festung ein geheimes Wassernetz für den Fall einer Belagerung hatte. Seit 1927 befindet sich hier ein Museum für Heimatkunde.

Nicht weit von der Zitadelle liegt der einstige Zindan, das im 18. Jahrhundert erbaute Gefängnis der Stadt. Das Gebäude ist umgeben von einer fensterlosen Backsteinmauer. Im rechten Flügel befand sich das Schuldgefängnis: drei große unterirdische Kammern, von denen zwei durch einen weiten Bogengang verbunden waren. Im linken Flügel lag hinter dem Raum der Wächter ein vierter Kerker. Man sieht in einen überdachten, feuchten Schacht von fünf Meter Tiefe. Ein winziges Fenster ist die einzige Lichtquelle. Dieser Schacht ist der eigentliche Zindan, aus dem nur selten jemand lebendig herauskam.

Aber zurück zum Registan. Überquert man die vor ihm liegende Straße, sieht man in einer kleinen Grünanlage die Moschee Bolo Hauz liegen. Im 18. Jahrhundert als Gemeindemoschee gebaut, diente sie auch als Hauptmoschee und Freitagsmoschee, da sie vorwiegend dem Hof des Emirs zur Verfügung stand. Wenn der Emir die Moschee aufsuchte, wurden über den ganzen Platz Teppiche gelegt, die Menschen legten sich ihm, während er zum Gebet schritt, zu Füßen.

Die für Mittelasien ungewöhnliche Moschee Chor Minor

Die prunkvoll gestaltete Moschee bildet mit dem Wasserbecken (Hauz) und dem niedrigen Minarett eine in sich geschlossene Baugruppe. Das Gebäude der Moschee entstand etappenweise. Im Jahre 1712 wurde der überkuppelte Hauptsaal errichtet, aber erst im 19. Jahrhundert wurden an die nördliche und südliche Fassade Medresen angebaut, deren Zellen auf die Innenhöfe hinausgingen. Später erhielt das Gebäude am Osttor ein Obergeschoß und Ecktürme. Ihr heutiges Aussehen bekam die Moschee im 20. Jahrhundert: 1914 bis 1917 fanden umfassende Renovierungsarbeiten statt. Der zerstörte Teil der Ostfassade wurde wiederhergestellt und ein mit Schnitzerei verzierter bemalter Ayvon auf 20 Holzsäulen angebaut. Die 12,5 Meter hohen Säulen des Ayvon haben wunderbare pilzförmige Muqarnatkapitelle, die sich sowohl in Form als auch in Gestaltung voneinander unterscheiden. Von drei Seiten besteht die Moschee aus gewöhnlichem Backsteinmauerwerk, nur die Ostwand weist ein hohes Portal auf, das ursprünglich mit kleinen Schmelzziegeln verkleidet war und später mit farbiger Alabasterstukkatur bedeckt wurde. In der Portalmitte ist die holzgeschnitzte zweiflügelige Pforte sehenswert. Holzschnitzerei ist in Buchara, ebenso wie in Chiwa, ein verbreitetes Verfahren zur Ausschmückung von öffentlichen Gebäuden.

Chor Minor

Die Moschee Chor Minor, die 1807 von einem reichen Turkmenen namens Kalif Nijazkul errichtet wurde, liegt am Rande der Innenstadt. Ihre Bauweise weicht vom traditionellen Baustil ab, sie orientiert sich am indischen Taj Mahal. Ursprünglich befand sich hier ein ganzer Komplex mit einem Innenhof, einem Wasserbecken, einer Sommermoschee und dem bis heute erhaltenen viertürmigen Bauwerk. Wegen ihrer vier Minarette setzte sich der Name Chor (vier) Minor (Minarett) durch. Das für diese Region ungewöhnliche Bauwerk wurde zu einem Wahrzeichen Bucharas.

Die Umgebung von Buchara

Der Sommerpalast der letzten Emire von Buchara, Sitorai mohi xosa (was soviel heißt wie ›wo sich Mond und Sterne begegnen‹), liegt vier Kilometer nördlich, bereits außerhalb der Stadt. In einem Teil des Palastes hat eine Filiale des Heimatkundemuseums ihren Sitz, in anderen Palastteilen ist ein Kindererholungsheim untergebracht. Bemerkenswert ist die Waffensammlung, die alle Arten von Waffen umfaßt: Feuer-, Hieb- und Stichwaffen. Zu sehen sind außerdem Goldstickereien und gewebte Teppiche. Neben dem Palast ist ein großer Teich mit

Wandverkleidung im Sommerpalast des Emirs

Springbrunnen zu bewundern. Die im usbekischen Nationalstil gehaltenen Gebäude wurden Ende des 19. Jahrhunderts errichtet, aber die Arbeiten zogen sich über 20 Jahre lang hin. Als letzter Emir Bucharas ließ Said-Alim-Chan seinen Geschmack einfließen. Auf manche mag der Palast mit seinem Gemisch aus asiatischen und europäischen Stilrichtungen kitschig wirken, die zu besichtigenden luxuriösen Räume sind aber sehenswert, da man auch einen Einlick in das Leben der Herrscher von Buchara bekommen kann. Den Empfangsraum stattete der Maler Chadsandshan aus, den Alabasterschnitt fertigte Shirin Muradov an. Er bewahrte die für die Bucharaer Wohnarchitektur traditionelle Aufteilung der Wände in Flächen und Nischen, wandte jedoch eine Neuheit an: Er brachte die Schnittmuster nicht auf die Mauerwerke, sondern auf Spiegel, wodurch diese noch transparenter und eleganter wirkten. In dem Museum, das sich neben dem Wasserbecken befindet, können alte Wandteppiche (Susani) erstanden werden.

Acht Kilometer außerhalb von Buchara, in nordwestliche Richtung, in Qishlak Sumitan liegt das Ensemble Chor Bakr aus dem 16. Jahrhundert. Vom Basar fahren Busse in diese Richtung. Wer sich ein Taxi nimmt, sollte sicherstellen, daß der Taxifahrer wartet, denn manchmal ist es schwierig, ein Gefährt für den Rückweg zu bekommen. Bei Redaktionsschluß fanden gerade umfangreiche Restaurierungsarbeiten statt, so daß man fragen sollte, ob sich ein Besuch schon wieder lohnt. Das Gebäude, das 1560–1563 auf Befehl von Abdullah Chan errichtet wurde, besteht aus drei Teilen. Steht man vor dem Hauptportal, so befindet sich links die Chanaka, in der Mitte die Medrese und rechts die Moschee, davor stehen die Überreste eines Minarettes. Von hier bietet sich ein schöner Panoramablick auf die Umgebung. Neben dem Komplex befinden sich eine Reihe kleiner Familienfriedhöfe der einstmals mächtigen Scheiche. Besonders das Mausoleum Abu-Bakr-Saad ist sehenswert.

Östlich von Buchara liegt die Grabstätte des Bahauddin Nahshbandi. Die Grabstätte selbst und der darum gebaute Komplex sind, will man lebendigen Islam erleben, äußerst interessant. Nahshbandi (1318–1389), Begründer eines wichtigen Sufi-Ordens, wurde nicht weit von hier in einer Metalltreiberfamilie geboren. Sein Name bedeutet übersetzt Metallgravierer. An sein Grab kommen täglich Pilger, die in dem Komplex übernachten. 1993, zum 675. Geburtstag von Nahshbandi, wurde der Komplex mit Hilfe türkischer und pakistanischer Gelder renoviert. Inzwischen werden hier Touristen nicht mehr so gerne gesehen – obwohl es außerordentlich interessant ist. Deswegen sollte man sich dezent, also lange Hosen und Röcke, anziehen und die Betenden nicht fotografieren. Einige Anhänger Nashbandis glauben, motiviert durch das Bilderverbot im Islam, nämlich bis heute, daß sie ihre Seele verlieren, wenn sie fotografiert werden. Ein Sammeltaxi fährt von der Nahshbandi ko'chasi zu dem Komplex.

Vorwahl: aus Deutschland/ Österreich/der Schweiz: 009 98/65, von anderen Städten in Usbekistan 8/3 65.
Direkt am Labi-Hauz befindet sich hinter dem großen Baum etwas versteckt die Touristeninformation, Tel. 224 22 46, e-mail: bicc@bukhara.net. Unter www.bukhara.net findet man nützliche Informationen zur Stadt und Region sowie Links zu Privatpensionen.
Dort wird sehr gut Englisch gesprochen. Die Touristeninformation bietet außerdem Zimmervermittlung an, organisiert Ausflüge und Stadtführungen.

Gruppenreisende übernachten in der Regel im Hotel ›Buchara Palace‹, ein Hochhaus, Anfang der 90er Jahre erbaut – das beste Haus am Platz. Es liegt etwa 20 Minuten Fußweg von der Altstadt entfernt. Navoi Prospekt 8, Tel. 223 00 24, 223 51 19, 223 14 71, www.hotelbukharapalace.com, email: info@hotelbukharapalace.com. Der Preis für das Doppelzimmer liegt bei 105 Dollar.
Wesentlich netter sind die kleinen B&Bs, alle im Zentrum der Altstadt gelegen. Praktisch ist, daß fast alle über einen Internetanschluß verfügen. Sehr familiär und freundlich ist es bei ›Sukhrob-Barzu‹, L. Babakhanova ko'chasi 9, direkt am Labi Hauz in der Altstadt. Tel./Fax 22 42 47, e-mail: sukhrob@intal.uz. Das Doppelzimmer gibt es ab 30 Dollar.
Ein weiteres B&B ist ›Lyabi House‹, in der N. Nusainov ko'chasi 7, Tel. 224 24 84, Fax 224 21 77, e-mail: Zairov@bcc.com.uz. Das Doppelzimmer kostet 60 Dollar.
Sehr gemütlich, mit gut ausgestatteten Zimmern (Bad/WC, Klimaanlage, Sat-TV, Minibar), aber außerhalb der Altstadt gelegen ist das kleine Hotel ›Sabina Hanum‹. Die Besitzerin spricht ausgezeichnet deutsch und kann auch Stadtführungen und Ausflüge organisieren. M. Iqbol ko'chasi 5/4, Wohnung 17, Tel. 226 16 64, 227 30 95, Fax 224 07 76, e-mail: bella@bukhara.net.

Rund um das Labi Hauz sind sehr viele nette Restaurants, auch in der Medrese Nadir Devon Begi kann man gut essen.
Im Tim Abdullah Khan Basargewölbe gibt es ein gemütliches Café. Außerhalb der Altstadt ist das Restaurant ›Aquarium‹ ein beliebter Treffpunkt. M. Iqbol ko'chasi 5, Tel. 223 08 51. Wenn man in einem Privathaus wohnt, kann man auch dort in der Regel gut und günstig essen – meistens wird traditionelle usbekische Küche nach Wünschen der Gäste serviert.

Einkaufen kann man direkt am Labi-Hauz. Hier gibt es mehrere Apotheken und Lebensmittelgeschäfte. In allen Medresen und Basaren der Innenstadt kann man Souvenirs, also Teppiche, Stoffe, Koranständer, Juwelierarbeiten und antike Bücher kaufen.

Der zentrale Basar (Dexkon Bozori) befindet sich an der Mustaqillik ko'ch. Hier bekommt man alles: Sonnenbrillen, Trockenfrüchte, selbstgestrickte Socken, Hochzeitskleider, Gewürze und vieles mehr.

Zweimal täglich kann man von Buchara nach Taschkent fliegen. Der Bus Nummer 10 fährt zum Flughafen. Der Busbahnhof liegt drei Kilometer nördlich von Zentrum. Täglich fahren mehrere Busse nach Taschkent (12 Stunden), Samarkand (sechs Stunden) und Urganch (acht Stunden). Busse in östlicher Richtung, also z. B. nach Karshi fahren vom Ostbahnhof (Shark) ab. Züge verlassen Buchara von Kagan aus, das zehn Kilometer östlich von Buchara liegt. Man kann es mit Sammeltaxis von Labi-Hauz erreichen. Der Bahnhof von Buchara selbst wird nicht mehr benutzt.
Die innerstädtischen Busse kann man generell anhand der Nummer und Endstation identifizieren. Außerdem sollte man zusätzlich einfach die Wartenden oder den Schaffner fragen. Die Busse fahren auf den kurzen Strecken etwa alle zwanzig Minuten. Einen schriftlich fixierten Fahrplan gibt es nicht.
In der Nähe des Labi Hauz stehen immer Taxis. Die Überlandtaxis kann man sich – so man in einem B&B übernachtet – dort organisieren lassen, oder man fährt vom Busbahnhof ab.

Ausflüge von Buchara

In der weiteren Umgebung von Buchara liegen einige weitere historisch bedeutsame Orte, in denen jedoch nur wenig Sehenswertes erhalten geblieben ist. Dazu zählen Afshona, Varaxsha, Paikend oder Vabkent. Da sie abseits der Touristenstraßen liegen, werden sie in naher Zukunft auch nicht an Attraktivität gewinnen. Zu erreichen sind sie mit einem Taxi. Im Qishlak Afshona wurde im Jahre 980 Ibn Siena, im Westen bekannt als Avicenna, geboren. Das kleine Museum wartet auf bessere Zeiten und mehr Besucher. Sein medizinisches Handbuch ›Kanon der Medizin‹ war, nachdem es im 12. Jahrhundert ins Lateinische übersetzt worden war, 700 Jahre lang das Standardwerk der Medizin. Seine unbestrittene Autorität galt auch in Europa bis ins 17. Jahrhundert. Noch heute werden Doktorarbeiten zu den von ihm aufgeworfenen medinzinischen Problemen verfaßt. Aber auch das philosophische Werk Avicennas ist von Bedeutung. Beeinflußt von Aristoteles und Plotin traf er eine neue Unterscheidung von Essenz und Existenz, also von Wesen und Sein. Avicenna starb 1037.

Seine Lehren waren in der europäischen Medizin bis in die Aufklärung weit verbreitet. In der Zeit des großen Arztes und Philosophen dehnte sich das Kalifat von

Nil bis zum Syrdarja und von der Atlantikküste bis zur Halbinsel Hindustan aus. Der junge Avicenna studierte die Schriften der großen Denker der Antike, vor allem die Platons, Sokrates', Euklids und Hippokrates', die damals bereits ins Arabische übersetzt waren. Als erster Mediziner unterschied Avicenna Masern und Windpocken, zeigte die Unterschiede zwischen Cholera und Pest, entwickelte Therapien zur Behandlung von Leberkrankheiten und befürwortete die Narkose bei chirurgischen Eingriffen. Auch auf den Gebieten Ernährung, Augenheilkunde und Hygiene hat er wichtige Impulse gesetzt. Noch in diesem Jahrhundert setzt sich die Medizin mit seinen Thesen auseinander. Außer seinem ›Kanon der Heilkunde‹ verfaßte er über 250 Werke zu Problemen der Physik, Mineralogie, Zoologie, aber auch der Philosophie, Jurisprudenz und arabischen Sprachwissenschaft. Bekannt sind auch seine philosophischen und lyrischen Verse.

Das 32 Kilometer von Buchara entfernte Varaxsha war im 8. Jahrhundert eine wichtige Stadt auf dem Weg der Karawanen in die Oase Choresm. Sogdische Prinzen haben in der Kizilkum einen Palast gebaut, in dem vorislamische Malerei gefunden wurde. Das Gelände, über 500 Quadratkilometer groß, ist wieder unter dem Sand der Kizilkum begraben. Es muß bis zum 11. Jahrhundert dicht besiedelt gewesen sein und verödete in der Zeit der Samaniden, die sich hauptsächlich in Buchara aufhielten. Kenner sehen, daß sich unter den zahlreichen Hügeln einst Häuser und Stadtmauern befanden. Die sogdische Malerei, ähnlich der von Afrosiyob, die in anderen Reiseführern so ausführlich beschrieben wird, befindet sich leider nicht in Varaxsha, sondern in Taschkenter Museen. Ein Besuch der Stadt selbst lohnt sich kaum. Ein Taxi kostet von Buchara aus etwa 20 Dollar.

Das Minarett in Vabkent

Die Kupferstadt Paikend ist eine der ältesten Handelsstädte in Transoxanien. Sie liegt 60 Kilometer südwestlich von Buchara auf der alten Karawanenstraße. Die Stadt hieß, wohl wegen geringer

Kupfervorkommen, Kupferstadt, oder auch Stadt der Kaufleute. In vorislamischer Zeit betrieben die ansässigen Kaufleute Handel mit China und Regionen jenseits des kaspischen Meeres. Gleichzeitig war die Stadt ein militärischer Vorposten. Als im 9. und 10. Jahrhundert langsam wieder Sicherheit in der Region herrschte, verlor die Stadt an Bedeutung. Heute sind hier Ausgrabungen zu besichtigen. Auf Wunsch können z. B. von der Touristeninformation am Labi-Hauz Touren dorthin organisiert werden. Der Preis beträgt mindestens 20 Dollar und ist von der Personenanzahl abhängig.

Vabkent ist ein Dorf, das vor allem durch sein Minarett und den sonntäglichen Markt berühmt wurde. Sonntags lohnt sich ein Abstecher in den 30 Kilometer nordöstlich von Buchara gelegenen Ort in jedem Fall. Am besten besucht man den Ort auf der Fahrt nach Samarkand. Oder man steigt am Labi-Hauz in ein Sammeltaxi Richtung Samarkand. Obwohl es gerade einmal zwei Kilometer nördlich der Königlichen Straße von Buchara nach Samarkand zu finden ist, wird es dennoch von vielen Reisenden nicht besucht. Das dünne, zerbrechlich wirkende Minarett ist ein Bauwerk der Karachaniden, den unbestrittenen Helden der mittelasiatischen Architektur. Es ist geschmückt von zehn dekorativen Bändern aus Ziegeln und Schleifen. Inschriften zeugen davon, daß es 1196, gerade siebzig Jahre später als das Kalon-Minarett in Buchara, vom lokalen Herrscher Buxari Ad din Ayud al Aziz in Auftrag gegeben wurde. Es ist eindrucksvolle 39 Meter hoch. An Wochenenden lohnt sich ein Besuch in Vabkent zusätzlich wegen des sehenswerten Viehmarktes.

Rabat-i-Malik

An der Strecke Buchara – Samarkand, etwa 80 Kilometer von Buchara entfernt, erhebt sich direkt an der neuen ›Autobahn‹ das mächtige Portal einer Karawanserei aus dem 11. Jahrhundert. Gebaut wurde diese Anlage mit ihrem 12 Meter hohen Portal von dem Karachanidenfürsten Chan Shams al Mulk Nasr, der große Teile Transoxaniens in den Jahren 1068 bis 1080 beherrschte. Leider ist außer dem Portal nur noch wenig zu sehen, die Grundrisse lassen sich erahnen. Auf dem Portal sind besonders die vortimuridischen dekorativen Elemente bemerkenswert, die an die zoroastrische Kunst anknüpfen, obwohl der Einfluß des Islams nicht zu übersehen ist – schließlich war der Erbauer ein aktiver Förderer und Verbreiter des Islams.

Auf der gegenüberliegenden Seite (das Überqueren der Autobahnabgrenzung erfordert ein wenig Geschick) liegt eine kleine Teestube. Direkt daneben befindet sich ein ebenfalls aus der Karachanidenzeit stammender teilweise renovierter Wasserspeicher, der zur Karawanserei gehörte. Hier kann man sehen, wie das Wasser aus einem Brunnen geholt, gesammelt und vor dem Verdunsten geschützt wurde.

Karshi und Termiz

Von Buchara kann man über Karshi und Derbent nach Termiz fahren. Die Strecke führt durch das Gasfelder von Shurtan, kilometerweit sieht man das Gas brennen. Karshi liegt auf der alten Handelsroute Balch–Buchara. Die Stadt wurde von den Mongolen gegründet. Heute gibt es in dem Ort noch einige kleinere Moscheen und Medresen zu sehen. Mit dem Bus fährt man von Buchara drei Stunden und von Termiz fast fünf Stunden. An der Strecke Buchara–Karshi, etwa acht Kilometer vor Karshi, direkt an der Eisenbahnlinie, befinden sich die Ruinen der bedeutenden sogdischen Erkurgan-Festung, die wahrscheinlich schon im 9. Jahrhundert vor Christus entstand. Die Bewohner, Anhänger der Lehre Zarathustras, errichteten hier einen Turm des Schweigens, auf den sie ihre Toten legten.

Karshi ist eine moderne Stadt, hat 180 000 Einwohner und verfügt über gute und häufige Busverbindungen nach Buchara (Fahrzeit 3 Stunden), Shaxrisabz (2,5 Stunden) und Termiz (5 Stunden). Der Busbahnhof liegt direkt im Stadtzentrum.

Karshi bedeutet auf mongolisch ›Palast‹ – es sollen hier 1320 zwei Paläste der Tschagatai-Chane gebaut worden sein. Zeitweilig war Karshi die zweitwichtigste Stadt im Emirat Buchara. Im Stadtzentrum liegt der Basar, hier kann man in einer der zahlreichen Teestuben etwas essen. Von Interesse ist die oberhalb des Basars gelegene Frauen-Medrese Bekmir, die Anfang des 20. Jahrhunderts gebaut wurde und in der auch heute wieder studiert wird. In der Nasaf ko'chasi, wenige Gehminuten vom Basar entfernt, liegt die im 16. Jahrhundert errichtete Namazgoch-Moschee, ein blasser Abklatsch der Kok-Gumbaz-Moschee von Shaxrisabz.

Ein Zwischenstop in Karshi lohnt sich auf jeden Fall, übernachten nicht. Das einzige halbwegs empfehlenswerte Hotel ist das Hotel ›Tong‹, O'zbekiston ko'chasi 245, Tel. 375 22/519 03. Es liegt direkt am Basar. Das Doppelzimmer mit einer Art Dusche kostet ab 30 Dollar.

Die Weiterfahrt nach Termiz ist landschaftlich reizvoll, es wird bergig, aber die Straße bleibt in gutem Zustand. Bei gutem Wetter kann man das Pamir-Gebirge sehen. Bei Derbent kommt man über einen Paß, der das Eiserne Tor genannt wird. Ein buddhistischer Mönch hat auf dem Paß auf seiner Reise nach Termiz im Jahre 629 hier eisenbeschlagene Tore gesehen. Der Paß wurde immer streng kontrolliert

Moschee und Minarett Kalon sind zum Wahrzeichen Bucharas geworden
Die Medrese Kukeldash in Taschkent; auf dem linken Bild ist die silbrig glänzende Kuppel einer neuen Moschee zu sehen
Die Reichhaltigkeit der floralen geometrischen Motive läßt sich ebenso an Seidenteppichen, oben links, wie an Majolikamosaiken bewundern

– schließlich konnte von hier aus der Oxus überquert werden. Entlang des Suchondarja, des ›roten Flusses‹, der durch Mineralien und Erze rötlich schimmert, gelangt man nach Termiz. Theoretisch. Man sollte auf jeden Fall mit einem PKW eines Reiseveranstalters fahren und nicht mit dem Bus oder einem Privattaxi. Die Kontrollen sind häufig und manchmal langwierig. Manchmal ist die Strecke ganz gesperrt.

Termiz ist die südlichste Stadt Usbekistans, am Amudarja und der Grenze zu Afghanistan gelegen. Vor allem durch das buddhistische Erbe ist die Stadt historisch bedeutsam. Die interessanten Funde der Ausgrabungen jedoch befinden sich in Taschkent, vorwiegend im Historischen Museum, teilweise auch in der Eremitage in Sankt Petersburg. Dennoch ist ein Besuch von Termiz sehr interessant.

Der Name ›Termiz‹ wird aus dem Sanskrit-Wort Tara-mato ›Ort hinter dem Fluß‹ abgeleitet. Andere sagen, er gehe auf den Namen des griechisch-baktrischen Herrschers Demetrios (über Damit und Tarmid zu Termiz) zurück. Der erste befestigte Kern von Termiz existierte im 3. und 2. Jahrhundert vor Christus, als sich das in der Antike als Baktrien bezeichnete Gebiet des Amudarja-Beckens im Besitz der griechisch-baktrischen Herrscher befand. Der Hauptfaktor für die günstige Stadtentwicklung war wohl die Lage an einem der wenigen bequemen Flußübergänge über den unberechenbaren Amudarja. An dieser Stelle setzte auch Alexander der Große über den Oxus. Im 3. Jahrhundert vor Christus gab es hier eine erste Siedlung, unter Demetrius begannen die eigentlichen Festungsbauten. Das Territorium der griechisch-baktrischen Stadt dehnte sich aus. In der Zeit der Kuschan (1. bis 3. Jahrhundert) betrug die Fläche des Ortes bereits 500 Hektar und war von starken Festungsmauern umgeben. Im 4. und 5. Jahrhundert verfiel die Stadt, erlebte aber 100 Jahre später einen erneuten Aufschwung. Im Jahre 689 eroberten die Araber Termiz zum ersten Mal, 15 Jahre später endgültig.

Trotz verschiedener Herrscher – Samaniden, Gaznawiden, Kara-Chaniden und Seldschuken – erlebte Termiz im 8. bis 12. Jahrhundert seine Blütezeit, Handel und Handwerk florierten. Der Hafen und die Zitadelle wurden ausgebaut, Vorstädte und neue Stadttore entstanden. Mit der Zerstörung durch die Mongolen im Jahre 1220 nahm diese Entwicklung ein Ende. Erst im ausgehenden 13. Jahrhundert wurde die Stadt an einem anderen Ort wieder aufgebaut. Zu Beginn des 15. Jahrhunderts berichtete ein Reisender von einer »großen Stadt, schön gebaut mit herrlichen Basaren«. Im 18. Jahrhundert fiel Termiz in Trümmer. Das moder-

Restaurator in der Gräberstadt Shohizinda in Samarkand
Portalruine der Karawanserei Rabat-i-Malik
Seltene figürliche Darstellung an der Devon-Begi-Medrese in Buchara
Berglandschaft bei Chimgon
Die Wüste Kizilkum lebt!

ne Termiz ist eine sowjetische Stadt mit fast 90 000 Einwohnern, ihr Zentrum ist der Ex-Leninplatz, auf dem jetzt Hakim al Termezi steht. Zur Altstadt, sechs Kilometer nordwestlich gelgen, kommt man am einfachsten mit einem Taxi. Am besten ist es aber, sich einen Wagen mit Fahrer für einen Tag zu mieten. In Termiz gibt es keine Touristeninformation, im Hotel ›Surkhan‹ kann man aber manchen nützlichen Hinweis bekommen.

Sehenswürdigkeiten in Termiz

In den letzten Jahren sind die Architekturkomplexe renoviert und teilweise wiederaufgebaut worden, was sie manchmal zu neu aussehen läßt. Der Komplex des Hakkim al Termezi befindet sich auf dem Territorium von Alt-Termiz. Abu Abdullah Mohammed ibn Ali ibn Hussein al Hakkim al Termezi war der Begründer des Derwischordens der ›Hakkimi‹. Im Volk hieß er ›Termiz-Ata‹, Vater von Termiz, und wurde wie der Schutzpatron der Stadt verehrt; er galt als der Weise von Termiz. Als Zehnjährigem offenbarte sich ihm sein Wissen in der Steppe, im hohen Alter schlugen ihm Feinde den Kopf ab. Es gibt zwei Todesdaten: 877/78 oder 907/08, wobei letzteres wahrscheinlich ist. Er lebte wohl mit seinen Schülern, den Muriden, in einer Chanaka, in der er auch beigesetzt wurde. Später errichtete man über dem Grab das Mausoleum, das seinen Namen trägt: ein quaderförmiges Gebäude mit Chortak, Kuppel, Stuck und reichem Schnitzwerk (11. Jahrhundert). Unter der Kuppel sieht man Inschriften in Kufischrift. Die Moschee Hakkim al Termezi, eine kleine Gedenkmoschee, von der nur der untere Teil ist erhalten geblieben ist, befindet sich an der Nordseite des Mausoleums.

Zu Beginn des 15. Jahrhunderts wurde die Chanaka Hakkim al Termezi während der kurzen Regierungszeit von Halil-Sultan (1405–1409), einem Enkel Timurs, errichtet. Das Gebäude hat eine quadratische Grundfläche und tiefe Bögen in den Achsen. Im für die Architektur von Termiz charakteristischen, wenn auch für diese Zeit etwas archaischen Stil, ruht die weitgespannte Kuppel auf einem Achteck von Bögen und Ecksegeln, die aus im Fischgrätenmuster vorgelegten Ziegeln erbaut sind. Die Zeit zur Ausführung der Innendekoration reichte nicht, denn Halil-Sultan wurde durch seinen Nebenbuhler Schah Ruch vertrieben. Noch während der Bauzeit an der Chanaka wurde über dem Grab von Hakkim al Termezi ein prachtvolles Grabmal aus weißem Mamor – eine Sagana – errichtet. Besonders effektvoll ist die der Moschee zugewandte Stirnseite; mit einer großen Stalaktitennische in der Mitte und zwei kleineren Nischen an den Seiten ist sie wie eine Gebetsnische gestaltet. Umrahmt wird sie von geometrischen Verzierungen, Bordüren und Inschriften. Die Arbeiten am Grab wurden nach der Machtübernahme durch Schah Ruch offenbar eingestellt. Daß Baktrien das erste Gebiet Mittelasiens war, in dem sich der Buddhismus ausbreitete, ist zweifellos. In Termiz ist die Ausbreitung des Buddhismus in Zusammenhang mit der Herrschaft der Kuschan-Dynastie zu sehen, die auch in Indien herrschte. Nachdem in sowjetischer Zeit viele Ausgrabungen durchgeführt wurden, finanzieren jetzt die Japaner die Ausgrabungen buddhistischer Klöster.

Sehenswert ist außerdem der Kara-Tepe (schwarzer Hügel), eine Erhebung aus Sandstein, die nicht weit von der Kala – der Zitadelle – von Alt-Termiz liegt. In den ersten Jahrhunderten nach Christus wurde der Hügel von Buddhisten für die Gründung eines Klosters genutzt, dessen Räume zum Teil aus den Felsen herausgeschlagen wurden, zum Teil an seinen Hängen und auf seinen Gipfeln gebaut wurden. Da die Ausgrabungen noch im Gange sind, ist bis jetzt nur ein Teil der Anlage des Klosters ›erahnbar‹. Die Grabungen zeigen, daß das Kloster in Form von zwei abgeschlossenen Komplexen angelegt war, die durch Gänge untereinander in Verbindung standen und mit den höher gelegenen Bauten über Treppenschächte verbunden waren. In jedem Block befand sich ein kleiner geschlossener Hof, der von einer stufenartigen Erhöhung – einer Stupa – umgeben war. Hölzerne Säulen spendeten Schatten. In den Nischen der Mauern standen Statuen Buddhas. An die Höfe grenzte der Höhlentrakt, in dem sich auch das Heiligtum befand: ein quadratischer Raum mit Korridoren an drei Seiten. Der ganze Bau bestand aus Mergelkalksandstein, und die Gebäude waren rot bemalt. Im unteren Teil einer Wand waren Wandmalereien vorhanden. Die Ausgrabungen geben eine gute Vorstellung von einem großen buddhistischen Höhlenkloster – eines Vihara – im kuschanischen Baktrien.

Ein anderes buddhistisches Kloster, Fajaz-Tepe, lag im Nordwesten der Stadtmauern des kuschanischen Termiz. Im 1. und 2. Jahrhundert errichtet, wurde es schon im 3. Jahrhundert verlassen. Im 5. Jahrhundert dienten die Ruinen den Hephtaliten als Begräbnisstätte. Auch hier legen Ausgrabungen den Stil der kuschanisch-baktrischen Architektur, Bildhauerei und Malerei frei. In einem Kloster solchen Types (Sangarama) wurden Reliquien aufbewahrt. Die Wände bestanden aus Lehmziegeln und Stampflehm. Östlich befand sich ein Stupa, ein buddhistischer Kultbau zur Aufbewahrung von Reliquien. Er hatte eine zylindrische Basis, auf der das glockenförmige Hauptmassiv lag, welches aus Lehmziegeln gefertigt war. Die Oberfläche trug Verzierungen aus weißem Stuckmörtel. Bevor das Kloster verlassen wurde, hatte man das Heiligtum zum Schutz in Lehmziegel eingehüllt. Reste der Malerei und ein Buddhabild sind bereits freigelegt worden.

Nordöstlich der Festungsmauer des kuschanischen Termiz liegt der Zurmala-Turm. Er besteht aus luftgetrockneten Lehmziegeln und sieht etwas deformiert aus. Früher hatte er einen Durchmesser von 14,5 Metern und war 16 Meter hoch; er stammt aus der Epoche der Großen Kuschan.

In der Nähe der Nordmauer befindet sich eine Gruppe von Bauten, von denen ein Teil schon vor langer Zeit zur Gewinnung von Baumaterial abgerissen wurde. Hier stand im 6./7. Jahrhundert das Schloß Keschk. Der untere Teil stand auf einer Plattform vom 25 mal 25 Metern. Darauf wurde die Hauptetage errichtet, in deren Mittelachse der zentrale Korridor verlief, an dessen beiden Seiten je fünf langgestreckte Räume lagen. Möglicherweise lag darüber noch eine Etage.

Die Moschee Chor Sutun mit einem Minarett liegt südwestlich der Ruinen von Keschk. Ihr Name, ›vierzig Säulen‹, ist eine Gattungsbezeichnung für einen Moscheentyp. Diese Gebäude hatten nie vierzig Säulen, vielmehr wurde die Illusion durch die Spiegelung in einem Wasserbecken erreicht. Auch die Chor-Sutun-Moschee in Termiz verfügte über höchstens neun Säulen. Sie war klein und hatte neun Kuppeln, die auf Pfeilern ruhten. Das Minarett war schon im letzten Jahrhundert zerstört. Eine Kufiinschrift gibt das Baudatum an: das Jahr 423 der Hedschra, also 1045/46. Damit ist das schlichte Minarett eines der ältesten in Mittelasien.

Acht Kilometer nordöstlich der Neustadt, auf dem Gelände des vormongolischen Termiz, liegt das Ensemble Sultan Saodat, Begräbnisstätte der Zaidenfamilie, die als direkte Nachfahren des Propheten Mohammed galten und eine hohe Stellung in der moslemischen Geistlichkeit einnahmen. Das ursprüngliche Zentrum befand sich im Südwestteil der Anlage, wo zwei Mausoleen durch einen großen Ayvon vereinigt werden. Das zweite, gegenüberliegende Mausoleum ist das älteste Gebäude und innen wie außen in einem zartrosa gehaltenen Farbton gestaltet. In der zweiten Hälfte des 15. Jahrhunderts erfolgten Anbauten. Zwei neue Mausoleen mit einander zugewandten Portalen grenzen dicht an die Fassaden der beiden ersten Gebäude. Im 16. Jahrhundert entstand etwas abseits ein größerer dreiräumiger Bau mit einem kleinen Ayvon in der Mitte. Die Idee der älteren Mausoleen, die durch eine Gewölbenische miteinander verbunden sind, fand auch hier Verwendung. Später wurden noch zwei Gebäudegruppen nach dem selben Schema hinzugefügt.

Auch die Festung Kyrk Kyz (40 Jungfrauen) befindet sich in der Nähe der Sultan-Saodat-Mausoleen. Der Sage nach ist die Festung mit jungfräulichen Amazonen verknüpft. Wahrscheinlich handelt es sich aber um eine Stadt der Samaniden, denn ein alter Name nennt den Ort Shaxri Saman. Offenbar stand hier eine monumentale Sommerresidenz mit 50 Räumen und mehreren Ayvonen. Wegen der noch teilweise erhaltenen 55 Meter langen Mauern ist die Festung gut zu erkennen. Zwar sind die einstigen zwei Etagen längst zu einer verschwommen und auch das Dach ist nicht mehr da, dennoch bekommt man einen Eindruck von einem Schloß aus der sogdischen Zeit.

Die afghanische Grenze mit der ›Brücke der Freundschaft‹ liegt 18 Kilometer östlich von Termiz. 1979 überquerten hier die sowjetischen Truppen den Grenzfluß Amudarja – es begann der Afghanistankrieg. Die Brücke ist hermetisch abgeriegelt, und nur mit einer lange im voraus zu beantragenden Sondererlaubnis könnte man die drei Kontrollen überwinden. Für Touristen ist es fast unmöglich, diese Genehmigung kurzfristig zu bekommen, auch nicht über einen usbekischen Reiseveranstalter. Vor dem Krieg 2002 verlief hier eine Hauptroute der Drogenschmuggler und Waffenschieber. Die Brücke und den Amudarja kann man etwa 16 Kilometer südlich von Termiz sehr gut sehen, dort fährt man auch an den Grenztürmen entlang.

Vorwahl: aus Deutschland/Österreich/Schweiz 009 98/76 22, aus anderen Städten in Usbekistan 8/376 22. Am besten man erkundigt sich bei zwei Agenturen vor einer Reise nach Termiz, idealerweise in Samarkand, da Samarkand näher an Termiz liegt als etwa Taschkent. In Samarkand kann man bei Uzbektourism, Tel. 33 55 94, Kemal Ataturk ko'chasi 10, und Asia Travel, Tel. 35 86 76, 2. Etage im Hotel ›Samarkand‹, nachfragen.

Im Frühjahr 2003 waren fast alle Hotels in Termiz von deutschen Soldaten belegt, die von hier nach Afghanistan fliegen – die Hoteliers sind angesichts der sowieso guten Buchungen nicht sonderlich an Klienten interessiert.
Im Stadtzentrum an der Hauptstraße liegt das Hochhaus des Hotels ›Surxan‹, At-Termizi 9a, Tel. 275 99. Die Preise sind verhandelbar und liegen zwischen 20 und 50 Dollar. Das Hotel soll ab März 2003 renoviert werden. Hotel ›Surkhan‹, Hakkim al Termezi ko'chasi, Tel. 376 22/465 45. Das Doppelzimmer kostet 20 Dollar.

Direkt neben dem Hotel ›Surxan‹ befindet sich das Restaurant ›Orom‹, Tel. 724 71, das eine sehr lesenswerte, deutsche Speisekarte hat.
›Russkaja Kuchnja‹ befindet sich an der 1 Malika Kkharat ko'ch, Tel. 249 90.

Das ärchäologische Museum befindet sich auf der Hauptstraße At-Termizi und ist von 10 bis 17 Uhr geöffnet.

Der Markt ist an der Hauptstraße At-Termizi, unweit des Uhrturms. In unmittelbarer Nähe befindet sich ein Buchgeschäft, in dem ein guter englischen Bildband (›Termes‹) verkauft wird. Gelegentlich ist auch ein Stadtplan im Angebot.

Täglich kann man nach Taschkent fliegen. Nach Afghanistan kommt man mit den Überlandbussen als Ausländer in der Regel nicht. Es gibt regelmäßige Busverbindungen nach Samarkand (sieben Stunden) und Buchara (acht Stunden). Mit dem Sammeltaxi Nr. 4 kommt man bequem vom Busbahnhof zum Hotel ›Surkhan‹.

Chiwas Innenstadt, die als Festung errichtet wurde, erhielt ihre charakteristische Anlage erst vor 200 Jahren. Seitdem hat sich allerdings wenig verändert, so daß die Stadt heute einem belebten Freiluftmuseum gleicht.

Chiwa

Leuchttürme in der Wüste

Die Oase Choresm, in der sich Chiwa (usbek. Xiva) und Urganch befinden, liegt zwischen der Roten und der Schwarzen Sandwüste. Ihren Vegetationsreichtum verdankt sie dem Amudarja und seinem weitverzweigten Kanalsystem. Ähnlich wie der Nil in Afrika ist der Amudarja der fruchtbarmachende Strom Mittelasiens, sein mitgeführter Schlamm soll sogar noch besser als der Nilschlamm sein. So hat man auch nur selten die Assoziation, mitten in der Wüste zu sein. Nur wenn man mit dem Flugzeug in Urganch landet und den Sand überflogen hat, merkt man, daß man sich tatsächlich in einer Oase befindet. Heute leben in diesem Gebiet eine Million Menschen. Im Norden schließt sich die Karakalpakische Autonome Republik an.

Vor vielen Jahrhunderten wurde Chiwa zu dem Ort, an dem durstige Reisende Rast machten. Mit Avicenna und Al Biruni, dem Mathematiker, erlangte die Oase Choresm (usbek. Xorezm) Weltruhm auf wissenschaftlichem Gebiet. Dann aber war die Stadt bis ins 18. Jahrhundert ein Nest von gefürchteten Karawanenräubern, das strategisch günstig mitten in der Wüste lag. Die Minarette der Stadt lockten als Wüstenleuchttürme Karawanen an, welche eine bedeutende Steuereinnahmequelle darstellten. Ende des 18. Jahrhunderts kam es – nachdem der Perser Nadir Schah Mittelasien erobert hatte – zu einem plötzlichen Wiederaufleben der kulturellen Aktivitäten in Chiwa. Schon 1715 interessierten sich die Russen – auf der Suche nach einem kürzeren Weg nach Indien – für die Oase, aber alle ihre Expeditionen scheiterten. Erst 1873 erkannte der Chan von Chiwa die Oberhoheit des Zaren an.

Das heutige Chiwa hat 60 000 Einwohner, von denen 80 Prozent in der äußeren Stadt leben. Das Leben der Chiwaer spielt sich auf dem Basar östlich der Altstadt ab. Ansonsten hat die äußere Stadt kein Zentrum. In der Silhouette der Stadt finden sich keine Hochhäuser, alles wirkt grün und ruhig. Auf den Straßen ist nicht viel los. Wenn man in die Stadt fährt, sieht man zuerst verschiedene Nutzpflanzen, die angebaut werden, neben Baumwolle, Reis und Sago natürlich verschiedene Obstsorten. Aus Chiwa sollen die besten und süßesten Weintrauben kommen, und die Chiwaer Melonen wurden schon im Mittelalter als Delikatessen gehandelt und bis nach Bagdad exportiert. Auch heute schmecken sie wunderbar.

Stadtgeschichte

Wie alle Städte Usbekistans wird auch Chiwa immer älter – denn fast jährlich finden Archäologen neue Beweise, denen zufolge die Ansiedlungen älter sind, als bisher angenommen. 1997 feierte Chiwa sein 2500jähriges Stadtjubiläum. Das

Chiwa

Legende

1 Basar
2 Post
3 Kino
4 Al-Xorezmi-Museum
5 Sammeltaxis nach Urganch
T Teestuben

architektonische Bild der Stadt, das der Besucher heute sieht, entstand jedoch Ende des 18. bis zu Beginn des 20. Jahrhunderts. Im 14. Jahrhundert war Chiwa eine große Stadt, die auf einem der Haupthandelswege lag. Im 16./17. Jahrhundert geriet es wegen verschiedener Kriege in eine desolate ökonomische Lage und wurde im 17. Jahrhundert Zentrum des selbständigen Chanats von Chiwa. Damals machte sich die Stadt einen Namen als Sklavenhandelsmetropole. Ein Jahrhundert später war das städtische Leben fast ausgestorben. Dazu hatten immer wieder aufflammende Unruhen, Pest und Hunger geführt. In den 60er Jahren des 18. Jahr-

Der Eingang zur Festung Kox'na Ark

hunderts schreibt ein Augenzeuge: »In Chiwa lebt bis auf vierzig arme Familien niemand mehr. Das Freitagsgebet fand meist in Anwesenheit von drei bis vier Leuten statt. In der Stadt begann die Tamariske zu blühen, und in den zerstörten Häusern hausten wilde Tiere.«

Als Anfang des 19. Jahrhunderts ein Herrscher aus der Kungrat-Dynastie an die Macht kam, stabiliserte sich die Lage, und es begann erneute Bautätigkeit. Chiwa wurde als Festung errichtet und blieb dies bis zur Integration in die Sowjetunion. Die Stadttore verbanden die innere Stadt (Ichan Kala) mit der äußeren Stadt, in der Gärten mit Obstbäumen und Wasserbecken zu finden waren. Auch die äußere Stadt (Dishan Kala) war von einer Mauer umgeben.

Auf Chiwa treffen bis heute die wesentlichen Merkmale der für diese Region typischen Stadt- und Baugestaltung zu: Die vier Tore verbanden zwei sich in der Mitte kreuzende Straßen. In der Innenstadt von Chiwa liegen auch die religiösen, administrativen und wirtschaftlichen Zentren, also die Hauptmoschee, die Medresen, Mausoleen, die Paläste des Chans, aber auch verschiedene Markthallen und die Karawansereien. Auf vergleichsweise kleinem Raum befanden sich zwei Paläste, mehr als sechzig Medresen und kleine Moscheen, Mausoleen, eine Versammlungsmoschee, Bäder, die Karawanserai sowie die Wohnräume der Vertrauten des Herrschers, von Beamten, Geistlichen und reichen Kaufleuten. Die meisten Bauten in der inneren Stadt stammen aus dem dem 19. Jahrhundert. Der Stadtkern wurde schnell errichtet, deswegen wirkt er zusammenhängend und kompakt. Die engen Straßen, die gesichtslosen Fassaden und die Wachtürme lassen noch heute eine Stimmung von Überwachung und Strenge nachvollziehen. Auch wenn durch die starke Besiedelung der Innenstadt im letzten Jahrhundert vieles verändert wurde, so bietet Chiwa dennoch einen anschaulichen Eindruck vom traditionellen Stadtbild einer mittelasiatischen Oasenstadt. Heutzutage stellt die restaurierte Altstadt ein Freiluftmuseum dar, in dem das Leben pulsiert, denn Schulklassen sind unterwegs, und Brautpaare kommen hierher. Auch ist der Rand der Altstadt nach wie vor bewohnt. 1967 wurde die gesamte Altstadt unter Denkmalschutz gestellt.

Kalta Minor

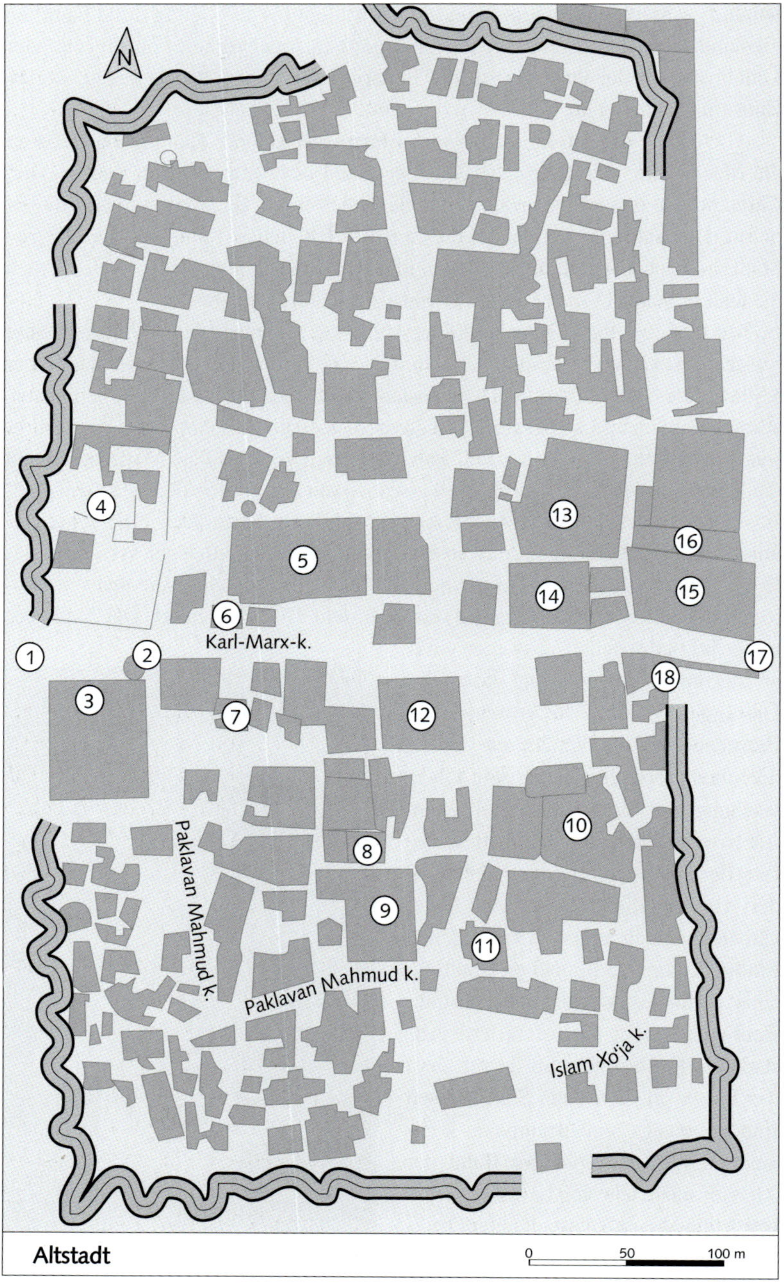
N
1
2
3
4
5
6
7
8
9
10
11
12
13
14
15
16
17
18
Karl-Marx-k.
Paklavan Mahmud k.
Paklavan Mahmud k.
Islam Xo'ja k.
0
50
100 m

Altstadt

Altstadtrundgang

Den Stadtrundgang beginnt man am besten am westlichen Tor, dem Ota Darvoza. Sofort fällt das Kalta Minor (kurzes Minarett) ins Auge. Es sollte das höchste Minarett der Stadt werden, denn sein Auftraggeber wollte sich damit ein Denkmal setzen, aber leider wurde es wegen statischer Probleme nicht weiter gebaut. Der Durchmesser beträgt 14 Meter, und es ist lediglich 26 Meter hoch. Gerüchteweise hat der Baumeister es nicht höher bauen wollen, weil er dem Emir von Buchara ein höheres Minarett als das von Chiwa versprochen hatte.

Rechts dahinter befindet sich die Medrese Muhammad Amin Chan, erbaut 1852–1855. Sie mißt 78 mal 60 Meter und ist damit die größte und am reichsten ausgestattete Hochschule für das Studium der Koran- und Islamwissenschaften in Chiwa. Hier studierten im letzten Jahrhundert bis zu 250 Studenten gleichzeitig. Außen- und Innenfassaden wurden, wie es seit dem 17. Jahrhundert in Mode gekommen war, durch doppelgängige Loggiengänge gestaltet. Das restaurierte, imposante Portal führt in einen idyllischen Innenhof. Hier befand sich die Bibliothek und der hohe geistliche Gerichtshof. Der Namensgeber galt als einer der profiliertesten und grausamsten Chiwaer Herrscher.

Ko'xna Ark

Biegt man am Kalta Minor von der Hauptstraße nach links ab, kommt man zur Ko'xna Ark, der Zitadelle an der westlichen Mauer von Ichalan Kala, deren Gebäude aus dem 17.–19. Jahrhundert stammen. Ko'xna Ark, was soviel heißt wie alte Festung, diente als offizielle Residenz der Chiwaer Chane. Sie beherbergte eine Kanzlei, das Arsenal, den Münzhof, eine Moschee und den Empfangssaal. ›Alt‹ wurde sie deswegen genannt, weil sie an der Stelle errichtet

Legende

1 Tor Ota Darvoza
2 Kalta Minor
3 Medrese Amin Chan
4 Ko'xna Ark
5 Medrese Raxim Chan
6 Scheich-muktar-Ata-Moschee
7 Mausoleum von Said Alloviddin
8 Pahlavon-Maxmud-Mausoleum
9 Shergozi-Chan-Medrese
10 Islom-Xo'ja-Medrese
11 Bagbany-Moschee
12 Juma-Moschee
13 Palast Toshxauli
14 Medrese Kutluq Murad Inaq
15 Allakuli-Chan-Medrese
16 Allakuli-Chan-Tim und Karawanserei
17 Osttor (Polvon Darvoza)
18 Anusha-Chan-Bäder

wurde, wo schon einmal eine Zitadelle gestanden hatte. Begonnen wurde Ko'xna Ark in den Jahren 1804–1806 durch Allakuli Chan, 1825 wurde der Bau fortgesetzt und Anfang des 20. Jahrhunderts vollendet. Der hohen Mauer aus getrocknetem Ziegeln sieht man nicht an, daß sie einen Palast verbirgt. Die Eingangstore zur Festung sind von Türmen verstärkt, was den wehrhaften Charakter noch betont. Unweit der Tore befindet sich ein kleiner Hof mit Winter- und Sommermoschee und dem Münzhof, der bereits Anfang des 15. Jahrhunderts hier seinen Platz hatte. Die Chiwaer Chane prägten goldene, silberne und kupferne Münzen und wuschen Geld: Das Stoffgeld aus Seide mußte nämlich gereinigt werden.

Zentrum des offiziellen Lebens war der kleine Empfangsplatz, der Kurinysch-Chan genannt wurde und dessen Entstehungszeit in die Jahre 1804–1806 fällt. Es ist ein abgetrennter, gemütlicher Hof, dessen eine Seite von einem Ayvon umgeben ist, hinter dem sich ein niedriger Thronsaal befindet. Hier gaben die Chane häufig ihre Empfänge, dabei saßen sie neben einer Jurte, die auf einer runden Erhebung aus Ziegeln aufgebaut war. Um zum Kurinysch-Chan zu gelangen, mußten die Abgesandten, so berichtet ein russischer Diplomat aus dem letzten Jahrhundert, durch drei nicht allzu große Höfe gehen, die heute nicht mehr erhalten sind. Im ersten wartete man gemeinsam auf die Audienz, im zweiten standen die Wachen, im dritten hatte sich der Rat des Chans versammelt, im vierten saß schließlich der Chan selbst. In den kleinen Zimmern, die sich in umittelbarer Nähe des Hofes befanden, waren der Staatsschatz und die Dokumentenkammer untergebracht. Nur durch Kurinysch-Chan war es möglich, in die Gemächer des Harems zu gelangen, die immerhin die Hälfte des gesamten Terrotoriums von Ko'xna Ark einnahmen. In einer speziellen Nische am Kopfende des Saales stand ein hölzerner Thron, der mit dünnen Silberplättchen bedeckt war und heute in der Rüstkammer des Kremls in Moskau zu sehen ist. Die Wandverkleidung diente als eine Art Schrank, hier konnten Porzellan und Aromavasen aufgestellt werden.

Blick über die alte Festung

Der Ayvon besteht aus geschnitzten Säulen und Türen. Derartige Holzschnitzereien sind überall in Chiwa zu finden, die den Ayvon verkleidenden Majoliken allerdings konnte sich nur der Chan erlauben. Ihre Muster sind typisch für Chiwa: auf dunklem Untergrund erscheinen hellblaue geometrische und florale Ornamente, die die Wände des Ayvons und der Sommersmoschee wie eine Tapete bedecken. Hat man vorher schon den Majolikaschmuck in Samarkand gesehen, so fällt auf, das die Chiwaer Majoliken wesentlich unsauberer gearbeitet sind. Sie sind außerdem einfacher in der Ausführung, und die geometrischen Figuren sind alles andere als kompliziert. Wenn man die Majolikaverkleidung von Thronsaal und Sommermoschee vergleicht, so fällt sofort ins Auge, daß im Thronsaal unruhige Muster dominieren. Dies liegt daran, daß im Thronsaal auch Gericht gehalten wurde – deswegen durfte der Chan nicht einschlafen. In der Sommermoschee dagegen sind die Majolikamuster ruhig und harmonisch – hier konnte auch schon mal ein Nickerchen gemacht werden.

Deckenmalerei im Thronsaal der Festung

Man sollte sich unbedingt die unregelmäßigen und hohen Stufen zum Aussichtspunkt hinaufquälen. Der Panoramablick entschädigt für alle Mühen. Außerdem kann man sich an den Wänden sehr gut anschauen, wie Stampflehm verarbeitet und als Baumaterial genutzt wird wurde.

Hat man die Festung verlassen, kann man schnell einen Blick nach rechts in den Zindan, den Kerker, werfen. Anschaulich sitzt ein Gefangener hinter Gittern, und Bilder stellen eine Steinigungsszene vom Anfang unseres Jahrhundert dar.

Auf der anderen Seite des Platzes liegt die 1871 errichtete Medrese Muhammad Raxim Chan. Jeder Herrscher ließ gegenüber seinem Palast eine Medrese erbauen, um sowohl seine Religiösität unter Beweis zu stellen als auch sich selbst ein Baudenkmal zu setzen.

Geht man nun in südlicher Richtung vorbei an der Scheich-muktar-Ata-Moschee über die Hauptstraße, befindet sich rechts das Mausoleum von Said Alloviddin, einem Nashbandi-Sufimeister, der 1303 starb. Das Mausoleum bestand ursprünglich nur aus einem kleinen qaudratischen Grabbau. Die Sagana, also das Grabmal selbst, ist über und über mit Majoliken verziert. Es wurde zu einer heiligen islamischen Stätte, um die herum mehrere Gebäude entstanden. An der Westseite errichtete man einen großen Kuppelbau mit einem Eingangsportal und einem Gedenksaal. Rundherum wurden immer mehr Gräber angelegt.

Pahlavon-Maxmud-Mausoleum und Shergozi-Chan-Medrese

Am besten folgt man der Straße weiter Richtung Süden und biegt dann links ab, zum heiligsten und schönsten Mausoleum in Chiwa. In das Pahlavon-Maxmud-Mausoleum kommen auch heute noch Hochzeitspaare und Pilger, um zu beten – außerdem gibt es im Innenhof der Anlage einen heiligen Brunnen, dessen Wasser verjüngende Wirkung haben soll. Pahlavon Maxmud (1247–1325) war, wie sein Nachname sagt, Kürschner. Außerdem war er ein berühmter Dichter, Ringer und ein Krieger, der keine Niederlage kannte. Das Volk nannte ihn ›Pahlavon-Ata‹ – Heldenvater, er galt als der ›Pir‹, als der geistige Führer und Lehrmeister Chiwas. Über seinem Grab wurde zuerst ein Kuppelmausoleum errichtet, das allerdings einstürzte. 1913 entstand ein neuer Gebäudekomplex, der das Grabmal einschließt. Geht man durch den Hof geradeaus, kommt man direkt in das Mausole-

Die letzte Ruhestätte des beliebten Volkshelden Pahlavon Maxmud

um. Will man den Gedenkraum (Sirat-Chane) betreten, muß man sich die Schuhe ausziehen. Links befindet sich der Gur-chane mit dem Grab des Pahlavan Maxmud, vor dem in der Regel Gläubige beten. Links vor dem Mausoleum, aber noch im Innenhof, befinden sich Grabmale der Chane von Chiwa. Die türkisblaue Kuppel der Anlage beherrscht die Silhouette von Ichalan Kala.

Gegenüber dem Mausoleum liegt die Shergozi-Chan-Medrese (1718–1720). Nach 1710 kam die Bautätigkeit in Chiwa für ein Jahrhundert nahezu zum Erliegen. Dennoch wurde in dieser Zeit des Verfalls die Medrese des Schergozi-Chan errichtet. Von einem räuberischen Feldzug nach Meschked brachte der Chan 5000 persische Sklaven mit. Er versprach ihnen, daß sie nach Beendigung des Baus zurückziehen dürften, aber die Fertigstellung verzögerte sich immer wieder. So töteten die Sklaven den Chan in seiner eigenen Medrese. Städtebaulich ist die Anlage etwas ungünstig konzipiert: Sie liegt an einem Abhang mit einem Höhenunterschied von bis zu 20 Metern. Das Gebäude ist eine der größten Medresen Chiwas mit quadratischem Hof und einstöckigen Zellen. Der Bau besitzt keine Dekorelemente und grenzt an das Shergozi-Chan-Mausloeum, in dem der Chan bestattet wurde. Im 18. Jahrhundert lebte der turkestanische Dichter Mahzum Kuli in der Medrese:

Drei Tage, jeden Tag, teiltest du das Salz mit mir, –
Verzeih', ich gehe, schöner Schirgazi!
Du warst ein Heim mir im Winter und im Frühling, –
Verzeih', ich gehe schon.
Ich werde leben, Freund und Feind erkennend,
Mir ist die Wahrheit jetzt die heil'ge Bündnerin;
Hier lag das gold'ne Buch mir offen.
Verzeih', ich gehe, schöner Schirgazi!

Islom-Xo'ja-Medrese und Bagbany-Moschee

Folgt man der Straße vor der Shergozi-Chan-Medrese in Richtung Osten, gelangt man zur Islom-Xo'ja-Medrese und dem gleichnamigen Minarett, beides zu Beginn des 20. Jahrhunderts errichtet. Islom Xo'ja war in dieser Zeit ein sehr beliebter Großwesir in Chiwa. Das Ensemble ist das letzte Großprojekt, das in den mittelasiatischen Chanaten errichtet wurde. Mit knapp 45 Metern ist das Minarett ein wenig kürzer als das Kalon-Minarett in Buchara, aber fast 800 Jahre jünger. In den Räumen der Medrese befindet sich das interessante Stadtmuseum Chiwas, in dem sowohl Stadtgeschichte als auch angewandte Kunst zu sehen sind. Das Minarett kann man gegen eine Gebühr besteigen. Die Stufen sind unregelmäßig (Mus-

Das Minarett Islom Xo'ja

kelkater ist garantiert), und es ist dunkel. Auch ist der Ausblick verglichen mit dem, den man von der Festung aus hat, nicht sonderlich interessant.

Weiterhin sehenswert ist die Bagbany-Moschee, die sich südlich des Islom-Xo'ja-Komplexes befindet. Sie diente einst als eine kleine Stadtviertelmoschee und ist mit Säulen aus dem 14./15. Jahrhundert ausgestattet. Das Baudatum der Moschee selbst ist das Jahr 1809. Zu beachten ist die Eingangstür mit herrlicher ornamentaler Schnitzerei. Die Holzsäulen des Ayvon sind wesentlich älter als die Moschee selbst. Sie sind völlig mit Schnitzereien überzogen. Entweder wurden sie aus anderen Gegenden hierher gebracht, oder sie sind die Reste einer noch älteren Moschee.

Juma-Moschee

Folgt man der Straße vor der Medrese wieder in Richtung Norden, trifft man an der Ecke zur Hauptstraße auf die Juma-Moschee (1788/89). Nur ein hohes Minarett, auf das sich ein schmaler Gürtel blauer Glasur gelegt hat, weist darauf hin, daß sich hier eine Moschee befindet. Die Moschee selbst ist von außen unscheinbar und als solche nicht zu erkennen. Auffällig sind an dem ebenerdigen Gebäude nur die geschnitzten Türen mit ihren Bronzeverzierungen. Der leicht trapezförmige Innenraum besteht aus einer Säulenhalle, weswegen die Moschee auch als ›Cordoba Mittelasiens‹ bezeichnet wird. Ursprünglich waren es 212 Säulen (heute sind viele in Museen), die die Decke hielten. Die meisten Säulen sind schlank, oben haben sie Kapitelle, unten ein kugelförmiges Element: die Kuzaga, die durch eine Scharnierangel mit der Basis verbunden ist. Viele der hölzernen Säulen wurden aus anderen Gebäuden verschiedener Zeiten und sogar anderen Städten hergebracht. Sie sind in klassischen Formen geschnitzt, die schon im 10./11. Jahrhundert bekannt waren. 25 Säulen stammen aus dem 10. bis 16. Jahrhundert. Wenn man sich etwas länger mit den Säulen beschäftigt, kann man die Unterschiede erkennen: im 10. Jahrhundert dominiert tiefes Schnitzwerk mit glattem Untergrund und einem abstrakten Ornament, dem s-förmige Elemente zugrunde liegen. Arabische Inschriften wurden in der strengen geometrisierten Kufi-Schrift ausgeführt. Im 11./12. Jahrhundert wird das Schnitzwerk flacher: stilisierte Pflanzenmuster und voll entwickelte Kufi-Schrift sind zu sehen. Im 15./16. Jahrhundert wird die Schnitzerei noch tiefer, Pflanzenornamente und Inschriften in Neski-Schrift auf dem Hintergrund von Pflanzentrieben und -ranken treten auf. Auf einer Säule ist das Datum 1510 vermerkt. Belüftet und erhellt wird die Moschee durch eckige Deckenöffnungen, die in den letzten Jahren leider verglast wurden, was dem Gebäude viel von seiner Atmosphäre genommen hat, aber sicherlich bedeutend zur Konservierung beiträgt.

Palast Toshxauli

Der zweite Palast in der Innenstadt nennt sich Toshxauli (Steinernes Haus). Er bestand einst aus drei Höfen, einem Harem, einem Gerichtshof, einem Festsaal und sechs Ayvonen. Alles ist mit glasierten Kacheln und typisch choresmischen Ornamenten reich verziert. Heutzutage ist noch der Harem zu besichtigen. Im vom Eingang gesehen linken Gebäudeteil befinden sich nebeneinander fünf hohe Ayvone, die durch gleichartige Wohnräume geteilt wurden. In ihnen lebte der Chan mit seinen vier Frauen. Hier soll der letzte Chan auch seinen Goldschatz aufbewahrt haben, der angeblich noch immer von einer Kobra bewacht wird. Wer sich fürchtet, möge lieber nicht in die Räume gehen. Auf der anderen Seite, auf der die Sonneneinstrahlung viel intensiver ist, mußten die Verwandten sowie die Nebenfrauen und Bediensteten wohnen. In der Mitte des Hofes steht ein Sockel für die Jurten. Die Wände des Palastes sind mit Majolika-Schmuck verkleidet. In Chiwa ist allerdings die Farbskala der Kacheln begrenzt, die Zeichnungen sind oft nicht rein und verlaufen ineinander.

Vámbéry beschreibt das Haremsleben und die Situation der Herrscherin von Chiwa im 19. Jahrhundert: »Der Harem hier ist bei weitem nicht das, was er am türkischen oder persischen Hofe ist. Die Zahl der Frauen ist beschränkt, das feenhafte Kolorit des Haremslebens fehlt gänzlich, alles ist auf strenge Keuschheit in Sittsamkeit abgesehen, und es ragt auch in dieser Beziehung der Hof von Chiwa über alle östlichen Höfe hervor. Gesetzliche Frauen hat der gegenwärtige Chan nur zwei, obwohl der Koran deren vier gestattet. Die Gesetze der Keuschheit erfordern es, den größten Teil des Tages im Harem zuzubringen, wo auf Putz und Toilette verhältnismäßig wenig Zeit vergeudet wird; auch haben die Frauen des Harems nicht viel Zeit zu vergeuden, da es einer landesüblichen Sitte nach erwünscht ist, daß Kleider, Teppiche und sonstige Zeuge, welche der Fürst gebraucht, wenn schon nicht alle, so doch der größte Teil, von der Hand seiner Gemahlin bereitet sein sollen. Dies erinnert stark an die Sitte der altpatriar-

Säule mit charakteristischem Sockel im Palast

chalischen Lebensweise, von welcher Turkestan, trotz seiner Rauheit, noch manchen hübschen Rest aufbewahrt hat.

Spaziergänge und Ausflüge macht die Fürstin von Chiwa nur zu den in der Nähe der Stadt gelegenen Lustschlössern und Sommerpalästen, bei welcher Gelegenheit sie sich nie zu Pferde dahin begibt, sondern in einem buntbemalten, mit roten Teppichen und Tüchern verhängten und verschlossenen großen Wagen. Vor und hinter dem Fahrzeug traben einige Reiter, die mit weißen Stäben versehen sind. Auf ihrem Zuge erhebt sich alles ehrfurchtsvoll von den Sitzen und grüßt in tiefer Verbeugung: Kühne Forscherblicke in das Innere des Wagens zu werfen, fällt niemand ein; es wäre dies bei der sorgfältigen Verhüllung auch nutzlos. Eine so verwegene Tat müßte übrigens nicht bloß bei der Frau des Regenten, sondern auch bei der Gemahlin jedes anderen Beamten mit dem Tode gebüßt werden.«

An der Hauptstraße liegt die Medrese Kutluq Murad Inaq (1804–1812). Sie ist die erste zweistöckige Medrese in Chiwa, die nach bucharischem Vorbild gebaut wurde. Ihr Erbauer wurde in ihrem Inneren beigesetzt. Kutluq Murad Inaq war allerdings außerhalb der Mauern von Ichalan Kala gestorben, und es existierte ein Verbot, Verstorbene durch die Stadttore zu tragen. Die Geistlichkeit fand einen Ausweg: vor der Moschee wurde die Festungsmauer durchbrochen, und so gehörte die Medrese zum Gebiet der äußeren Stadt. Der verstorbene Herrscher wurde durch diesen Durchbruch bestattet.

Gegenüber steht die Allakuli-Chan-Medrese, die 1834 errichtet wurde. In jener Zeit entstand auch der Allakuli-Chan-Tim (Handelskuppel), denn bedingt durch die Ausweitung des Handels mit Buchara, Rußland und Persien brauchte man mehr Handelsraum. Die Hauptbasare, auf denen mit Getreide, Seife und Wachs gehandelt wurde, legte man direkt an die Stadttore. Damit die Händler auch Unterkunft fanden, baute Allakuli Chan zusätzlich eine riesige Karawanserei, für die die Mauer von Ichan Kala eingerissen wurde. Die Karawanserei war nicht nur Herberge für Kaufleute, sondern auch Ort des Markthandels. Der Tim ergänzte die Karawanserei und bildete den Durchgang zwischen innerer und äußerer Stadt.

Rund um das Osttor

Das Osttor, Polvon Darvoza, wurde 1804 bis 1806 errichtet. Dahinter befindet sich heute ein kleiner Basar. An dieser Stelle standen ursprünglich ganz normale, durch Türen verstärkte Stadttore. Erst Anfang des 19. Jahrunderts, als sich der Handel zwischen Chiwa, Buchara und Rußland ausweitete, wurden innere Galerien gebaut. Zwischen dem Polvon Darvoza und der Oq-Moschee befindet sich das älteste Gebäude dieses Viertels – die Bäder von Anusha Chan aus dem Jahre 1657. Man baute sie unter die Erde, damit sich die Wärme länger hielt. Wie alle orientalischen Bäder haben sie verschiedene Räume: ein Vestibül, ein Umkleidezimmer und ein Waschzimmer. Gelüftet wird durch kleine Löcher in der Kuppel. Die Oq-Moschee entstand 1838 bis 1842 und wurde auf einem alten Fundament aus dem 17. Jahrhundert errichtet. Von der Säulenhalle bietet sich der Blick in die

Faszinierende architektonische Details begegnen einem in Chiwa auf Schritt und Tritt

zwei wichtigsten Straßen Chiwas. In diesem Viertel kann man an den Gebäuden häufig herausstechende Balken entdecken. Sie sollen den bösen Blick vom eigentlichen Gebäude ablenken.

Außerhalb der Altstadt befinden sich mehrere Sommerresidenzen, die aber nicht immer geöffnet haben, außerdem ein Kulturpark, der von weitem durch das Riesenrad erkennbar ist.

Jenseits des Osttores befindet sich der Basar, hier kann man verschiedene Stoffe, Melonen und vieles mehr kaufen. In den Gebäuden, quasi den Katakomben der Stadtmauer am östlichen Stadttor, gibt es eine Art Universalkaufhaus, in dem man vom Waschpulver bis zum Teppich alles bekommen kann. Kunsthandwerk kann man in der gesamten Altstadt kaufen – auch in Chiwa ist jede Medrese ein Souvenirshop. Eine Teestube gibt es neben dem Islom-Xo'ja-Ensemble, ab August kann man hier die köstliche selbstgemachte Maulbeermarmelade probieren.

Vámbéry beschreibt das grausame Chiwa: »Schrecklich ist die Erinnerung an die Szenen, die ich im äußersten Vorhof des Palais erlebte. Dort fand ich gegen 300 kriegsgefangene Tschaudorsm die, in Fetzen gehüllt, von Todesfurcht und Hunger einige Tage gepeinigt, aussahen, als wären sie aus dem Grabe aufgestanden. Sie waren schon in zwei Abteilungen geteilt, nämlich in solche, die noch nicht das vierzigste Jahr erreicht hatten und als Sklaven verkauft oder verschenkt werden sollten, und in solche, die der Stellung oder des Alters wegen als Graubärte oder Rädelsführer angesehen wurden und die vom Chan verhängte Strafe erleiden sollten. Die ersteren wurden je 10 bis 15 mit eisernen Halsringen aneinander fortgeführt, die letzteren fügten sich geduldig in das über sie verhängte Urteil und erschienen wie gebundene Lämmer in den Händen ihrer Henker. Während man mehrere zum Galgen oder Block fortführte, sah ich ganz dicht neben mir, wie acht Greise auf einen Wink des Henkers sich mit dem Rücken auf die Erde niederlegten. Man band ihnen Hände und Füße, und der Henker stach ihnen der Reihe nach beide Augen aus, indem er, auf die Brust eines jenen niederkniend, nach jeder Operation das von Blut triefende Messer an dem weißen Barte des geblendeten Greises abwischte. Grauenvoll war diese Szene, als nach dem schrecklichen Akte die Opfer, von ihren Stricken befreit, mit den Händen herumtappend aufstehen wollten! Manche schlugen mit den Köpfen aneinander, viele sanken kraftlos zu Boden und stießen ein dumpfes Gestöhn aus; die Erinnerung daran wird, solange ich lebe, mich zittern machen. [...]

Übrigens ist diese haarsträubende Bestrafung von Kriegsgefangenen durchaus nicht als Ausnahme zu betrachten. In Chiwa sowie in ganz Mittelasien weiß man nicht, was Grausamkeit ist; dieses Verfahren gilt für ganz natürlich, da Sitten, Gesetze und Religion damit übereinstimmen. Der gegenwärtige Chan wollte sich den Ruf eines Beschützers der Religion verschaffen, den er dadurch zu erlangen glaubte, wenn er das kleinste Vergehen gegen die Religion mit großer Härte bestrafte. Einen Blick auf eine verschleierte Dame zu werfen genügte, um hingerichtet zu werden, wie die Religion es befiehlt. Der Mann wird gehängt, die Frau nahe am Galgen bis zur Brust eingegraben und gesteinigt. Da es in Chiwa keine Steine gibt, so gebraucht man harte Erdschollen, das arme Opfer wird dadurch schon beim dritten Wurf ganz mit Staub bedeckt und der vor Blut triefende Körper gräßlich entstellt, bis der letzte Atemzug ihn von den Qualen befreit. Nicht nur Ehebruch, sondern auch andere Vergehen gegen die religiösen Vorschriften ließ der Chan mit den Tode bestrafen, so daß in den ersten Jahren seiner Regierungszeit die Rechtsgelehrten seinen Religionseifer abkühlen mußten.«

Vorwahl: aus Deutschland/Österreich/der Schweiz 009 98/62 37, aus anderen Städten in Usbekistan 8/362 37. Informationen gibt es in Chiwa nur begrenzt. Über Ausflüge kann man sich in der Juma-Moschee informieren (englisch), aber am besten besorgt man sich die notwendigen Informationen in Urganch.

Direkt in der Altstadt liegen zwei Hotels. Das ›Orqonchi‹ liegt am Haupteingang der Altstadt und ist sehr nett eingerichtet mit einer schönen Terrasse. Hier werden auch Guides, Transfers und Ausflüge angeboten. Pahlavon Maxmud 10, Tel. 522 30, Fax 529 74. Das Doppelzimmer ist ab 50 Dollar zu haben.
Ebenfalls am Eingang der Altstadt in der Medrese Amin-Chan befindet sich das Hotel ›Xiva‹. Das Doppelzimmer kostet 40 Dollar ohne Frühstück. Tel. 549 45, 541 08, Fax 549 42.
Bei Zainub kann man privat übernachten, das Doppelzimmer vermietet sie ab 20 Dollar, das Haus befindet sich direkt im Zentrum der Altstadt, an der Pahlavon Maxmud 1, Tel. 527 53.

Überall in der Altstadt sind kleine Restaurants entstanden. Gut essen kann man im Hotel ›Orqonchi‹, in der Privatpension von Zainub und in der kleinen Teestube neben dem Islom Xoja Minarett, wo es eine besonders gute Maulbeermarmelade gibt.

Die Altstadt gilt als Museum, eine Tageskarte kostet acht Dollar und gilt für fast alle Objekte. Einige kleinere Museen verlangen noch Extraeintritte. Hinzu kommt eine Fotografiererlaubnisgebühr. Ein Guide kostet pro Stunde fünf Dollar.

Sammeltaxis verkehren zwischen Urganch und Chiwa regelmäßig. Sie fahren vom Nordtor der Stadtmauer ab. Hier hält auch ein Trolley-Bus, der Urganch mit Chiwa verbindet. Die Fahrzeit beträgt ca. 1,5 Stunden, der Preis liegt bei einem Dollar.

Die Mahalla

Die Mahalla ist für die usbekische Gesellschaft eine wichtige Institution. Sie ist der Familie übergeordnet und die kleinste administrative soziale Einheit innerhalb des Staates. Neben der Nachbarschaft, also den Haushalten eines Wohnviertels, im Durchschnitt 400, gehören zu ihr beispielsweise ein Teehaus, kleine Geschäfte des Wohnviertels und die Mahalla- oder Wohnviertelmoschee. So ist die Mahalla einerseits innerhalb bestimmter Grenzen ein offener Ort, andererseits grenzt sie sich gegenüber anderen zum Beispiel durch einen Flußlauf, eine Hauptstraße oder administrative Grenzen ab.

Eine Mahalla ist ein ›Nachbarschafts-Komitee‹ oder ein ›Organ der Selbstadministration der Bürger‹, das es seit Jahrhunderten in der usbekischen und tadschikischen Gesellschaft gibt. Durch den Ältestenrat dominiert, löst die Mahalla soziale Probleme und Konflikte.

Obwohl sie im engeren Sinne keine religiöse Instanz ist, werden gerade in letzter Zeit auch religiöse Traditionen und Weltanschauungen weitergegeben. Zu den traditionellen Aufgaben der Mahalla zählt die Durchführung von religiösen Festen. Während des islamischen Opferfestes etwa kann das Fleisch des Opfertieres an sozial Schwache verteilt werden. Im Todesfall nehmen alle Mitglieder an der Trauerfeier teil, und das wöchentliche Freitagsgebet ist der Treffpunkt der Mitglieder.

Aber auch Konflikte müssen in der Mahalla gelöst werden. Die Älteren, die sogenannten ›Weißbärte‹ und der Imam der Mahalla-Moschee verfügen über eine Art richterlicher Kompe-tenz.

Präsident Karimov hat auf die besondere Rolle der Mahalla bei der Kindersozialisation hingewiesen und deutet die gestiegene Jugendkriminalität als Folge der ›mahallinischen Sowjets‹.

Tatsächlich paßte die Mahalla auch ins sowjetische System sehr gut und diente in jener Zeit in erster Linie als Kontroll- und Propagandainstitution. So wurde aus der traditionellen Mahalla eine staatliche Einheit und zum Beispiel Plattenbausiedlungen in Taschkent einfach zu einer Mahalla erklärt.

Nach der Unabhängigkeit Usbekistans ist es ein staatliches Ziel, an der traditionellen und administrativen Rolle dieser Institution festzuhalten. Die Regierung nutzt die Mahalla auch für ihre politischen Ziele. So werden auf Mahalla-Ebene zum Beispiel politische Seminare abgehalten. Gleichzeitig ist die Mahalla auch – weil sie übersichtlich ist und auf den Sozialstrukturen vor Ort basiert – eine ideale Kontrollinstanz.

Urganch

Urganch ist eine Stadt, in der man sich nicht verlaufen kann und in der man auf Anhieb alles findet.

Sie liegt am Shavot-Kanal, dem größten Bewässerungskanal des Landes. Von den 140 000 Einwohnern sind über 90 Prozent Usbeken. Die einzige Attraktion neben dem Kanal und seinen zahlreichen Mücken ist die Diskothek, von der alle Hotelgäste ein Lied zu singen wissen. Ansonsten hat die Stadt nichts zu bieten, wegen ihrer halbwegs akzeptablen Hotels dient sie jedoch vielen Touristen als Ausgangspunkt für Ausflüge in das 40 Kilometer entfernte Chiwa und in das 180 Kilometer entfernte Konya-Urgench (Turkmenistan). Gerade wird eine Promenade am Kanal entlang gebaut, und in Kürze werden dort kleine Restaurants eröffnet werden. Gut essen kann man derzeit im Hotel ›Jeihun‹.

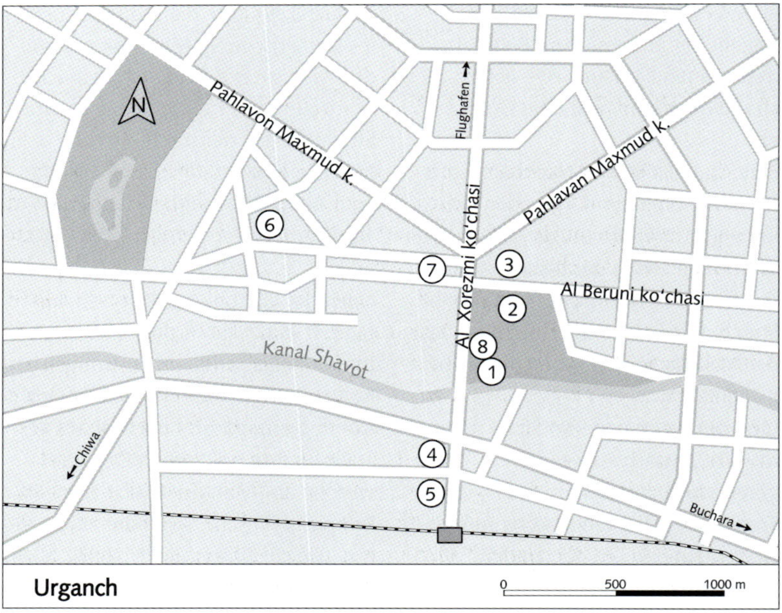

Legende

1 Hotel ›Jeihun‹
2 Hotel ›Xorezm‹
3 Post
4 Taxi
5 Trolleybus (fährt auch zum Flughafen)
6 Basar
7 Lebensmittelgeschäft
8 Restaurant

Vorwahl: aus Deutschland/ Österreich/der Schweiz 009 98/62 22, aus anderen Städten in Usbekistan 8/362 22.
In den Hotels kann man sich über Ausflüge informieren. ›Lana-Tur‹ bietet Ausflüge, Hotel- und Privatunterkünfte an: Al Xorezmi ko'chasi 27, Tel. 61685, e-mail: lanatur@yandex.ru.

Da es in Chiwa inzwischen genügend Hotels gibt, ist es für Individualtouristen wesentlich praktischer und erlebnisreicher, nicht in Urganch, sondern in der Altstadt von Chiwa zu übernachten. Das beste Haus am Platz ist das ›Domina Khorezm Palace‹, Al Beruni ko'chasi 2, Tel. 4 99 99, Fax 4 94 01. Das Doppelzimmer kostet um 80 Dollar.

An der Uferpromenade des Shavot-Kanals sind in den letzten Jahren einige Restaurants eröffnet worden. Ansonsten muß man auf die Restaurants in den Hotels zurückgreifen.

Täglich gibt es mehrere Flüge von und nach Taschkent. Mit dem Zug kann man von hier aus nach Nukus und Moskau fahren.

Ausflüge von Urganch oder Chiwa

Von Urganch kann man, wenn man sich für Archäologie interessiert, Ausflüge zu den alten Festungen in der Wüste nach Toprak Kala und Toi Krylgan Kala machen. Oder man unternimmt einen Ausflug nach Turkmenistan in die alte, einst gigantische Hauptstadt des choresmischen Reiches nach Konya-Urgench. Sie liegt drei Autostunden von Urganch entfernt. Man kann mit dem Taxi zur Grenze fahren, sich das Visum besorgen, in Turkmenistan ein Auto besteigen und sich nach Konya-Urgench bringen lassen. Dort sind imposante Bauwerke zu besichtigen und lebendige Archäologie zu bewundern. Das Tagesvisum für Turkmenistan bekommt man für etwa 30 Dollar an der Grenze. Man sollte, falls man nur ein einfaches usbekisches Visum hat, den Grenzbeamten mitteilen, daß man abends zurückkehrt.

Führungen und Jeeps nach Toprak Kala und Toi Krylgan Kala sind in der Juma-Moschee in Chiwa zu buchen. Toprak Kala liegt etwa 75 Kilometer nordöstlich von Chiwa, jenseits des Amudarja. Nähert man sich dem Ort, erscheint mitten in der Wüste ein rechteckiger Hügel, auf dessen Spitze ein Dach zu liegen scheint. Die Festung stammt aus der Kuschanzeit (3. oder 4. Jahrhundert nach Christus) und ist wohl die am besten archäologisch untersuchte Ausgrabungsstätte der Region. Nach Angaben der Archäologen hat sie nur gut 50 Jahre existiert. Die Stadtmauer mit ihren Ausmaßen von 500 mal 350 Metern ist auch heute gut erkennbar, ebenso die Burg, die wohl ein Palast des Choresmschahs war. Sie besaß drei Stockwerke, die Wände der Räume waren mit Malereien geschmückt. In den Räumen hat man Statuen der choresmischen Herrscher und ihrer Gemahlinnen gefunden. Götterstatuen gaben Aufschluß über die Religion. Auf den Wandmalereien erkannte man exotisch aussehende, dunkelhäutige Menschen, die darauf schließen lassen, daß es einen intensiven kulturellen Austausch mit Indien gegeben haben muß. Vieles wurde in die Eremitage nach St.Petersburg gebracht, einige Bruchstücke der Fresken sind noch zu besichtigen. Man fand hier auch Urkunden, auf Tierhaut oder Holz geschrieben, die zwar in einer der aramäischen Schrift ähnelnden choresmischen Schrift verfaßt waren, aber nach dem indischen Kalender datiert waren.

Auch wenn die Anreise durch die Wüste mühselig ist, ist der Besuch der Festung auch für Nicht-Archäologen sehr beeindruckend. Hart verhandeln sollte man über den Preis, ab 10 Dollar ist der Ausflug zu machen. Man kann sich auch einfach in Urganch ein Taxi nehmen, möglicherweise wird es dann noch billiger.

Wenige Kilometer südostlich von Toprak Kala liegt Toi Krylgan Kala. Deutlich zu erkennen sind in den Ausgrabungen zwei ineinanderliegende Kreise, der innere hat einen Durchmesser von 45 Metern und war vermutlich die Begräbnisstätte eines Herrschers. Im äußeren Kreis, mit einem Durchmesser von ungefähr 90 Metern, standen Wohnbauten. Der Ort war vom 4. Jahrhundert vor Christus bis zum 1. Jahrhundert nach Christus bewohnt. Mit dem Beginn der Kuschanzeit in Choresm wurde der Stadt ein Ende gesetzt, denn mit dem Eindringen von Feinden wurden in der Regel die komplizierten Bewässerungsanlagen zerstört und damit der Stadt ihre Lebensgrundlage entzogen. Auch hier fanden die Archäologen farbige Wandmalereien, Statuen aus Terrakotta und ornamentierte Keramik.

Minarett in Konya-Urgench

Das Gebiet der heutigen Wüste muß im 4. und 5. Jahrhundert völlig anders ausgesehen haben. Das ganze nordöstliche Gebiet des heutigen Usbekistan war wahrscheinlich ein Sumpfland mit Schilf und Dschungelwald. Erst später mündeten die Flüsse Syrdarja und Amudarja ins Aralbecken, damit trockneten die Sümpfe aus und die Landwirtschaft mußte mit Hilfe von Kanälen und künstlicher Bewässerung betrieben werden. Am Beginn des heutigen Amudarja-Deltas liegt die Stadt Nukus.

Karakalpakstan

Karakalpakstan ist eine noch nicht sehr gut erschlossene, aber dennoch höchst interessante Region in Usbekistan. Neben architektonischen Sehenswürdigkeiten – durch Karakalpakstan, am Amudarja entlang, verlief eine Route der Seidenstraße – ist es vor allem der Aralsee, der das Interesse weckt.

Die Republik Karakalpakstan (Qaraqalpaqstan) ist eine autonome Republik innerhalb der Republik Usbekistan und liegt im Westen Usbekistans. Sie hat ihre eigenen Staatssymbole, ihre Verfassung und ihr eigenen Parlament – alles orientiert sich allerdings an dem usbekischen Vorbild. Staatsoberhaupt ist der Vorsitzende des Hohen Rates. Regierungsoberhaupt ist der Vorsitzende des Ministerkabinetts. Genau wie in Usbekistan ist die Währung der Sum und auch die usbekischen Briefmarken haben hier Gültigkeit.

Offizielle Sprachen sind karakalpakisch, das auch eine Turksprache ist und dem Kasachischen sehr ähnlich ist, und usbekisch. Russisch wird überall gesprochen.

Die Karakalpaken (›Schwarzmützen‹, weil sie ursprünglich schwarze Kopfbedeckungen trugen), unterscheiden sich äußerlich von den Usbeken, sie sehen wesentlich ›mongolischer‹ aus als jene. Die Karakalpaken wurden einst von kasachischen Stämmen nach Süden vertrieben. Zwar versuchten sie schon im 18. Jahrhundert, sich gemeinsam mit Peter dem Großen gegen die Kasachen durchzusetzen, trotzdem mußten sie sich immer wieder deren regionalen Führern unterwerfen. 1873, mit Unterwerfung des Chanats von Chiwa, wurden auch die Karakalpaken ins russische Imperium integriert. 1924 wurde eine autonome karakalpakische Region innerhalb Kasachstans ausgerufen, diese wurde dann 1930 zunächst Teil der russisch-sowjetischen Föderation und nach kurzer völliger Unabhängigkeit 1936 Teil der Sowjetrepublik Usbekistan. Am 14. Dezember 1991 wurde Karakalpakstan als autonome Republik innerhalb Usbekistans ernannt.

Karakalpakstan liegt zwischen der Karakum und der Kizilkum, zum Gebiet gehören das Ustyurt-Plateau und ein Teil des Aralsees. Insgesamt erstreckt sich das Territorium über eine Fläche von 164 900 Quadratkilometern, das sind 38 Prozent des Territoriums Usbekistans. Hier leben allerdings nur anderthalb Millionen Menschen.

Das Klima ist extrem kontinental. Im Winter liegt Schnee, ein eisiger Wind fegt durch die Wüste, und es kann bis minus 45 Grad Celsius kalt werden. Im Sommer können die Temperaturen bis 50 Grad Celsius ansteigen. Durch die Aralseekatastrophe hat sich das Klima verändert. Die kalten Winde, aus Norden kommend, konnten durch das verdunstende Wasser des Aralsees abhalten werden, jetzt sind sie direkt spürbar.

Karakalpakstan ist reich an verschiedenen Mineralien, vor allem Marmor und Granit. Große Öl- und Erdgasvorkommen befinden sich auf dem Ustyurt-Plateau. Auch große Vorräte an Speisesalz sollen dort vorhanden sein. Ein anderer Wirtschaftszweig ist der Anbau, die Ernte und Verarbeitung von Heilpflanzen, besonders von Lakritz (succus liquiritiae inspissatus), dem Extrakt der Süßholzwurzel, der Hustenreiz lindert und schleimlösend ist.

Administrativ ist die Republik in 15 Distrikte eingeteilt, die Hauptstadt Nukus (No'kis) befindet sich fast im geographischen Zentrum der Republik.

Nukus, die Hauptstadt Karakalpakstans, wurde am 1. April 1932 gegründet. Sie liegt am Amudarja zwischen der Kizilkum im Osten und der Karakum im Westen und hat knapp 200 000 Einwohner. Die Stadt ist ziemlich trist, typisch sowjetisch angelegt mit breiten Prospekten, Wohnsilos und großen Plätzen. Sie wirkt wie eine Anti-Oase mitten in der Wüste. Dennoch kann man auch hier die Privatisierung spüren. Abgesehen von dem wenig erfreulichen Stadtbild gibt es einige interessante Sehenswürdigkeiten, allen voran die beiden Savitzkij-Museen. Aber auch der Markt von Nukus ist einzigartig.

Igor Savitskij (1915–1984), ein Künstler aus Moskau, kam als Mitglied der Archäologischen Choresmien-Expedition der sowjetischen Akademie der Wissenschaften Mitte des 20. Jahrhunderts nach Choresmien. Zunächst war er als Expeditionszeichner tätig. In dieser Zeit entdeckte er seine Liebe zur Region. Insbesondere seine Chiwa-Bilder aus den 50er Jahren zeigen dies. Er siedelte nach Nukus über, begeisterte sich für die ethnographische angewandte Kunst und junge russische und örtliche Maler, deren Werke er aufkaufte. Es gelang ihm auch, zahlreiche Werke von unter Stalin verfolgten Künstlern zu erwerben und sie hier sozusagen in Sicherheit zu bringen.

Es gibt drei sehenswerte Museen in Nukus:

Das Heimatmuseum, das sich mit dem kleinen Savitzkij-Museum unter einem Dach befindet (Kujbyshewa 51), gibt einen guten Überblick über die Natur, Kultur und Geschichte der Region. In der ersten Etage werden einige Werke Savitzkijs und die Werke anderer, meist russischer Künstler, unter anderem seines Lehrers Fal'k, gezeigt. Das Gebäude ist zwischen 10 und 17 Uhr geöffnet, zwischen 12 und 14 Uhr sind die Museen geschlossen. Beide Museen erheben für westliche Ausländer ein Eintrittgeld von zwei Dollar.

Das andere, große, Museum zu Ehren Savitzkijs, das Karakalpakstan Art Museum, in dem dann wirklich fast alle von ihm gesammelten 81 000 Ausstellungsstücke ausgestellt werden, befindet sich am Prospekt Doslyk Guzary, 127, Tel. 224 56, marinika@nukus.silk.glas.apc.org. Es wurde offiziell im Jahre 2003 eröffnet. Besucht man das kleine Museum, wird sofort der Besuch des neuen Museums vorschlagen. Und es lohnt sich. Zwar ist der Eintritt mit sieben Dollarn inklusive Führung etwas hoch, aber man bekommt viel zu sehen. Sehr modern und mit viel Personal ausgestattet, gibt das Museum einen Überblick über die Geschichte, Kunst, und didaktisch exzellent angeordnet über die kunsthandwerklichen Traditionen der Völker der Region. Natürlich sind auch Bilder Savitzkijs und anderer Künstler ausgestellt. Einige Bilder sind unter http://nukus.boom.ru (russisch) zu sehen.

Alle drei Museen haben ein Souvenirgeschäft.

In der Nähe der Stadt, etwa 30 Autominuten entfernt bei Xo'alyli, befindet sich eine Gräberstadt (Mirdach Kan aus dem 9. bis 11. Jahrhundert) und eine Festung (Gjarjar kala). Unweit der turkmenischen und der einstigen Hauptstadt Choresmiens Konya-Urgench (heute Turkmenistan) gelegen, mag dieser Komplex als Vorstadt für Konya-Urgench gedient haben. Die Festung ist nur erahnbar, die Gräberstadt ist ein Konglomerat aus mittelalterlichen und modernen Gräbern. Auf vielen Gräbern liegen meistens siebenstufige Leitern, eine schamanische, mongolische Tradition, die den Eingang von der einen in die andere Welt symbolisiert. Auch kann man hier die aufeinandergeschichteten Steine sehen, ebenfalls meistens sieben, die bestimmte Wünsche ausdrücken. Archäologie ist lebendig, auf Schritt und Tritt kann man mittelalterliche Keramiken und sogar Glas finden. Bemerkenswert ist das in der 80er Jahren restaurierte Mausoleum Nazlymxan sulyu, das halb unterirdisch ist und schlichte, aber vielfältige Verzierungen aufweist. An der ursprünglich im 9. Jahrhundert entstandenen Halfa-Jerezheb-Medrese kann man sehen, daß sich in Fundament eine Schilfdecke befindet, die das Gebäude vor Feuchtigkeit schützt und bei Erdbeben stabilisiert. Auf zwei sich unmittelbar daneben befindenden Gräbern sind Kreuze abgebildet.

Nukus ist der Ausgangspunkt, um nach Moynaq und zum Aralsee zu fahren. Bis nach Moynaq braucht man etwa drei Stunden. Man sollte frühmorgens losfahren, da mittags häufig Sandstürme der neuentstandene Wüste Aral-kum (Aral-Sand) in Moynaq toben.

Moynaq

Fährt man von Nukus nach Moynaq, so durchquert man das ehemalige Delta des Amudarja. Inzwischen Halbwüste, muß sich hier noch bis die 70er Jahre eine Art Dschungel befunden haben. Innerhalb des Deltas gib es kleine Inselchen, auf denen sich Siedlungen befanden. Khalmirat Doktor, der karakalpakische ›Fliegende Doktor‹, dessen Erinnerungen leider nur auf karakalpakisch vorliegen, hat auf seinen Flügen zwischen diesen Siedlungen noch in den 60er Jahren viele Tiger gesehen.

Auch Moynaq war so eine Insel, als Mitte des 19. Jahrhunderts der russische General Butakov die Stadt mit einem Schiff besuchte.

Die Stadt Moynaq ist eine der desperatesten Gegenden der Erde, sie liegt im Norden Karakalpakstans, 210 Kilometer nördlich von Nukus und war einst der Aralsee-Hafen. 1974 wurde die Strasse Nukus-Moynaq gebaut, früher gab es von hieraus Flugverbindungen in die gesamte Sowjetunion. Man wundert sich, daß dort überhaupt noch Menschen leben. Dabei war die Stadt einst ein Erholungsort mit vielen Sanatorien, Wirtschaftshafen und wirtschaftliches Zentrum der Region. Wenn man sich der Stadt von Süden nähert, sieht man zuerst den ›Tigerschwanz‹, eine Erhebung, auf der Moynaq liegt und die das Kennzeichen der Stadt war. Hier wohnten nicht nur Karakalpaken, sondern auch Ukrainer, Polen und Russen. Bereits Mitte des 19. Jahrhunderts wurden vom zaristischen Rußland Russen, Uralkasachen, Polen und andere unliebsame Personen nach Moynaq verbannt. So sieht man bis heute Wohnhäuser, die an die ukrainische und russische Tradition erinnern, und einen russisch-orthodoxen Friedhof.

Den wirtschaftlichen Aufschwung erlebte die Stadt unter Stalin. Ende der 30er Jahre wurde die bekannte Fischkonservenfabrik eröffnet, in der 24 Stunden täglich in drei Schichten gearbeitet wurde, 20 000 Menschen waren beschäftigt. Hinzukamen noch sechs Fischverarbeitungsfabriken mit je etwa 15 000 Beschäftigten.

In den 60er Jahren wurde Moynaq eine Halbinsel, der Aralsee zog sich zurück. Seit Mitte der 80er gibt es hier kein Wasser des Aralsees mehr. Einige Augenzeugen haben berichtet, daß sich an einem Tag das Wasser ein ganzes Stück zurückgezogen hat.

Wenn man Moynaq erreicht, sollte man zunächst zum für jede Stadt in der Sowjetunion obligatorischen ›Denkmal des großen Vaterländischen Krieges‹ fahren, das unverfehlbar auf dem ›Tigerschwanz‹ gelegen ist. Von hier wurden während des Zweiten Weltkrieges die auf dem Amudarja angekommenen Soldaten weiter nach Aralsk (heute Kasachstan) eingeschifft, von wo sie mit der Eisenbahn weiterfuhren. Von hier aus kann man sich sehr gut vorstellen, wo die Schiffe einlaufen sind, gelöscht wurden und wo sich der Passagierhafen befand. Statt Meer sieht man mit Saxaul bepflanzten Sand, was als Vorsorge gegen Sandstürme dient. Bislang ist die Bepflanzung aber noch nicht ausreichend. Dann kann man weiter zur ehemaligen Konservenfabrik fahren, von der nur noch wenig übrig ist. Angeblich sollen hier jetzt Fische vom Kaspischen Meer verarbeitet werden. Dahinter befand sich die ehemalige Schiffswerft. Hier sieht man die ersten Schiffe, oder besser das, was von ihnen übrig ist. Sowieso sollte man, wenn vom ›Friedhof der Schiffe‹ und von der absoluten Verlassenheit der Stadt etwas mitkommen will, bald dorthin reisen, denn beides ist vergänglich: Das Altmetall bringt Geld und so werden die Schiffe nach und nach auseinander genommen, von vielen ist nur noch das Skelett übrig. Auch die Menschen verlassen die Stadt, derzeit sollen noch 13 000 Menschen im Distrikt Moynaq wohnen.

Der andere, etwas größere Schiffsfriedhof ist der ehemalige Frachthafen. Die Betonmole ist noch erkennbar, auch Öllagerfässer-Fundamente sind noch zu sehen, aber nach und nach wird alles abmontiert und dann vom Sand vergraben. Es sieht sehr ungewöhnlich aus, wenn inmitten der Schiffsruinen Kinder ihre Kühe hüten. Von hier aus kann man auf den neuerrichteten Damm fahren. In den letzten Jahren kommt das Wasser des Amudarja wieder bis nach Moynaq. Damit es nicht versickert, hat man einen Damm gebaut, an dem der Amudarja gestaut wird. Außerdem werden um Moynaq ringförmig Seen angelegt, um das Klima zu mäßigen.

Sehenswert ist das kleine Museum, das sich im Stadtzentrum im ›Haus der Kultur‹ befindet (öffnet unregelmäßig, jedoch nicht vor 10 Uhr). Neben einem beeidruckenden Ruhmesalbum der Fischkonservenfabrik (politisch-korrekt sind die Portraits unliebsamer kommunistischer Führer aus den Fotos ausgeschnitten), das den Sowjetenthusiasmus und bessere Zeiten suggeriert, sind ethnografische Gegenstände ausgestellt. Sehr interessant sind die Gemälde vom Aralsee, insbesondere die des Malers Rafael Materosyan, der jetzt in Taschkent lebt, dessen Werk um den Aralsee und sein Verschwinden kreist.

Auf dem kleinen Markt werden geschossene Hasen und Fasane verkauft. Die Bevölkerung lebt vom Kleinhandel, der Viehzucht und staatlichen Hilfen. Obwohl die ökologische Katastrophe längst da ist, gibt es keine staatlichen Umsiedelungsprogramme. Einige Hilfsorganisationen sind in der Region vor Ort und haben zum Beispiel Pumpen installiert und Trinkwasseraufbereitungsanlagen installiert.

Bis zum Aralsee sind es derzeit von Moynaq etwa 160 Kilometer.

Auf dem Weg nach Urganch passiert man 45 Kilometer nach Nukus einen ›Turm des Schweigens‹, der von den Anhängern der Religion Zarathustras für die Toten errichtet wurde. Die Leichen wurden auf das Dach des Turmes gelegt, da der Ritus es verbat, sie zu begraben oder zu verbrennen. Der am Ufer des Amudarja gelegene Turm sieht von weitem wie ein Vulkankegel aus. Von ihm bietet sich ein Blick auf den Amudarja und die Wüste. Ähnliche Türme gibt es in Iran (Yazd). Die bekanntesten ›Türme des Schweigens‹ befinden sich in Bombay.

In der kurz darauf folgenden Ortschaft Qipshaq kann man Richtung Urganch und Chiwa abbiegen.

Fährt man weiter Richtung Buchara, passiert man das Naturschutzreservat Bandaitugai, in dem es unter anderem Saiga-Antilopen gibt, und die Karatau Berge. Von hier aus kann man Toprak Kala besuchen (siehe Ausflüge im Kapitel Chiwa).

Vorwahl: aus Deutschland/ Österreich/der Schweiz 009 98/61, aus anderen Städten Usbekistans 8/3 61.
Oktyabr Dospanov kann Hotels/ Privathäuser, Flugticktes reservieren, Führungen und Fahrten zum Aralsee organisieren. Er spricht englisch und russisch und ist Archäologe. Tel. 223 89 73 und 222 83 48, e-mail: oktyabr_d@jdapost.com.
www.karakalpakstan.freenet.uz ist eine englischsprachige Website mit grundlegenden Informationen über die autonome Republik.

Mehrfach täglich gibt es Flugverbindungen mit Taschkent, einmal wöchentlich mit Moskau. Da die Flüge häufig überbucht sind, sollte man sich das Ticket vorher reservieren lassen. Der einfache Flug kostet für westliche Ausländer 80 Dollar (muß in Sum bezahlt werden).

Es gibt eine neue Eisenbahnstrecke: Taschkent–Nukus. Die Fahrtzeit beträgt etwa 16 Stunden. Die Straße durch die Wüste ist inzwischen in einem guten Zustand und es bietet sich an, von Nukus per Auto nach Chiwa zu fahren.

Das Hotel ›Nukus‹ liegt im Stadtzentrum, ist kosmetisch renoviert und ein ›Bett‹ kostet pro Nacht ab 10 Dollar. Da das Hotel das einzige akzeptable in der Stadt ist, sollte man es über einen Reiseveranstalter reservieren lassen und sich außerdem einen Transfer vom Flughafen organisieren lassen.

›Sheraton Club‹, Kujbyshewa 53, Tel. 222 87 81. Usbekische und europäische Gerichte. Man versinkt in den Sofas. Beliebter (weil einziger?) Treffpunkt für Ausländer in Nukus.

Reisetips von A bis Z

Alkohol

Alkohol ist in Usbekistan überall zu bekommen, vom importierten deutschen Bier bis zu französischen Weinen. Dabei ist zu beachten, daß die eingeführten Waren mindestens dreimal teurer sind als bei uns. Deswegen empfiehlt sich der Genuß einheimischer Alkoholika. Das lokale Bier ist leichter und süßer, als wir es gewohnt sind. In Samarkand werden in einem usbekisch-tschechischen Joint Venture einige gute Sorten gebraut. Ebenfalls in Samarkand wird in einer noch vorrevolutionären Winzerei Wein gekeltert. Dennoch sind die Herstellungsverfahren völlig andere, als der deutsche Weinliebhaber es gewohnt ist – deswegen werden die Weine nicht immer den europäischen Geschmack treffen. Außerdem versteht man unter Wein, also ›Vino‹, in der Regel süße, schwere Liköre. Bestimmte Rotweine, zum Beispiel ›Go'la Qandoz‹ (süß und samtig) oder ›Shirin‹ (schmeckt nach Honig), ein trockener Weißwein (›Bogi Maydon‹), aber auch der Balsam, eine Art Magenbitter aus über 30 Kräuterextrakten und über 40 Prozent Alkohol bestehend, sind sehr empfehlenswert. Auch der usbekische Sekt ist, wenn man es lieblich mag, nicht zu verachten.
Wer Wodka schätzt, sollte darauf achten, daß er das ›Wässerchen‹ nur mit ungeöffnetem Verschluß und Banderole in einem seriösen Geschäft kauft, denn auch in Usbekistan wird Wodka häufig gepanscht. Der Genuß eines solchen Wodkas kann fatale gesundheitliche Folgen haben.

Anreise

Am einfachsten kommt man mit dem Flugzeug nach Usbekistan. Über die Airlines, die derzeit nach Usbekistan fliegen, kann man sich auf der Website des Taschkenter Flughafens unter www.airport-tashkent.uz informieren. Hier ist auch ein Flugplan angegeben.
Uzbekistan Airways (O'zbekiston havo yo'llary) fliegt viermal wöchentlich ab Frankfurt mit einer Boeing 767. Die Flugzeit beträgt ab Frankfurt etwa sechs Stunden. Ein Ticket ist je nach Reisezeit und Tarif ab 600 Euro zu bekommen. In den Wintermonaten streicht Uzbekistan Airways häufig seine Flüge nach/ab Frankfurt. Die Adresse der Repräsentanz in Deutschland: Hebelstr. 11, 60318 Frankfurt am Main, Tel. 069/13376- 167/168/170/171/172, Fax 13 37 61 69. Im Internet ist die Website von Uzbekistan Airways unter www.uzairways zu finden. Hier sind auch die anderen internationalen Verbindungen zum Beispiel nach London, Amsterdam und – für Reisende in der Region interessant – nach Almaty, Biškek oder Baku aufgeführt. British Airways, www.britishairways.com, fliegt mit Zwischenstopp in Jerevan dreimal wöchentlich ab London.
Turkish Airlines, www.turkishairlines.com, fliegt ab Ist-

anbul viermal wöchentlich nach Taschkent und verfügt über ein ausgedehntes europäisches Netz.
Verschiedene russische Fluggesellschaften, zum Beispiel Aeroflot, www.aeroflot.ru, Siberia Airlines, www.s7.ru, Pulkovo, www.pulkovo.ru, Transaero, www.transaero.ru, fliegen ab Moskau oder Sankt Petersburg teilweise mehrfach täglich nach Taschkent. Die hier genannten Fluggesellschaften fliegen auch nach Deutschland, allerdings sind die Anschlußflüge zeitlich nicht immer ideal. Die deutschen Städte, die angeflogen werden, die Verbindungen und auf welchem der Moskauer Flughäfen sie landen bzw. abfliegen, findet man im Internet. Preislich können diese Verbindungen eine Alternative sein, allerdings sollte man darauf achten, daß man den Flughafen nicht wechseln muß. In Moskau kann das Wechseln von Šeremet'evo I zu Šeremet'evo II eine nervenaufreibende Sache sein. In der Regel braucht man für den Transit in Rußland kein Visum, man sollte sich dies aber im Vorfeld von der Fluggesellschaft bestätigen lassen.
Austrian Airlines plant, den Flugbetrieb aufzunehmen; bislang ist allerdings unklar, zu welchem Zeitpunkt.
Je nach Ankunftszeit kann sich die Einreise am Flughafen langwierig gestalten, da oft nur wenige Schalter der Paßkontrolle geöffnet sind.
Sobald diese passiert ist, erhält man sein Gepäck, füllt die Zollerklärungen aus und passiert die Zollkontrolle.
Auch mit dem Zug kann man via Moskau nach Usbekistan kommen.
Die Fahrtzeit auf der Strecke Moskau – Taschkent beträgt allerdings

satte 72 Stunden. Die Züge fahren vom Kazaner Bahnhof ab. Auch wenn man von Moskau aus einreist, benötigt man ein usbekisches Visum, das man sich ebenso wie die Transitvisa (je nach Streckenwahl) bereits in Deutschland besorgen sollte, da die zuständigen Botschaften in Moskau dies nicht immer ausstellen.
Wer ganz Mittelasien bereisen will, für den bietet es sich an über Kasachstan einzureisen, unter anderem bietet auch Lufthansa Direktflüge nach Almaty an.
Man kann im Prinzip auch über den Iran via Turkmenistan nach Usbekistan gelangen, ebenso über Kashgar via Kirgisistan. Der Grenzübertritt ist jedoch langwierig, und es ist schwer zu sagen, wann die Grenzübergänge geöffnet oder geschlossen sind. Die Grenze zwischen Usbekistan und Turkmenistan wird seit dem Attentat auf den usbekischen Präsidenten im Februar 1999 abends einfach geschlossen und an manchen Tagen gar nicht geöffnet.

Apotheken

Apotheken sind täglich zwischen 9 und 18 Uhr geöffnet, häufig auch länger. Fast alle Medikamente können rezeptfrei erstanden werden. Die bei uns gängigen Medikamente gegen Durchfall und Übelkeit sind verfügbar. Es empfiehlt sich trotzdem, vorsorgend einige Medikamente vor allem gegen Magen-Darm-Erkrankungen mitzubringen. Dies gilt auch für Spezialmedikamente, die man regelmäßig benötigt.

Ärztliche Versorgung

In fast jedem Hotel gibt es einen Arzt, der im Notfall zur Verfügung steht. Die Primärversorgung ist kostenlos. Die meistens noch in der Sowjetzeit ausgebildeten Ärzte verfügen über ausgezeichnete diagnostische Fähigkeiten und können die üblicherweise auftretenden Krankheiten gut behandeln. Aber Vorsicht, der Umgang mit Antibiotika ist lockerer als bei uns. Wer Allergien gegen Antibiotika hat, sollte darauf achten, welche Medikamente er einnimmt. Teilweise handelt es sich auch um Medikamente, die bei uns nicht zugelassen sind. In Taschkent gibt es eine internationale Klinik:
Tashkent International Medical Clinic.
Maxmud Tarabi ko'chasi 14.
Tel. (3712) 307312, (371)1852088.

Ausrüstung und Gepäck

Erfreulich ist zunächst, daß fast alles, was vergessen wurde, in Usbekistan gekauft werden kann. Sinnvoll ist es, eine gewisse medizinische Grundausstattung dabei zu haben, sowie einen Adapter. Kaffeeliebhaber sollten an Instantkaffee und Milchpulver denken. Auch Filmmaterial und Ersatzbatterien, Toilettenpapier, ein Taschenmesser und Oropax gegen laute Restaurantmusik und ebensolche Nachbarn kann man von zu Hause mitbringen.

Autofahren

Als Tourist ist es nicht ratsam, ohne ortskundige Begleitung in Usbekistan Auto zu fahren. Tankstellen sind zwar überall vorhanden und auch Benzin gibt es ebenso wie Gas, mit dem inzwischen viele Kraftfahrzeuge unterwegs sind und das nur die Hälfte des Benzins kostet.
Die Hauptstraßen sind in einem guten Zustand, die Nebenstrecken häufig unbefestigt. Hinweisschilder fehlen größtenteils.
Leihwagen kann man bei ›Rent a car‹ in Taschkent unter Tel. 1522360, e-mail: byogoch@tps.zu, buchen.
Für Alleinfahrer sind die Straßenkontrollen möglicherweise nervenaufreibend, da viele Polizisten hier die Möglichkeit sehen, ihr Salär aufzubessern.
Auf der Strecke zwischen Buchara nach Urganch bieten meistens Kinder Benzin aus Benzinkanistern an.
Es handelt sich hier um schlechtes, gepanschtes Benzin. Eine Ausnahme ist das Benzin, das unmittelbar am Amudarja an der Grenze nach Turkmenistan angeboten wird, wenn man nach Osten, rechts Richtung Urganch abbiegt. Keine drei Kilometer von Turkmenistan entfernt, wird das um die Hälfte billigere Benzin nach Usbekistan geschmuggelt. Zwar stehen die Verkäufer unmittelbar an der Teestube ungeniert vor der Polizei, zum ›Tanken‹ muß man dann über abenteuerliche Straßen zu einem Privathaus fahren, wo das Benzin dann eingefüllt wird – damit es die Polizei nicht sieht. Danach stinkt das ganze Auto nach Benzin, aber man hat günstig getankt.

Banken

Das, was wir unter einer Bank verstehen, gibt es kaum in Usbekistan. Die Filialen der Nationalbank sind nur selten geöffnet (10 bis 12.30 Uhr) und arbeiten nach äußerst komplizierten Verfahren. Wer also ganz profan Geld wechseln möchte, kann das in einer der Wechselstuben in den Hotels tun.

Western Union bietet Swift-Überweisungen an. Dies kann man bei den größeren Banken in Taschkent machen, in Samarkand ist das bei der Xalq Banki in der Mustaqillik ko'chasi. Bargeld mit der Visacard bekommt man mit größerem bürokratischem Aufwand bei der UzDaewoo Bank in Taschkent, Puschkin ko'chasi 1, Tel. 120 80 00, www.daewoo-bank.com. Daß es besser ist, Bargeld bei sich zu haben, zeigt folgendes Bespiel aus Samarkand.

Nur wer im Besitz einer Visacard ist, erfüllt die notwendige Bedingung, um überhaupt die Chance zu haben, möglicherweise Devisen abheben zu können. Jeder weiß, daß es teuer ist, Cash mit der Kreditkarte zu bekommen – in Samarkand kostet es 5 Prozent der gewünschten Summe – doch halt! soweit sind wir noch nicht. Die Nationalbank heißt auf usbekisch Milliy Bank, doch wer das mit Millionen assoziiert, liegt vollkommen falsch. Man geht also durch das repräsentative Eingangsportal und wird von einem Polizisten gestoppt. Man weist sich aus und schildert sein Vorhaben. Der schwerbewaffnete Herr deutet dann nach 10 Minuten auf einen Schalter, an dem groß VISA geschrieben steht, hinter dem aber niemand sitzt. Nach und nach tauchen weitere nette Herren in weißen Hemden auf, die sich das Anliegen, Dollar mit Hilfe der Visacard abzuheben, schweigend anhören. Heute, so die Antwort, sei das nicht möglich, man hätte zu wenig US-Dollar vorrätig und sowieso – wofür brauchen Ausländer Dollar, wo doch laut Gesetz alles mit Sum bezahlt werden muß. Eine gute halbe Stunde wird dann verhandelt, mit höherstehenden Herren in weißen Hemden, bis dann doch eine Bewilligung erfolgt. Wer denkt, jetzt gäbe es Cash, hat sich zu früh gefreut. Sorgfältig werden die gewünschten Summen aufgeschrieben, dann wird in Taschkent angerufen. Taschkent vernetzt sich mit dem Visacomputer in London – und die gewünschte Summe wird nicht genehmigt, weil der Bargeldrahmen des Kartenbesitzers nicht groß genug ist. Das ganze noch einmal für die niedrigere Summe. Endlich, Taschkent und London geben ihr O.K. Jetzt werden Papiere ausgefüllt, Unterschriften sind fällig. Nach einer weiteren halben Stunde wird dann das Bargeld ausgezahlt. Das ist, auch wenn es schwer fällt das zu glauben, die ideale Variante. Gelegentlich passiert es auch, daß Taschkent ›njet‹ sagt – weil die Bank des Visacardbesitzers angeblich nicht zugestimmt hat. Dann war alles umsonst, und wenn man keine private Devisenquelle findet, kann man sich langsam von seinen Konsumwünschen trennen. Als Devise für Devisen gilt: Man muß im Besitz einer Visacard mit entsprechendem Bargeldrahmen sein, morgens zur Bank gehen, weil dann vielleicht noch etwas Geld da ist, und den Paß und viel Zeit mitnehmen. Noch besser ist es, wenn man größere Anschaffungen plant, etwa einen der wunderschönen Seidenteppiche kaufen will, Bargeld mitzunehmen.

Behinderte
In Usbekistan ist nichts behindertengerecht gebaut, und Behinderte nehmen am öffentlichen Leben nicht teil. Auch Kinderwagen sind nirgendwo in den Städten zu erblicken, in ländlichen Gegenden jedoch sind sie häufig anzutreffen.

Botschaften
In Deutschland hat Usbekistan eine Botschaft in Berlin und ein Konsulat in Frankfurt am Main.
Botschaft der Republik Usbekistan in Berlin
Perleberger Str. 62
10559 Berlin
Tel. 030/394 09 80
Fax 030/39 40 98 21
www.uzbekistan.de
Konsularabteilung: Mo, Di, Mi, Fr von 9 bis 12 Uhr

Konsulat der Republik Usbekistan in Frankfurt/M
Jahnstraße 15
60318 Frankfurt/M
Tel. 069/74 05 54
geöffnet Mo bis Fr, außer donnerstags, von 9 bis 13 Uhr

In Österreich:

Botschaft der Republik Usbekistan
Porzellangasse 32/5
1090 Wien
Tel. 01/315 39 95.

In der Schweiz hat Usbekistan bisher keine diplomatische Vertretung. Schweizer Staatsbürger können sich aber auch an die deutsche Botschaft wenden.

Die Adressen der deutschsprachigen Vertretungen in Taschkent:

Botschaft der Bundesrepublik Deutschland
Sharif Rashidov ko'chasi 15
Taschkent
Tel. 009 98/712/34 66 96

Schweizer Botschaft
Murtasoev 6
Taschkent
Tel. 009 98/712/44 25 91

Österreich hat bisher keine diplomatische Vetretung in Taschkent.

Camping
Es gibt in Usbekistan keine ausgewiesenen Campingplätze. Aus sowjetischen Zeiten existieren noch

mehrtägige Wanderrouten durch das Ferganatal, auf deren Verlauf früher viel gezeltet wurde. Jetzt sind diese Routen grenzüberschreitend und deswegen wenig frequentiert. Auch heute bieten Reiseveranstalter Berg- und Wandertouren an, wobei die Unterkunft in Zelten erfolgt (siehe unter Reiseveranstalter).

Drogen

Drogenbesitz und Drogenhandel sind alles andere als ein Kavaliersdelikt in Usbekistan, beides wird streng bestraft. Auch wenn durch die verstärkten Kontrollen der Drogenhandel etwas eingedämmt wurde, werden immer noch regelmäßig Dealer und Junkies verhaftet. Man sollte sich auf keinen Fall in Usbekistan Drogen kaufen – auch kein Haschisch.

Einkaufen

Das Leben in Usbekistan ist billiger als bei uns. Inzwischen liegen Schwarzmarktkurs und offizieller Wechselkurs nicht mehr soweit auseinander. Im März 2003 waren die Märkte, selbst der große Markt um Taschkent, fast leer, da auf importierte Waren hohe Umsatzsteuern gezahlt werden müssen – und dies auch kontrolliert wurde. Für viele Händler hat sich der Handel nicht mehr gelohnt.

Es gibt mehrere Möglichkeiten in Usbekistan einzukaufen. Zunächst in den neuen privaten ›kommerziellen‹ Geschäften. Diese sind in der Regel rund um die Uhr geöffnet und ihr Preisniveau ist deutlich höher als das der staatlichen Geschäfte. In letzteren ist aber die Auswahl wesentlich geringer, hier kann man in Erinnerung an alte sozialistische Zeiten noch ganze Regalreihen nur mit Einweckgurken sehen, dafür sind die Preise niedriger. Die staatlichen Geschäfte haben montags bis samstags von 9 bis 19 Uhr geöffnet, meistens schließen sie mittags von 13 bis 15 Uhr.

Die dritte Möglichkeit Einkäufe zu machen sind die zahlreichen Basare. Wie überall im Orient lohnt es sich, auf den Märkten zu handeln. Die Grenzen dabei sind aber nicht so variabel wie etwa in der Türkei und Ägypten. Maximal 30 Prozent des genannten Preises können heruntergehandelt werden. Lebensmittel auf dem Markt sind sehr billig, Brot kostet 20 Sum, Mineralwasser 120. Unbedingt sollte man bei einem Basarbummel die verschiedenen köstlichen Süßigkeiten probieren. Nur Souvenirgeschäfte sowie Hotel- und Gaststättenkellner nehmen Dollar an. Souvenirs werden also am besten in Dollar bezahlt. In allen anderen Geschäften, Teestuben etc. muß in Sum bezahlt werden. Daß man sich vor Billigwaren schützen will und die eigene – aber leider nicht wirklich vielfältige – Produktion protegiert, zeigen die rigorosen Maßnahmen, die im März 2003 spürbar waren: die durch Kasachstan führende Straße Taschkent–Samarkand wurde (wie häufiger mal) gesperrt, weil sich in der Region ein kasachischer Billigmarkt befand, von dem aus die usbekischen Märkte beliefert wurden. Jetzt fahren alle einen fast 90 Kilometer langen Umweg.

Ein- und Ausreisebestimmungen

Neben der Beschaffung eines gültigen Visums ist vor der Einreise das Ausfüllen von zwei Zollerklärungen notwendig. Hier müssen alle Währungen, die man mit sich führt, angegeben werden. Auch wertvollen Schmuck und Kameras sollte man eintragen. Ein Exemplar behält der Zoll bei der Einreise, das andere muß während des ganzen Aufenthaltes aufbewahrt werden und ist gemeinsam mit einem dritten Exemplar bei der Ausreise abzugeben. In das dritte Exemplar ist der aktuelle Geldbesitz zum Zeitpunkt der Ausreise einzutragen.

Geldumtausch muß man sich nicht auf den Zollerklärungen bestätigen lassen – es muß also nicht über jeden ausgegebenen Dollar Rechenschaft abgelegt werden. Diese Zollerklärungen verursachen immer wieder große Unsicherheit bei den Touristen.
Die Einfuhr von Devisen nach Usbekistan ist in unbeschränkter Höhe möglich. Bei der Ausfuhr ist eine Überschreitung der Summe der seinerzeit eingeführten ausländischen Devisen nur unter Vorlage einer Bestätigung der Zentralbank der Republik Usbekistan oder einer bevollmächtigten Bank möglich. Falsche Angaben werden in der Regel mit Geldstrafe geahndet, Umtauschquittungen sollten also aufgehoben werden.
Der Individualreisende wird in Usbekistan nach seiner Ankunft von der Ausländerbehörde registriert, deswegen ist es erforderlich, den Paß an der Hotelrezeption abzugeben. Gewöhnlich ist er nach wenigen Stunden wieder verfügbar, nur sollte man ihn vor der Abreise nicht vergessen. Den kleinen ›Registrationstalon‹, der sich nach der Registrierung im Paß befindet, sollte man sorgfältig aufbewahren, da er bei der Ausreise vorzulegen ist. Während des Aufenthaltes in Usbekistan sollte man für den Fall von Identitätskontrollen durch die usbekische Polizei stets den Reise-

paß dabeihaben. Kopien werden in der Regel nicht akzeptiert.

Eintritt
Selbst in der Altstadt in Taschkent wird inzwischen Eintritt verlangt. Auch wenn man den Eindruck hat, daß ein Bauwerk entweder religiös oder kommerziell genutzt wird, müssen Ausländer den gegenüber dem Einheimischenpreis mindestens doppelt, häufig vierfach so hohen Eintritt zahlen. Die Eintrittsgelder liegen zwischen einem und drei Dollar und müssen in Sum entrichtet werden. Spitzenreiter ist das neue Savitzkij-Museum in Nukus: hier kostet der Eintritt inklusive Führung sieben Dollar. Hinzu kommt häufig noch eine Fotografier-Erlaubnis-Gebühr.

Entfernungen
Alle Angaben in Kilometer
Von Taschkent nach:
Nukus 1255
Buchara 616
Karshi 558
Navoiy 509
Namagan 432
Samarkand 354
Termiz 708
Fergana 419
Urganch 1119

Elektrizität
Wie in allen Ländern der ehemaligen Sowjetunion erfolgt die Stromversorung in Usbekistan mit 220 V Wechselstrom. Allerdings unterscheiden sich die Steckdosen von den deutschen und sind auch innerhalb Usbekistans nicht einheitlich, deswegen sollte ein Weltadapter im Gepäck sein.

Erdbeben
Usbekistan ist ein erdbebengefährdetes Gebiet, die unterirdischen Erdplatten sind häufig in Bewegung. Zwei große Erdbeben gab es in diesem Jahrhundert: 1966 in Taschkent und 1976 in Gasli. Hinzu kommen ständige kleinere Erdstöße. Über die Folgen der beiden Erdbeben wird wenig gesprochen. 1966 sind nach offiziellen sowjetischen Angaben der damaligen Zeit weniger als 10 Personen gestorben, aber mehr als 200 000 obdachlos geworden. Da ein Großteil der Taschkenter Altstadt durch das Beben zerstört wurde, ist die Stadt zum großen Teil neu und erdbebensicher errichtet worden. Auch über die Opfer von Gasli gibt es keine genauen Angaben. Samarkand und Buchara waren bisher noch nie direkt von einem starken Beben betroffen, dennoch wird auch hier erdbebensicher gebaut.

Feiertage und Ferien
Staatliche Feiertage, an denen Ämter und Geschäfte geschlossen sind:
1. Januar: Neujahr.
8. März: Internationaler Frauentag; die sowjetische Tradition wird beibehalten: Frauen bekommen die ersten Frühlingsblumen oder Pralinen geschenkt.

9. Mai: Tag des Sieges; den Veteranen und den Opfern des 2. Weltkrieges wird gedacht.
1. September: Nationalfeiertag; auch Tag der Unabhängigkeit genannt. In Taschkent gibt es alljährlich große Feierlichkeiten auf dem Unabhängigkeitsplatz. Nicht nur am offiziellen Feiertag, sondern auch einige Tage vorher und nachher wird gefeiert. Die offiziellen Feierlichkeiten beginnen am Vorabend und spätestens am Nachmittag sollte man, hält man sich in Taschkent auf, an dem Ort sein, an dem man die nächsten zwei Tage verbringen will. Am Nachmittag des 31. August finden nämlich die Generalproben an den einzelnen Veranstaltungsorten statt – damit verbunden werden sämtliche Straßen gesperrt. Nicht etwa, daß nur ein Polizist dastände (der könnte schließlich mit einem Lächeln umgestimmt werden), nein, Traktoren und LKW riegeln die Straßen ab. Das Durchkommen wird schwierig und sogar unmöglich. Wer sich also um den 1. September räumlich verändern möchte, sollte dies langfristig planen. Nicht nur in der Metropole, auch in den anderen Städten wird gefeiert, auch hier werden die Straßen gesperrt. Aber meistens sind die diensthabenden Polizisten bereit, mitzufahren und den Weg zu zeigen. Ansonsten kann man sich ja der fröhlichen und lauten Party anschließen.
1. Oktober: Tag des Lehrers; LehrerInnen und Lehrenden allgemein wird für ihre Arbeit gedankt.8. Dezember: Tag der Verfassung; dieser Tag erinnert an die erste Verfassung des unabhängigen Usbekistan aus dem Jahre 1992.
Hinzu kommen wie der Geburtstag des Propheten und der Ramadan. Noch wird der Ramadan, der Monat in dem die Muslime tagsüber fasten, in Usbekistan nur von wenigen eingehalten. In den nächsten Jahren fällt der Ramadan, der sich nach dem Mondjahr richtet, auf folgende Daten:
2005: 4./5. Oktober bis 1./2. November
2006: 23./24. September bis 21./22. Oktober
2007: 13./14. September bis 11./12. Oktober
Einen Monat nach Ende des Ramadans gedenkt man am Bayram der verstorbenen Verwandten und besucht ihre Gräber.
Wenn die Baumwollernte eingeholt ist, wird in vielen Dörfern ein Baumwollerntefest gefeiert.
Am 21. März wird in Usbekistan seit 1999 wieder Navruz (›neuer Tag‹) gefeiert, das auf zoroastrische Traditionen zurückgeht. Während eines zwei Tage dauernden Festes wird der Frühling begrüßt und auf den Straßen ausgelassen gefeiert.

Fotografieren, Filmen und Video
Filme und Ersatzbatterien sollten mitgebracht werden. Zwar wird in den größeren Hotels Fotomaterial verkauft, die speziellen Batterien

sind jedoch meistens nur in Fachgeschäften zu finden, die es nur in den größeren Städten gibt. Sowohl Filme als auch Batterien sind erheblich teurer als in Deutschland, Österreich und der Schweiz.
Auch die Entwicklung der Filme sollte erst zu Hause erfolgen, da auch dies ein teures Vergnügen ist. Falls es dennoch nötig ist, in Usbekistan die Filme entwickeln zu lassen, bietet das ZUM in Taschkent diese Möglichkeit (ZUM ist die Abkürzung für zentralnyj universalnyj magazin, d. h. ein Kaufhaus).
Filme sollten nicht längere Zeit dem direkten Sonnenlicht ausgesetzt sein und am besten in einer kühleren Tasche verstaut werden. In der Wüste, aber auch in den Städten ist es recht staubig. Will man also staubige Linsen vermeiden, sollten sie geschützt werden. Das intensive Sonnenlicht erfordert gerade zur Mittagszeit spezielle Filter. Das schönste Fotolicht herrscht in den frühen Morgenstunden.
Die Sicherheitsgeräte auf den Flughäfen entsprechen den internationalen Standards, man muß also die Filme nicht extra ins Handgepäck packen.
In vielen Sehenswürdigkeiten muß für eine Fotografiererlaubnis eine Gebühr, etwa in Höhe eines US-Dollars, entrichtet werden.
Wenn Menschen fotografiert werden sollen, gebietet es die Höflichkeit, zuerst um Erlaubnis zu fragen. Auf Grund der Gegebenheiten der islamischen Kultur lassen sich ältere Menschen, besonders Frauen, nicht immer gerne fotografieren. Da viele Portraitierte gerne einen Abzug des

Fotos hätten, hält der Profi selbstklebende Etiketten bereit, auf die die Adressen, meistens in kyrillischer Schrift, geschrieben werden können. Bevor man in Moscheen fotografiert, sollte man um Erlaubnis fragen. Während eines Gebets darf nicht fotografiert werden.
Militärisch wichtige Gebäude (dazu gehören Flughäfen, Bahnhöfe, Brücken und Grenzübergänge) zu fotografieren ist streng verboten und kann zu erheblichen Problemen führen. Auch ist es theoretisch verboten, aus dem Flugzeug heraus usbekisches Hoheitsgebiet zu fotografieren.

Gesundheit

Es besteht kein Sozialabkommen zwischen Deutschland und Usbekistan, deswegen sollte unbedingt eine private Auslandskrankenversicherung mit Rücktransport abgeschlossen werden. Die Primärversorgung ist bis jetzt auch für Touristen noch kostenlos. Medikamente müssen jedoch selbst bezahlt werden. Die Privatkliniken, in denen Touristen behandelt werden können, sind teuer.
Es gibt für Usbekistan keine vorgeschriebenen Impfungen, dennoch sollte vor Abreise ein Arzt konsultiert werden. Das Auswärtige Amt gibt Informationsmaterial über empfohlene Imfungen heraus. Zu empfehlen ist es, alle Schutzimpfungen zu überprüfen und sich gegen Hepatitis A impfen zu lassen.
Eine der größten Gefahren ist im Sommer die Dehydrierung. Mindestens zwei Liter alkoholfreie Flüssigkeit pro Tag – am besten stilles Mineralwasser oder Tee – sind ein Muß. Auf längeren Busfahrten empfiehlt es sich, immer Mineralwasser im Gepäck zu haben. Aber auch hier ist Vorsicht geboten: Wer viele Früchte gegessen hat, besonders Wassermelonen, möge besser auf Wasser verzichten und grünen Tee trinken.
Ohne Durchfall einen Usbekistanurlaub zu überstehen ist schwierig – sogar Alexander der Große soll ihn gehabt haben, als er den Landstrich eroberte. Es gibt dennoch einige Methoden, um ihn wenigstens versuchsweise zu vermeiden. Es ist sinnvoll, sich gleich zu Beginn der Mahlzeit grünen Tee zu bestellen und in den ersten Tagen die Köstlichkeiten der usbekischen Küche nur vorsichtig zu genießen. Sobald erste Symptome einer Magendarmerkrankung auftreten, sollte man sofort entsprechende Mittel einnehmen und nicht zu früh den leckeren Früchten und gut aussehenden Teigtaschen erneut erliegen. Stattdessen sollten gesalzenes Weißbrot und schwarzer Tee auf der Speisekarte stehen, denn Nulldiät kann zu einer weiteren Schwächung des Körpers z. B. in Form eines Kreislaufkollapses führen. Eine bereits zu Hause begonnene Prophylaxe gegen Magen-Darm-Krankheiten (z. B. mit ›Perenterol‹) kann sehr nützlich sein.

Nicht nur durch die ungewohnte Nahrung, sondern auch durch die Hitze werden der Körper und das Immunsystem geschwächt. Besonders wenn man bereits etwas angeschlagen ist, braucht man Ruhepausen – nicht jedes Minarett muß in der Mittagshitze bestiegen werden – um mit den ungewohnten Bedingungen klarzukommen. Ein Ruhetag wirkt oft Wunder.
In fast allen Hotels kann man sich übrigens äußerst günstig (eine Stunde kostet zwischen fünf und zehn Dollar) und sehr entspannend massieren lassen.
Sonnenbrand ist eine weitere Gefahr – Sonnenschutzcreme und ein Sonnenhut sollten regelmäßig benutzt werden.
Im Herbst kommt eine weitere, kaum einschätzbare Gefährdung hinzu. Mit chemischen Mitteln werden im Herbst die Baumwollpflanzen ›filatiert‹, d. h. die Blätter der Pflanze werden abgetötet, damit die Kapsel leichter zu ernten ist. Darüber, welche Gifte eingesetzt werden und ob und wie gesundheitsgefährdend sie sind, kann von der Autorin leider keine Auskunft gegeben werden. Tasache ist jedoch, daß nach dem Besuch von Baumwollfeldern im September häufig hohes Fieber und starke Übelkeit aufgetreten sind. Deswegen empfiehlt es sich, die Baumwollfelder kurz vor der Erntezeit nicht zu besuchen.
Es gibt in Taschkent mehrere Kliniken, die mehr oder weniger internationalem Standard entsprechen: MDS-Service, Botkina ko'chasi 110, Tel. 169 70 85, e-mail: medicine@-mds.uz, www.mds.zu. Uzbekiston Medidical Service, Navoiy ko'chasi 2, Tel. 144 62 14.

Auf eine für Usbekistan relative neue Gefahr muß noch hingewiesen werden: Aids. UNAIDS weist auf die wachsende Zahl von HIV-Infizierten hin, man nennt die Zahl von etwa 30000 und spricht von einer der ›jüngsten Epidemien‹.

Grenzen und bewachte Brücken

Überquert man den Amudarja und Syrdarja, wird man sich über die die beachtliche Sicherung der Brücken wundern. Ganze Soldateneinheiten bewachen die strategisch günstigen Straßen. Auf der Brücke über den Syrdarja (auf dem Weg von Taschkent nach Samarkand) stehen sogar zwei bewachte Panzer unter Tarndächern. Gerne halten die Soldaten Individualtouristen an und kontrollieren Pässe, Visa und den Kofferraum. Fotografieren und Anhalten auf den Brücken, die mit Panzersperren gesichert sind, ist streng untersagt. Zwischen den einzelnen Gebieten Usbekistans gibt es auch häufig Kontrollen, die Grenzkontrollen ähneln. Was als absurd erlebt wird, Touristen fühlen sich ja nie als Staatsfeinde, hat einen ernsten Hintergrund. Man demonstriert den ›Feinden‹ (sprich fanatischen Islamisten und Drogenschmugglern) der Republik, daß innerer Terror und Kriminalität unmöglich sind.
Etwas ermüdend sind die Kontrollen zwischen den einzelnen Gebieten; an den Posten der YPX (Yo'l patrul xizmati maskani=Straßen-Kontroll-Dienst einer Region) werden Wagenpapier, Pässe, Führerscheine und Kofferräume überprüft. Die Grenzen zwischen den mittelasiatischen Republiken wirken glücklicherweise keineswegs furchteinflößend, eher wie Spielplätze: Vorrichtungen, um Busse von unten zu untersuchen, Treppen, um auch LKW-Dächer inspizieren zu können, Schlagbäume, die der Durchfahrende selbst hochziehen muß. Manchmal sind jedoch die Blüten, die die Grenzkontrollen hervorbringen, auch für Wohlgesonnene schwer nachzuvollziehen: Kehrt man glücklich von einem Tagestrip aus Turkmenistan zurück und glaubt, alle Visaprobleme hinter sich zu haben, kann es passieren, daß der usbekische Zöllner auf einer Zollerklärung beharrt.
In Turkmenistan, zumal auf einem Tagesausflug, gäbe es überhaupt keine Möglichkeit, eine größere Summe Geld auszugeben und außerdem habe man bei der Ausreise aus Usbekistan auch keine Zollerklärung ausgefüllt, argumentiert der Tourist. Das alles ist Zeitverschwendung. Nicht fragen, sondern ausfüllen – auch wenn es sich um Vordrucke in usbekischer Sprache handelt. Was drin steht, ist gleichgültig, unterschreiben kann man auch mit Mickey Mouse, Hauptsache, man händigt dem netten Zöllner sein Formular aus.

Hygiene

In Usbekistan herrschen nicht die strengen Hygienevorschriften, die wir kennen. Dies gilt insbesondere für billigere Hotels und Restaurants. Der Reisende sollte von sich aus einige – selbstverständliche – Grundregeln beachten. Dazu gehört das Händewaschen vor den Mahlzeiten, auf das hier extra hingewiesen wird, weil viele Speisen auf den Tisch kommen, die mit den Händen gegessen werden. Obst und Gemüse sollte man schälen. Leitungswasser ist unbedenklich zum Zähneputzen, als Trinkwasser jedoch ungeeignet. Auf Eiswürfel in den Getränken sollte möglichst verzichtet werden, ebenso wie es problematisch ist, Tiefkühlprodukte zu essen. Auch bei Speiseeis ist Vorsicht geraten.

Informationen vor Reiseantritt

Es gibt nicht sonderlich viele Möglichkeiten, sich ausführlich über Usbekistan zu informieren. Eine Möglichkeit ist das Internet. Sehr informativ ist die Seite der usbekischen Botschaft in der Bundesrepublik Deutschland, die neben politischen Informationen auch allgemein landeskundliche Hinweise gibt: www.uzbekistan.de. Auch die Deutsche Botschaft in Usbekistan hat eine Homepage: www.taschkent.diplo.de. Englischsprachige Sites, die auch allgemeine Informationen über die gesamte Region bieten, sind www.times.kg und www.uzbekistan.com. Usbekischen lifestyle findet man unter www.uzdessert.zu. Unter www.uzbekistan.com findet man viele aktuelle Seiten mit touristischen Informationen. Die vor allem englischsprachigen Seiten informieren auch über aktuelle politische Fragen und wirtschaftliche Daten. Empfehlenswert sind auch die Seiten der George Soros Open Society Foundation. Unter www.soros.org/uzbkistan.html finden sich Informationen über Wirtschaft, Politik und Kultur sowie Seiten über usbekische Medien, Menschenrechtsberichte etc.

Der Informationsdienst des UN Büros für die Koordinierung humanitärer Angelegenheiten bietet Hintergrundinformationen über die politische und wirtschaftliche Lage: www.irinnews.org.

Auf www.search.uz findet man Links zu Tourismus, Wirtschaft, Kultur und Hinweise auf Hotels und Sehenswürdigkeiten. Für einzelne Städte kann man auch Karten herunterladen.

Unter www.uzbekistan.org liegen die Seiten der usbekischen Botschaft in Washington. Auch hier gibt es Informationen für Reisende, Visabestimmungen, aktuelle Agenturmeldungen über Usbekistan etc.

Eine Fülle buntgemischter Informationen findet man unter www.travel-library.com/asia/uzbekistan/. Hier gibt es auch einen funktionierenden Link zu Cyber Uzbekistan, einem umfangreichen Informationsdienst, der unter Leitung von Serge Karsavin von der University of Illinois erarbeitet wurde.

In Deutschland kann man sich an Central Asia Tours, Zeil 29–31, 60313 Frankfurt/Main, Tel. 069/

46 09 46 85/86 wenden. Diese Firma ist eine Dependance der staatlichen Tourismusgesellschaft. Hier können auch Flüge und Hotels gebucht und Visa besorgt werden.
Im Land gibt es nur wenige offizielle Informationsstellen, dennoch bekommt man alle nötigen Informationen in den Hotels oder bei den Reisebüros. Die Usbeken sind sehr hilfsbereit, und es ist erstaunlich, wie schnell auch auf informellem Wege alle nötigen Auskünfte beschafft werden können.

Inlandsflüge

Da auch Uzbekistan Airways (O'zbekiston havo yo'llary, www.uzairways.uz) Kosten optimiert, werden immer häufiger Flüge gestrichen. Es ist daher schwierig, kurzfristig Flugtickets zu bekommen. Deswegen sollte man sich die Tickets auf jeden Fall vorher, am einfachsten über einen usbekischen Reiseveranstalter, reservieren lassen. Die Repräsentanz von Uzbekistan Airways in Taschkent befindet sich gegenüber dem Hotel Rossija, Movarounnaxr ko'chasi 41, Tel 133 50 00. Das Ticket-Büro befindet sich auf der Kuneav ko'chasi 9, Tel. 56 38 37. Wenn man vor Ort in einem Büro von Uzbekistan Airways sein Ticket besorgt, muß man es in Sum bezahlen.
Uzbekistan Airways (eigene Schreibweise auf den Bordkarten ›airwais‹) ist eine freundliche, junge und sichere Fluglinie, nur ihre Passagiere sind manchmal noch nicht ganz so, wie sich der westliche Tourist das wünscht. Es fängt an damit, daß man gewarnt wird, es gäbe häufig keine Sitzplatzreservierungen in den Flugzeugen. Gut, dann muß die deutsche Zurückhaltung eben aufgegeben werden, und es wird der Platz genommen, der gerade frei ist. Um so größer ist die Überraschung, daß jetzt doch Bordkarten mit Sitzplätzen verteilt werden – wie glücklich ist man, einen Fensterplatz bekommen zu haben. Daß auf den Bordkarten nicht ›Flight Class‹, sondern ›Fight Class‹ steht – dem mißt man keinerlei Bedeutung zu. Dabei erlebt man den ersten Fight bereits, um in den Warteraum zu kommen. Während sich alle Einheimischen mit Taschen bepackt vorbeidrängeln, heißt es: ›Paß, Visum, Ticket, Bordkarte‹. Jetzt ist es besser, keine Grundsatzdiskussion über die Legitimation von Paßkontrollen auf Flughäfen zu führen. Es ist zeitsparend, jetzt nicht zu fragen, warum man, wenn man bereits eine Bordkarte hat, das Ticket abstempeln lassen muß. Am einfachsten es ist, alles ohne Warum so zu übergeben, wie es verlangt wird. Das stört den üblichen Arbeitsablauf nicht und ist entscheidend schneller als jegliche Diskussion. Die Kontrollen sind gründlich. Es ist verboten, spitze Gegenstände oder Taschenmesser im Handgepäck zu haben. Ist man glücklich im Warteraum angelangt, sollte man darauf achten, daß man wirklich dann zum Bus geht, wenn der eigene

Flug aufgerufen wird. Manchmal ist nämlich nicht ganz klar, um welchen Flug es sich gerade handelt. Erst-Uzbekistan-Airways-Flieger drängeln sich nach dem Aufruf in die klimaanlagelosen Flugzeugbusimitationen und warten dann vor der Gangway (entsetzlicher Lärm der Triebwerke) und im wahnsinnig heißen und sauerstoffarmen Flugzeug. Vielflieger warten auf den nächsten Bus. Der ist zwar ziemlich leer, aber will nicht losfahren, erst mehrere Aufforderungen bringen den Fahrer dazu, die letzten Gäste doch zum Flugzeug zu bringen. Geschafft, man ist im Flugzeug, in der ›Fight Class‹, denn der versprochene Fensterplatz in den vorderen Reihen ist natürlich belegt. Was sind schon Zahlen auf einem Blatt Pappe, sagen sich die Platzbesetzer. Zum Glück bleibt es bei Wortgefechten. Kurze Zeit später wird es jedoch handgreiflich. Eine Dame hat sich ohne gültige Bordkarte ins Flugzeug geschmuggelt, wie auch immer das bei den peniblen Kontrollen möglich ist, und wird jetzt unter Geschrei vom Sicherheitsdienst aus dem Flieger gezerrt. Nach einer Stunde Verspätung geht es los.

Kleidung

Leichte Baumwollkleidung ist für Reisen in den Sommermonaten empfehlenswert. Lange Hosen und langärmlige Hemden und Pullover verhindern einen Sonnenbrand und respektieren die moslemische Weltanschauung. Allerdings wird in Usbekistan noch nicht so streng auf die richtige Kleidung geachtet.

An religiösen Orten müssen jedoch Schultern und Beine bedeckt sein, Miniröcke und schulterfreie Tops sind unpassend. Sinnvoll ist es, um einen Sonnenbrand zu vermeiden, einen Hut zu tragen.
Im Sommer ist die Sonnenstrahlung sehr intensiv – eine Sonnenbrille ist unbedingt erforderlich. Festes Schuhwerk kommt mit Hitze, Staub und Unebenheiten besser klar als leichte Schuhe. In Moscheen und vielen privaten Restaurants müssen die Schuhe ausgezogen werden – das bedeutet, man muß saubere Füße und/oder heile Socken haben.
Im Winter oder in den kälteren Monaten ab Ende Oktober gehören warme Stiefel und Wollpullover zur Grundausstattung, ebenso eine wetterfeste Jacke.
Bei Wüstenübernachtungen sollte man mit dem nächtlichen Temperatursturz rechnen. Auf Kälte, Wind und Schnee muß man eingestellt sein, wenn man die Berge in Richtung Kirgisistan oder Tadschikistan bereist.
Generell gilt auch in Usbekistan, daß man als Reisender eher zweckmäßig als aufsehenerregend angezogen sein sollte. Teuren Schmuck sollte man zu Hause lassen, da die Hotels nur selten über einen Safe verfügen und

es wenig Gelegenheiten gibt, ihn effektvoll in Szene zu setzen.

Klima und Reisezeiten

Das Klima läßt sich als kontinental bezeichnen. Starke jahreszeitliche Schwankungen sowohl der Temperaturen als auch der Niederschlagsmenge sind üblich. Die mittleren Temperaturen liegen im Januar bei –2 °C, im Juli bei 26 °C. Auch im Frühjahr ist es tagsüber, wenn man sich nicht gerade in den Bergen befindet, zwischen 20 und 30 °C warm, nachts liegen die Temperaturen zwischen 15 und 20 °C. Die besten Reisezeiten sind Frühling und Frühsommer (April und Mai) und der Herbst (September und Oktober). Auch der Winter hat seine Vorteile. Es sind kaum Touristen unterwegs, die Hotelpreise sind deutlich niedriger als während der Saison und wenn es auch draußen kalt ist, sind die Hotels und Wohnungen geheizt. Samarkand im Schnee, ein zugefrorener Amudarja, Schnee in der Kizilkum, 45 Grad minus in Karakalpakstan und Skifahren im Tienshan haben auch touristischen Erlebniswert.

Kriminalität

Usbekistan ist kein kriminelles Land, dennoch macht Gelegenheit Diebe. Auch wenn sich der Tourist nicht vor Raubüberfällen fürchten muß, sollte man seine Wertsachen eng am Körper tragen, die Handtasche nicht leichtfertig baumeln lassen und bei Gedränge auf seine Taschen achtgeben. Taschendiebstahl ist extrem selten in Usbekistan, aber mit vermehrtem Tourismus entwickelt sich auch dieses Gewerbe. Besonders in dem Gedränge auf den Basaren sollte man auf Wertsachen aufpassen. Da nur selten individuelle Safes in den Hotels verfügbar sind, sollte man einen Geldgürtel oder einen Brustbeutel bei sich haben. Ein mit einem Nummernschloß verriegelbarer Koffer empfiehlt sich ebenso.
Die Mafia gibt es auch in Usbekistan, allerdings haben Touristen nichts von ihr zu befürchten. Auch Raubüberfälle auf Touristen gibt es bisher nicht. Auch die starke Polizeipräsenz, die sich nach dem Attentat auf den Präsidenten nochmals verstärkt hat, mag abschreckend wirken.
Auf den Märkten und in Geschäften wird man nicht übers Ohr gehauen. Die Waagen sind zwar meistens gezinkt, aber darunter haben auch die anderen Käufer zu leiden. Wechselgeld bekommt man in der Regel richtig herausgegeben.

Landkarten

Die Karte ›Zentralasien‹ aus dem Freytag-Verlag kann nützlich sein, gut ist ›Central Asia‹ von Nelles.
In Usbekistan sind gute Landkarten rar. Einfache Übersichtskarten sind in Buchläden und manchmal auch in Souvenirgeschäften zu bekommen. Aber da das Straßennetz in Usbekistan nicht sehr groß ist, kann man sich auch mit den handelsüblichen Karten orientieren. Für manche Regionen,

etwa das Gebiet um Samarkand, gibt es sehr gute Detailkarten, die sich auch als Wanderkarten nutzen lassen. Allerdings stammen sie aus den 80er Jahren und werden derzeit nicht neu aufgelegt. Eine solche Karte zu erstehen ist reine Glückssache.
Von den größeren Städten gibt es Stadtpläne, die jedoch Aktualität vermissen lassen, denn auch sie stammen – einzige Ausnahme ist Taschkent – aus den 80er Jahren. Zwar stimmen die Straßennamen nicht mit den jetzt umbenannten Straßen überein, was aber in den meisten Fällen für die Orientierung nicht tragisch ist, da die Einheimischen sowieso die neuen Namen häufig noch gar nicht kennen.

Maße und Gewichte

Die Maße und Gewichte entsprechen den deutschen – nur wenige Unterschiede gibt es: auf dem Markt sind die meisten Waagen gezinkt, Vodka und Getränke allgemein werden in Gramm angegeben und der Alkoholanteil nicht in Prozent, sondern in Grad.

Nahverkehr

Der öffentliche Nahverkehr funktioniert gut, ist für ausländische Verhältnisse äußerst billig (die Metro in Taschkent kostet 25 Sum) und meistens ziemlich stark ausgelastet. Wer mit den Trolleybussen fährt oder mit den alten Ikarusbussen eine Landpartie macht, der wird auf jedenfall mit den Usbeken ins Gespräch kommen. Fahrpläne gibt es nicht, bezahlt wird meistens beim Aussteigen vorne beim Schaffner.
Die Usbeken sind über den Linienverlauf der Busse und Straßenbahnen gut informiert, so daß man fragen kann, wohin es geht. Da die Haltestellen im innerstädtischen Bereich sehr kurz auf einander folgen, kann man notfalls auch mal eine Station zurücklaufen.
Die Metro in Taschkent ist überaus sehenswert und im Kapitel über Taschkent mit einem Metroplan ausführlich beschrieben.

Post

Die Post öffnet zwischen 8 und 9 Uhr und schließt zwischen 19 und 20 Uhr. Briefmarken bekommt man außer in den Postämtern auch in den Hotels. Manchmal verlangen die Verkäufer allerdings einen etwas höheren Preis. Usbekistan gibt außergewöhnlich schöne Briefmarken heraus, die bei Sammlern sehr beliebt sind. Gute Chancen, verschiedene Motive zu bekommen, hat man kurioserweise nicht auf der Post, wo häufig sogar die Marken für Postkarten gänzlich ausverkauft sind, sondern im Hotel ›Afrosiyob‹ in Samarkand.
Die frankierten Karten und Briefe können in der Rezeption der Hotels abgeben werden oder in einen der blauen Briefkästen geworfen werden. Wer nicht ›Germany‹ schreiben möchte, kann ›Germania‹ oder ›ФРГ‹ schreiben. Genauso wird ›Austria‹ oder ›Switzerland‹ verstanden.

Zwischen neun und vierzehn Tagen benötigt eine Postkarte, bis sie Deutschland erreicht. Obwohl die usbekische Post einen schlechten Ruf hat, konnte der bei eigenen Experimenten nicht bestätigt werden. Problematisch ist allerdings der umgekehrte Weg von Deutschland nach Usbekistan. Besonders Pakete werden geöffnet, und ihr Inhalt kommt stark dezimiert an.

Radio und Fernsehen
Neben den staatlichen Zeitungen und Fernsehkanälen gibt es in den größeren Hotels auch Satellitenfernsehen. Vor allem die englischsprachigen Nachrichtensender wie CNN und BBC World sind vertreten. Auch das Fernsehprogramm der Deutschen Welle kann empfangen werden. Einige russische Sender sind zu empfangen. Allerdings wird der Empfang in den Privathäusern, wo er nicht über einen Satelliten läuft, sondern über usbekische Sender, in den Abendstunden abgestellt. Bei erotischen Szenen wird Reklame gesendet – hier gelten äußerst konservative Vorstellungen.
Das usbekische Fernsehen erinnert an sozialistische Zeiten: Folklore, Erträge der Baumwollernte und Erlasse des Präsidenten. Der Zugang zu Informationen ist in Usbekistan also nicht ganz einfach. Mit einem Weltempfänger kann man jedoch BBC und Voice of America, in manchen Regionen auch die Deutsche Welle empfangen werden.

Registrierung
Man sollte darauf achten, daß man zumindest einige Nächte in Hotels verbringt, die eine staatliche Lizenz haben und dem Besucher einen ›Registrationstalon‹, den man am besten in den Paß heftet, aushändigen. Bei Ausreise werden die Übernachtungsnachweise gelegentlich kontrolliert. Wenn man keinen Nachweis hat, kann man z.B. auf eine Nachtfahrt verweisen.

Reisen im Inland

Mit dem Taxi
Am einfachsten fährt man mit einem Taxi. Manchmal sind in letzter Zeit Gerüchte aufgetaucht, daß die Taxifahrer eine bestimmte Erlaubnis brauchen, um Touristen zu fahren. Insbesondere auf der Strecke Urganch–Buchara hatten Taxichauffeure Schwierigkeiten. Nichtsdestotrotz ist es gesetzlich nicht verboten, mit beliebigen Taxis oder auch Privatwagen durch Usbekistan zu fahren. Die Taxipreise müssen ausgehandelt werden und sind deswegen hier nur Richtwerte. Taschkent–Samarkand kostet, wenn man das Taxi allein haben möchte, 30 Dollar, ein Platz acht Dollar. Die Rückfahrt kostet fünf bzw. einen Dollar weniger. Samarkand–Buchara kostet etwa 20 Dollar. Die Taxifahrer kennen ihre Strecken sehr gut und fahren deswegen nicht immer gefahrenbewußt.

Mit dem Sammeltaxi

Am schnellsten, billigsten und einfachsten reist man mit den Sammeltaxis. Sie fahren in allen Städten von zentralen Plätzen los, immer dann, wenn ein Bus voll ist. Meistens sind es Daewoo-Minibusse, in denen man recht eng und sehr wackelig sitzt. Viele Fahrer sind Hasardeure, und schon oft kam es zu schweren Unfällen, weil die Minibusse einfach umgekippt sind.

Mit dem Bus

Etwas langsamer und altmodischer geht es mit den Überlandlinienbussen voran. Sie fahren nicht so häufig, aber nach Fahrplan, der auch einigermaßen eingehalten wird. Jede Stadt hat einen Busbahnhof, an dem man die Abfahrtszeiten erfahren kann.

Mit der Eisenbahn

Recht kompliziert ist das Reisen mit der Eisenbahn. Die Züge sind hoffnungslos überfüllt, da die Eisenbahn das günstigste Verkehrsmittel ist.
In dem Gedränge lasse man sein Eigentum nie aus den Augen. Wenn man sich auf die Umstände eingelassen hat, kann man mit Wodka, Wassermelone, Sonnenblumenkernen und lustigen Mitfahrern viel Spaß haben. Die am besten frequentierte und einigermaßen erträgliche Strecke fährt der Taschkent-Buchara-Express. Jeweils um 19 Uhr verlassen die Nachtzüge die Bahnhöfe der beiden Städte und kommen gegen acht Uhr am folgenden Morgen an.

Der Fahrkartenverkauf für Ausländer befindet sich nicht in allen Städten direkt neben dem Bahnhof.
Es lohnt, sich am Ausländerschalter anzustellen, da hier die Schlange wesentlich kürzer ist. Bevor man sich anstellt, sollte man sich aber vergewissern, daß an diesem Schalter die Fahrkarten für das gewünschte Reiseziel verkauft werden und daß bis zur nächsten Schalterpause noch mindestens eine Stunde Zeit ist.
Für längere Strecken kann man die Fahrkarten im voraus kaufen.
Da viele Züge Nachtzüge sind, eine kurze Information über die Schlafwageneinteilung: der ersten Klasse entspricht der ›weiche Wagon‹ (›мягкий вагон‹, mjagkij vagon), ein Zweibettschlafabteil. Wenn man

einen Platz im ›купейный‹ (kupejnyj) bucht, landet man in einem Vierbettabteil, wobei keine Rücksicht auf Trennung der Geschlechter genommen wird. Wer dritter Klasse (›плацкартный‹,plackartnyj) reist, braucht einen guten Schlaf oder Ohropax, denn in einem großen Wagon sind die Bänke nebeneinander angebracht. Vierter Klasse (›обший‹, obšij) reisen nur Nachtmenschen oder Masochisten, denn hier gibt es zwar so etwas ähnliches wie Bänke, aber keine Möglichkeit, zu schlafen.

Es ist sinnvoll, einige Zugnummern zu wissen, um die Schnelligkeit der Züge einschätzen zu können: 1 bis 149 sind Schnellzüge (›скорый поезд‹), von denen einige sogar Express-Züge sind; 151 bis 169 kennzeichnen etwas langsamere Züge (›скпостной поезд‹, die häufiger unterwegs halten; am langsamsten sind die Passagierzüge (›пассажирский поезд‹), die an jeder Ecke halten und die Nummern 171 bis 699 tragen.

Mit dem Flugzeug

Uzbekistan Airways fliegt regelmäßig von Taschkent alle anderen wichtigen und für Touristen interessanten Städte in Usbekistan an: Andijan, Buchara, Fergana, Karshi, Kokand, Namagan, Samarkand, Shaxrisabz, Termiz, Urganch. Außerdem gibt es tägliche Verbindungen in die Hauptstädte der benachbarten mittelasiatischen Republiken. Die Tickets können in größeren Hotels oder direkt im jeweiligen Büro von Uzbekistan Airways erworben werden. Die Tickets müssen in Sum bezahlt werden. Die Preise sind nicht sonderlich hoch: So kostet etwa ein einfacher Flug von Taschkent nach Urganch 77 Dollar, von Taschkent nach Samarkand 50 Dollar und von Taschkent nach Fergana 48 Dollar. Auf den Inlandsflügen ist der Service an Bord nicht sonderlich üppig, wer viel Hunger und Durst hat, sollte sein Handgepäck entsprechend ausstatten. Da es sich meistens um kleine Maschinen handelt, ist die Veränderung des Luftdrucks häufig außerordentlich schmerzhaft in den Ohren zu spüren. Dagegen helfen spezielle Ohrstöpsel, die zu Hause in Apotheken verkauft werden.

Auf manchen Flügen werden keine Sitzplätze verteilt, man kann sich dann auf einen beliebigen Platz setzen; diese Gewohnheit führt manchmal allerdings dazu, daß sich die Usbeken auch auf Flügen, auf denen Sitzplätze verteilt wurden; auf einen beliebigen Platz setzen. Da immer genügend Plätze vorhanden sind, sollte man sich in diesem Fall, will man nicht allzu viele Nerven verlieren, flexibel zeigen (siehe auch unter Inlandsflüge).

Reiserouten

Üblicherweise fliegt man von Taschkent nach Urganch, besucht Chiwa, fährt weiter nach Buchara und Samarkand, eventuell mit einem Ausflug nach Shaxrisabz und fliegt dann von Taschkent zurück. Für diese Reise benötigt man mindestens neun Tage. Wenn man länger Zeit hat, sollte man von Taschkent nach Nukus fliegen, von dort nach Moynaq und eventuell bis zum Aralsee fahren, von dort nach Chiwa, weiter nach Buchara und über Nurata (Jurtenübernachtung) nach Samarkand. Von hier kann man mehrere Ausflüge machen: nach Pendzhikent (Tadschikistan) und nach Shaxrisabz (Geburtsstadt Timurs). Wenn man sich für das nicht-touristische Usbekistan und den Buddhismus interessiert, kann man nach Termiz weiterfahren. Hier sollte man mindestens zweimal übernachten, da viele Sehenswürdigkeiten weiter entfernt sind. Von Termiz kann man nach Taschkent fliegen. Von Taschkent aus sollte man einen Ausflug nach Chimgon machen und eventuell ins Ferganatal fahren und dort mindestens zwei Nächte bleiben. Für diese Route braucht man mindestens 17 Tage.

Reiseveranstalter

Inzwischen bieten eine ganze Reihe von Veranstaltern Pauschalreisen nach Usbekistan an. Einige bieten die klassischen Studienreisen, bei denen der Schwerpunkt auf den architektonischen Sehenswürdigkeiten liegt. Es gibt aber auch Veranstalter, die beispielsweise Trekkingtouren durch die Wüste oder Berg- und Wandertouren im Ferganatal oder im Tienshan-Gebirge anbieten. Nachstehend einige, auch lokale, Veranstalter.

Central Asia Tours, Albusstraße 20,
60313 Frankfurt am Main,
Tel. 0 69/91 39 80 77, 91 39 80 78,
Fax 0 69/91 39 80 79,
e-mail: info@centralasia.de,
www.centralasia.de.
Informationen über Usbekistan sowie Gruppen- und Individualreisen, auch Trekking und Wintersport.

DERTOUR,
Emil-von-Behring-Straße 6,
60424 Frankfurt am Main,
Tel. 0 69/95 88 53 08,
Fax 0 69/95 88 53 01,
e-mail: service@dertour.de,
www.dertour.de.
Gruppen- und Individualreisen.

Dr. Tigges Reisebüro, Losenstraße 22,
45127 Essen, Tel. 02 01/8 10 40 60,
www.dr.tiggesreisebüro.de.
Studienreisen.

GO EAST Reisen,
Bahrenfelder Chaussee 53,
22761 Hamburg,
Tel. 0 40/8 96 90 90,
Fax 0 40/89 49 40,
e-mail: info@go-east.de,
www.go-east.de.
Individualreisen, Visa- und Firmenservice.

Intercontact Studienreisen, In der Wässerscheid 49, 53424 Remagen,
Tel. 0 26 42/2 00 90,
Fax 0 26 42/20 09 38.
Studienreisen.

Kira Reisen,
Mellingerstraße 6, CH–5400 Baden,
Tel. 0 56/2 00 19 00,
Fax 0 56/2 22 77 24,
www.kiratravel.ch.
Gruppen- und Individualreisen.

Knop Reisen,
Hollerlander Weg 77, 28355 Bremen,
Tel. 04 21/9 88 50 30,
Fax 04 21/3 50 96 28,
e-mail: knop-reisen@t-online.de,
www.knop-reisen.de.
Seidenstraße und zentralasiatische Republiken.

Lernidee Reisen,
Eisenacher Straße 11, 10777 Berlin,
Tel. 0 30/7 86 00 00,
Fax 0 30/7 86 55 96,
e-mail: team@lernidee.de,
www.lernidee-reisen.de.
Erlebnis- und Studienreisen in Zentralasien.

Olympia-Reisen,
Siegburger Straße 49, 53229 Bonn,
Tel. 02 28/40 00 30,
Fax 02 28/46 69 32,
e-mail: info@olympia-reisen.com,
www.olympia-reisen.com.
Gruppen- und Individualreisen.

Orient Voyages,
33, Dagbitskaya Street,
Samarkand 703020, Uzbekistan,
Tel. 09 98/6 62/35 93 67, 35 93 79,
33 00 28, Fax 09 98/6 62/35 35 71,
e-mail: ostar@tour-orient.com,
www.tour-orient.com.
Orient Voyages organisiert auch den Besuch von Buzkashi, einem poloähnlichen Reiterspiel, das zum Navruz-Fest veranstaltet wird.

Sairam Tourism,
13-a Movarounahr Str., Tashkent
700060, Uzbekistan, CIS,
Tel. 09 98/71/1 33 74 11, 1 33 35 59,
Fax 09 98/71/1 20 69 37, 1 36 34 21,
e-mail: silkroad@sairam tour.com.uz,
sairmtur@online.ru.
Gruppen- und Individualreisen, Reiseleitung, Visaservice.

Studiosus Reisen München GmbH,
Riessstraße 25, 80992 München,
Telefon 0 89/50 06 00,
Fax 0 89/50 06 01 00,
e-mail: info@studiosus.com,
www.studiosus.de.
Studienreisen.

Travel Service Asia,
Schmelzweg 10,
88400 Biberach/Riß,
Tel. 0 73 51/37 32 10, 37 32 77,
Fax 0 73 51/37 32 11,
e-mail: info@tsa-reisen.de,
www.Travel-Service-Asia.de.
Rundreisen in ganz Mittelasien, Spezialist für Individualreisen.

Ventus Reisen GmbH,
Krefelder Straße 8, 10555 Berlin,
Tel. 0 30/39 10 03 32, -33,
Fax 0 30/3 99 55 87,
e-mail: office@ventus.com,
www.ventus.com.
Pauschal- und Gruppenreisen in

Zentralasien, auch individuelle Reisezusammenstellung.

Windrose Fernreisen,
Neue Grünstraße 28, 10179 Berlin,
Tel. 0 30/2 01 72 10,
Fax 0 30/20 17 21 17,
e-mail: info@windrose.de,
www.windrose.de.
Usbekistan-, Seidenstraßen- und Zentralasienreisen.

Souvenirs

Wer exotische Mitbringsel liebt, der wird in Usbekistan mehr als genügend Gelegenheiten haben, Geld auszugeben. Zunächst reizen die vielen verschiedenen farbenprächtigen Seidenstoffe, die allerdings oft nicht dem westeuropäischen Geschmack entsprechen. Häufig, etwa im Museum von Afrosiyob in Samarkand, sind sogar noch alte Seiden zu bekommen. Auch die gestickten Teppiche, Susani, die sich übrigens auch hervorragend als Bett- oder Tischdecke eignen, sind in allen Variationen zu bekommen. Besonders schöne alte Stücke werden im Sommerpalast des letzten Emirs in Buchara verkauft. Weltweit berühmt sind die Buchara-Teppiche, die allerdings nie in Buchara hergestellt, sondern dort lediglich verkauft wurden. Auch heute kann man die typischen rotgemusterten Teppiche auf dem Markt von Buchara bekommen. Wunderschöne Seidenteppiche, sie sind natürlich teurer als Wollteppiche, werden in Samarkand hergestellt. Wer nicht in die Seidenteppichfabrik fahren möchte, kann in der zur Fabrik gehörenden Galerie am Registanplatz fündig werden.

Außerdem locken Schachspiele, Lackminiaturen und Majoliken in den zahlreichen zu Souvenirgeschäften umfunktionierten Medresen. In Buchara finden sich fein gearbeitete Juwelierarbeiten, z. B. kleine Scheren mit Vogelschnäbeln. Kupferschmiede fertigen filigrane Teller und Schalen.
Generell ist die Ausfuhr von Antiquitäten, d. h. von Gegenständen, die älter als 50 Jahre sind, verboten. Manchmal verführen die angebotenen Schätze aber dennoch zur Mitnahme. Man sollte sich allerdings des Risikos bewußt sein, alles am Zoll abgegeben zu müssen – bislang sind die Kontrollen glücklicherweise alles andere als streng. Wer alte Bücher liebt, kann auch in Buchara fündig werden – war hier früher doch ein berühmter Buchmarkt –, Gebetsbücher und Korane aus dem letzten Jahrhundert werden zu humanen Preisen verkauft. Sehr schön sind auch die aufklappbaren hölzernen Koranständer.
Antiker Silberschmuck wird in Samarkand unterhalb der Nekropole Shohizinda verkauft, hier kann man auch andere interessante Dinge günstig erwerben, beispielsweise russische Löffelchen aus dem 18. Jahrhundert.
Gold kauft man auch am besten in Samarkand. In unmittelbarer Nähe des Unabhängkeitsplatzes, an der Amir Timur ko'chasi befindet sich ein kleiner Juwelier, bei dem man alten und neuen Goldschmuck kaufen kann, allerdings entsprechen die Designs nicht immer unseren Vorstellungen.
Exklusiv und ›ausfuhrberechtigt‹ sind auch die Arbeiten des Messerschmiede von Buchara. In der Altstadt von Buchara arbeiten mehrere Meister. Abzuraten ist von dem Kauf größerer antiker Metallgegenstände, besonders von Kannen. Diese Gefäße werden vom Zoll sofort erkannt, und der Besitzer wird mit Schwierigkeiten zu rechnen haben. Daß dieser Gegenstand in Usbekistan bleibt, versteht sich wohl von selbst.
Günstige und dennoch schöne Mitbringsel sind die traditionellen Kopfbedeckungen, die Tjubetejkas, Gürteltücher, bestickte Westen oder Messer aus dem Ferganatal.

Sportmöglichkeiten

Gute Sportbedingungen gibt es hier noch nicht. Einige Hotels verfügen über Schwimmbäder, manche über Fitnesscenter. Langsam beginnt sich in Usbekistan ein Bergsteiger-Tourismus zu entwickeln. Auch Bootstouren und Skifahren werden neuerdings angeboten (siehe auch unter Reiseveranstalter).

Taxi

Offizielle Taxis kann man an den gelben Schildern erkennen. Taxometer sind entweder nicht vorhanden oder werden nicht eingeschaltet, deswegen ist es ratsam den Preis auszuhandeln. In Taschkent kostet eine einfache Fahrt zwei Dollar, in Samarkand einen Dollar. Vom Flughafen in Taschkent zum Hotel werden in der Regel von den Taxifahrern zwischen 10 bis 20 Dollar verlangt. Der reguläre Preis liegt jedoch bei drei bis fünf Dollar pro Taxi. Mehr als 10 Dollar sollte man also auf keinen Fall zahlen. Wenn man kein Hotel vorgebucht hat, bieten die Taxifahrer auch Hotels an. Die Taxis vor den Hotels sind wesentlich teurer als ihre Kollegen, die man auf der Straße anhalten kann.

Telefonieren

Am billigsten, aber auch am langwierigsten telefoniert man von der Post aus. Hier muß man alle Ferngespräche vorbestellen und häufig vorher angeben, wie lange man telefonieren will. Dann dauert es mindestens zehn Minuten, bis die Verbindung hergestellt ist. Eine löbliche Ausnahme ist die Post in Buchara, von der aus man ohne Probleme telefonieren kann, katastrophal sind die Zustände dagegen in Samarkand. Eine Minute nach Deutschland kostet umgerechnet etwa 1,5 Dollar.
Aus fast allen Hotels kann man ohne Probleme nach Deutschland, Österreich und in die Schweiz telefonieren, die Minute kostet circa fünf Dollar. Die Verbindung gilt bereits wenige Sekunden, nachdem man gewählt hat, als erfolgreich und muß bezahlt werden. Die Vorwahl nach Deutschland, Österreich, die Schweiz ist 8 10 49/43/41. Manchmal haben die Hotels jedoch noch eigene Vorwahlen.
Mit dem D1-Netz kann man von den meisten usbekischen Städten nach Deutschland, Österreich und die Schweiz telefonieren. Auch hier gilt die Vorwahl: 8 10 49/43/41. Die Tarife sind jedoch sehr hoch.
Telefonate innerhalb der Städte sind kostenlos, deswegen kann man, wenn man lokale Anrufe zu erledigen hat, überall fragen, ob man telefonieren kann. Ab und zu trifft man auf Telefonzellen, die jedoch selten funktionieren. Außerdem benötigt man entweder entsprechende Jetons oder Tijin-Münzen, die man schon lange nicht mehr erhält. Von den Telefonzellen kann man nur lokale Telefonate führen.
In letzter Zeit gibt es private Telefonanbieter, zum Beispiel in der Fußgängerzone in Taschkent. Hier telefoniert man am einfachsten und am günstigsten, nur sind die Geschäfte meist stark frequentiert.
Für Ferngespräche Innerhalb Usbekistans gelten folgende Vorwahlen: 8 (danach muß ein Wählton zu hören sein), dann für Taschkent: 371; Samarkand: 36 22, Buchara: 365 22, Urganch: 362 22, Chiwa 362 37, Fergana 373 22, Kokand 434 00, Andijon 374 22, Shaxrisabz 375 22, Termiz 376 22.
Von Deutschland, Österreich und der Schweiz nach Usbekistan wählt man die Länderkennzahl: 009 98, dann die Vorwahl ohne 3 und die Rufnummer.

Toiletten

Obwohl sich vieles verbessert hat, sind die Toiletten, besonders die öffentlichen, teilweise in einem katastrophalen Zustand. Manchmal handelt es sich um Plumpsklos, die seit langem nicht gereinigt wurden. Entweder man hält die Luft an und schließt, soweit es ungefährlich ist, die Augen, oder man sucht sich ein Plätzchen in freier Natur. Letzteres ist nicht immer leicht zu finden, da die Vegetation nicht allzu üppig ist.

Trampen

Ohne Probleme kann man in allen Städten Privatautos anhalten – allerdings wird man nicht kostenlos mitgenommen, sondern muß einen Obolus entrichten, der sich nach dem eigenen Ermessen richtet. Für eine Fahrt von zwei Kilometern zahlt man ungefähr 150 Sum. Auch längere Strecken kann man so zurücklegen. Nur sollte man zumindest über rudimentäre Russischkenntnisse verfügen, um Mißverständnisse über das Reiseziel auszuschließen. Häufig haben die Privatautos keine den westeuropäischen Standards entsprechende Sicherheitsausrüstung, sprich Gurte und Kopfstützen fehlen – ganz zu schweigen von Airbags und Seitenaufprallschutz. Dafür kann man bei so einer Fahrt allerdings viel über Land und Leute erfahren.

Trinkgeld

Auch in Usbekistan sind die Dienstleistungsberufe auf Trinkgelder angewiesen. Üblich sind Trinkgelder in einer Höhe von 10 Prozent. Trinkgelder werden am liebsten in US-Dollar genommen, deswegen sollten genügend kleine Dollarnoten im Portemonnaie sein.

Unterkunft

Es ist empfehlenswert, die Hotelunterkünfte von Deutschland aus zu buchen, da sich in Usbekistan inzwischen die Spielregeln des touristischen Marktes durchgesetzt haben und die usbekischen Reiseveranstalter wesentlich günstigere Preise bekommen als der Individualtourist bei einer Privatanfrage. Auch das Preisniveau hat sich nach einer unverhältnismäßigen Preiserhöhung im Sommer 2001 wieder auf Normalniveau eingependelt.
Sehr gute Angebote macht zum Beispiel die Samarkander Firma ›Orient Voyages‹ (ostar@tour-orient.com), die in einigen Städten kleinere, gemütliche Hotels besitzt.
Insgesamt hat sich die Hotelsituation in den größeren Städten sehr verbessert. Akzeptable Hotels fehlen aber immer noch im Ferganatal, in Nukus und in Termiz. Es gibt sehr gute Hotels, die über luxuriöse Zimmer mit Satellitenfernsehen, Fitness-Raum, mehrere Bars und Restaurants und ein Business-Center verfügen. Privatunterkünfte sind häufig teurer als Mittelklassehotels. Der Low-Budget-Traveller wird genügend sehr billige Unterkünfte finden. Leider gibt es nur in Buchara eine

zentrale Touristeninformation, in der die Unterkunftsmöglichkeiten vorliegen.

Die im Buch angegebenen Preise beziehen sich auf ein Doppelzimmer mit Frühstück, sind aber lediglich Richtpreise, da sie sich je nach Saison verändern können.

Die wirklich guten Hotels mit westeuropäischem Management sind im internationalen Vergleich zu teuer. Das ›Intercontinental‹, das ›Sheraton‹ und andere internationale Hotelketten haben inzwischen ihre Preise angesichts der Konkurrenz etwas gesenkt. Günstiger und trotzdem sehr gut sind die Hotels der staatlichen Tourismusgesellschaft Uzbektourism in Samarkand (›Afrosiyob‹) und Buchara (›New Buxoro‹). Hier hat man eine Klimaanlage und angenehme sanitäre Anlagen. Ein bißchen sind die ›staatssozialistischen‹ Einflüsse noch zu spüren, wenn man sich die Toilettenpapierrollen und die Seifenstücke anschaut.

Die italienische Hotelkette Domina hat drei Hotels in Usbekistan übernommen, ebenso wie die anderen Hotels, die internationalen Ketten angehören, können auch diese über das Internet gebucht werden: www.dominahotels.com.

Sehr gut bis akzeptabel, aber teilweise auch teuer, sind die Privathotels in Buchara. Hier kann man sich von der Touristeninformation über aktuelle Entwicklungen beraten lassen. Alle anderen Hotels haben gravierende Mängel und sind zumindest problematisch, wenn nicht gänzlich unerträglich. Natürlich ist hier das persönliche Wahrnehmungsempfinden entscheidend. In den letzten Jahren sind immer mehr Privatpensionen entstanden, die eine staatliche Lizenz haben und daher auch die Reisenden registrieren können. Als Individualreisender sollte man diese Hotels den großen Uzbektourismus-Bunkern vorziehen, da man einen persönlichen Service erfährt, sie gut liegen und sie häufig viel für Usbekistan Typisches vermitteln. Ohne Probleme läßt es sich in Ohne Probleme läßt es sich inzwischen auch in Urganch übernachten, wo die Hotelsituation bis vor kurzem problematisch war. Alle billigen Hotels und alle Hotels jenseits der breiten Touristenstraßen sollte man nur dann aufsuchen, wenn man mit kaputten Bädern, Kakerlaken und ohne Klimaanlage leben kann. Wer auf eigene Faust reist und auch kleinere Orte, zum Beispiel. das Ferganatal oder Termiz, besucht, sollte sich auf nicht sonderlich saubere und trotzdem relativ teure Hotels gefaßt machen. Aber das Hotelwesen ist in Bewegung, langsam entstehen immer mehr Privatpensionen, so daß in den nächsten Jahren vielleicht eine größere Anzahl von guten und sauberen Privatzimmern angeboten wird.

Versicherungen

Da es kein Sozialversicherungsabkommen zwischen Deutschland und Usbekistan gibt, sollte auf jeden Fall vor Reiseantritt eine Krankenversicherung mit Rücktransport abgeschlossen werden.

Visum

Die aktuellen Visa-Bestimmungen finden sich auf der Homepage der usbekischen Botschaft unter www.uzbekistan.de. Ein Visum-Antrag kann heruntergeladen werden.

Für Gruppenreisende wird in der Regel von Reiseveranstalter ein Gruppenvisum besorgt, das jedem Reiseteilnehmer nach der Einreise nach Usbekistan in Kopie vorliegen muß.

Für deutsche, österreichische und Schweizer Individualtouristen gelten folgende Bestimmungen: sie brauchen nach Angaben des Konsulats in Berlin keine Einladung und keinen Voucher eines Reiseveranstalters, um ein Touristenvisum zu bekommen. Andere Staatsangehörige benötigen eine sogenannte ›Visumsunterstützung‹ eines usbekischen Reiseveranstalters. Dazu müssen Reiseroute und Hotelunterkünfte festgelegt werden. Man erhält einen Voucher, und der usbekische Reiseveranstalter schickt eine Bestätigung des Außenministeriums an die Botschaft. Um das Visum zu erhalten, müssen die Gebühr entrichtet sein (Beleg), der Paß, ein ausgefüllter Visumsantrag mit Paßbild und gegebenenfalls ein frankierter Rückumschlag vorliegen. Die Bearbeitungszeit beträgt eine Woche. Folgende Gebühren werden für ein einmaliges Visum erhoben: bei Aufenthalt bis zu sieben Tagen 60 Euro, bis zu 15 Tagen 70 Euro, bis zu 30 Tagen

80 Euro, bei letzterem kann eine mehrfache Einreise ohne Aufpreis beantragt werden.
Die Bankverbindung lautet: Deutsche Bank Berlin, BLZ: 100 700 00, Kontonummer: 435 06 09 01.
Die Bedingungen für Geschäftsreisende und Reisende mit privater Einladung sind ähnlich und können unter der oben angegebenen Web-Adresse abgerufen werden. Die Einreisebestimmungen für Bürger anderer Staaten können bei der Konsularabteilung erfragt werden.
Die Konsularabteilung ist sehr hilfsbereit, auch wenn die Fristen nicht eingehalten wurden, zeigte man sich kulant. Das Visum kann per Post oder persönlich beantragt werden bei der Botschaft der Republik Usbekistan, Konsularabteilung, in Berlin. Tel. 030/39 40 98 24 (62 Cent/min.), Fax 030/39 40 98 21 oder beim Generalkonsulat in Frankfurt am Main (siehe auch Botschaften).
Immer wieder wird lanciert, daß deutsche Staatsangehörige das Visum auch am Flughafen bekommen, dafür gibt es sogar einen Extra-Schalter bei der Einreisekontrolle. Aufgrund der Sicherheitslage ist es jedoch wesentlich verläßlicher, sich das Visum vor Abreise zu besorgen.
Der Reisepaß muß bei Einreise noch mindestens drei Monate gültig sein. Den Paß sollte man als Individualtourist immer griffbereit haben, da in den Grenzgebieten oder an anderen strategisch wichtigen Punkten sowohl Überlandbusse als auch Privatautos kontrolliert werden. Diese Kontrollen sind in letzter Zeit so verschärft worden, daß sich die Fahrzeiten bis zu zwei Stunden verlängern können. Siehe auch unter: Grenzen und bewachte Brücken.

Zahlungsmittel

Das offizielle Zahlungsmittel ist der usbekische Sum (usbek. so'm/сўм), der 100 Tijin entspricht. Im Umlauf sind Banknoten zu 3, 10, 15, 50, 100, 200, 500 und 1000 Sum.
Der 200-Sum-Schein und der 500-Sum-Schein sind mit besonders schönen Motiven ausgestattet, auf dem, auf dem 50-Sum-Schein ist der Registan abgebildet. Gedruckt wird das Geld übrigens in der deutschen Bundesdruckerei. Seit 2003 ist der Sum konvertierbar, wird aber kaum außerhalb Usbekistans gehandelt. Im März 2005 erhielt man für einen US-Dollar etwa 1030 Sum nach dem offiziellen Wechselkurs. Die Inflationsrate ist jedoch hoch, zum Vergleich: Ende 1999 bekam man für einen US-Dollar 180 Sum.
In Wechselstuben, die sich in den größeren Hotels befinden, kann Geld gewechselt werden.
Außerhalb der Wechselstuben liegt der Kurs gelegentlich etwas höher. In der Regel bieten die Hotel-Bediensteten an, Geld zu wechseln. Zwar ist dies gesetzlich verboten, dennoch gängige Praxis und macht das touristische Leben in Usbekistan etwas günstiger. Außerdem haben die Banken und Wechselstuben häu-

fig geschlossen und sind sehr bürokratisch. Es ist davon abzuraten, auf Flughäfen oder Basaren Geld zu wechseln. Da die offiziellen Wechselstuben in Hotels und Banken limitierte Öffnungszeiten haben und einen hohen bürokratischen Aufwand erfordern, ist es einfach praktischer, privat zu tauschen.
Mit dem Euro tut man sich auf dem Schwarzmarkt jedoch schwer, deswegen sollte man auf jeden Fall US-Dollar mitnehmen.
Theoretisch muß alles in Sum gezahlt werden, weshalb man auf jeden Fall Sum erwerben sollte.
Kreditkarten werden nur selten akzeptiert, Traveller-Cheques sind mühsam einzulösen. Über die Western Union Bank können dringende Geldüberweisungen veranlaßt werden. Einige Banken bieten die Abhebung von Bargeld per Kreditkarte an (siehe dazu das Kapitel Banken).
Man sollte US-Dollar, auch in kleinerer Stückelung, bei sich haben, da es manchmal einfacher ist – gerade in Souvenirgeschäften – mit US-Dollar zu zahlen.

Zeitungen

Westliche Zeitungen kommen mit Verspätung nach Usbekistan und sind in den großen Hotels in Taschkent zu bekommen. Deswegen wird sich jeder deutschsprechende Usbeke über eine aus dem Flugzeug mitgebrachte Zeitschrift freuen. Genau wie die anderen Medien ist in den usbekischen Zeitschriften der Informationsgehalt recht niedrig, hauptsächlich geht es um die Baumwollernte und neue Gesetze, die in voller Länge abgedruckt werden. Weder über Außen- noch Innenpolitik ist viel zu erfahren. In sogenannten ›kommerziellen‹ Zeitungen werden Klatsch und Tratsch, ›Lebenshilfe‹ und Kreuzworträtsel gedruckt. Viele Zeitungen erscheinen auf russisch, häufig sind auch Moskauer Ausgaben zu bekommen.
In den usbekischen Medien allgemein fehlt eine kritische Berichterstattung, einige Themen, wie Probleme in der Bildungs- oder Gesundheitspolitik, dürfen nicht aufgegriffen werden. Unabhängige regierungskritische Journalisten berichten von wiederholten Einschüchterungen bis hin zu körperlicher Gewalt.

Zeitzonen

Die usbekische Zeit ist der mitteleuropäischen Sommerzeit drei Stunden voraus, der mitteleuropäischen Zeit vier Stunden. In Usbekistan gibt es also keine Sommerzeit und die Zeitdifferenz ändert sich entsprechend, wenn bei uns die Sommerzeit gültig ist.

Zollvorschriften

Es bestehen die international üblichen Ein- bzw. Ausfuhrverbote (Drogen, Waffen) sowie die international übliche Begrenzung der Einfuhr von Tabak und Alkohol. Die Ausfuhr von Antiquitäten (älter als 50 Jahre) ist verboten.

Über die Autorin

Judith Peltz, geb. 1968, studierte Slavistik. Seit 1988 reist und arbeitet sie in den Ländern der ehemaligen Sowjetunion, zunächst als Studentin – einige Jahre lebte sie in Rußland –, dann als Studienreiseleiterin und zuletzt im Rahmen der Entwicklungszusammenarbeit. Fasziniert von Usbekistan, hielt sie sich seit den 90er Jahren regelmäßig dort auf. Beeindruckend sind für sie insbesondere der lebendige Mythos Seidenstraße, die islamische Baukunst und ihre außer-islamischen Einflüsse, der Prozeß der Bildung einer nationalen Identität, die Samarkander Leprjoschka (Fladenbrote), die Gastfreundschaft, die usbekische Küche und Tischkultur und die Kizilkum-Wüste im Winter bei Nacht.

Ich danke Vincent C. und Hartmut Peltz für die Tolerierung meiner häufigen Abwesenheit und die unzähligen herzlichen und liebevollen Empfänge. Ohne ihre Unterstützung hätte ich dieses Buch nicht schreiben können.

Judith Peltz, im März 2005

Lesetips

allgemein:
Belenitzky, A.: Zentralasien. Genf, München 1968.
Hayit, Baymirza: Turkestan zwischen Rußland und China. Amsterdam 1971.
Uhlig, Helmut: Die Seidenstraße. Antike Weltkulturen zwischen China und Rom. Bergisch Gladbach 1995.

Geschichte:
Albaum, Lazar I., Brentjes Burchard: Herren der Steppe. Berlin 1976.
Barthold, Wassilij: Ulug Beg und seine Zeit. Leipzig 1935.
Humbly, Gavin: Fischer Weltgeschichte Zentralsien.
Nagel, Tilman: Timur der Eroberer und die islamische Welt des späten Mittelalters. München 1993.

Reiseberichte:
Burnes, Alexander: Reise nach und in Bokhara von Indien aus durch Cabool, die Tartarey und Persien. Weimar 1935.
Clavijos Reise nach Samarkand 1403–1406. Herausgeben von Uta Lindgren. München 1993.
Maillart, Ella: Turkestan solo. Berlin 1934.
Inoue, Yasushi: Reise nach Samarkand. Frankfurt am Main 1998.
von der Pahlen, Graf C.: Im Auftrag des Zaren in Turkestan. Stuttgart 1968.
Richter, Hans-Werner: Durchs rote Turkestan. Eine Reise von Taschkent bis Samarkand. Frankfurt am Main 1990.
Vámbéry, Hermann (in manchen Ausgaben auch Armin): Man nannte mich Reschid Efendi. Reise in Mittelasien. Leipzig 1990.

Kunst:
Pugatschenkowa, Galina: Die Kunst Mittelasiens. Leningrad 1988.
Scharf, Kurt (Hrsg.): Hafis, Rumi, Omar Chajjam. Die schönsten Gedichte aus dem klassischen Persien. München 1998.

Viele der angegebenen Bücher sind nur noch antiquarisch oder in Bibliotheken zu bekommen, als erste Anlaufadresse bietet sich das ›Zentralverzeichnis antiquarischer Bücher‹ im Internet an: www.zvab.com

Glossar

Ak/Kara/Kizil/Kok: Weiß/Schwarz/Rot/Grün.
Aksakal: wörtlich Weißbart, Älterer.
Aliden: die in zahlreiche Zweige aufgespaltene Nachkommenschaft von Ali b abi Talib, dem Vetter und Schwiegersohn des Propheten Mohammed.
Arba: zweirädriger, traditioneller Karren.
Aschariten: rationalistische theologische Strömung innerhalb des sunnitischen Islams, die in al-Aschari (gest. 935) ihren Gründer sieht.
Basmachi: wörtlich Banditen, Widerstandsbewegung gegen die Bolschewiken in den 20er Jahren.
Beg/Bek/Bai/Bey: reicher Mann, Großgrundbesitzer, Gebietsgouverneur.
Chan/Khan: innerasiatischer Herrschertitel; Großchan: das nominelle Oberhaupt aller ihren Stammbaum auf Dschingis Chan zurückführenden Fürsten bzw. Chane.
Chapan, russ.: Chalat: langer usbekischer Kittel.
Darja: Fluß.
Derwische: Männer, die durch eine besondere Lebensführung bzw. besondere Riten Einblick in die ›Welt des Verborgenen‹ zu erlangen trachten; teils in Männerbünden zusammengefaßt, bilden sie eine im dreizehnten Jahrhundert aufkommende Ausformung des Sufismus.
Emir: eigentl. Militärbefehlshaber; zum Teil wie ein Titel für Stammesfürsten verwendet.
Goldene Horde: aus dem um 1380 erfolgten Zusammenschluß von Blauer und Weißer Horde hervorgegangenes Reich, das die einst Dschingis Chans ältestem Sohn zugefallenen Gebiete von Südrußland bis zur Region östlich des Aralsees umfaßte. Horde, tatarisch ›urdu‹ – Heerlager.
Ibn: arabisch, Sohn des …
Ishan: Führer einer Sufi-Bruderschaft, Älterer.
Jasa: das schriftlich niedergelegte, auf Dschingis Chan zurückgeführte Gesetz der Mongolen.
Kalif: als ›Nachfolger des Propheten‹ Mohammed der dem Rang nach höchste islamische Herrscher.
Kishlak/Qishlak: ursprüngliche usbekische Siedlung, ähnlich einen Dorf, kirg. Aul.
Ko'chasi: Strasse
Kolchoz (russ.): landwirtschaftliche Genossenschaft.
Kosh Begi: Premierminister.
Kum: Wüste, Sand.
Maktab: traditionelle Islamschule.
Mawaraannahr (arabisch) Ma wara'a n-Nahr: wörtlich das Land hinter dem Fluß Oxus, Transoxanien, das Land jenseits des Flusses, d. h. nördlich des Amudarja.
Muriden: Schüler eines geistigen Lehrmeisters.
Namazgokh: Sommer, Fest.
Navruz: Neujahrsfest, Frühjahrsbeginn.

Oblast, Rajon (russ.): sowjetische administrative Regionen.
Paranja: traditionelle Frauenbekleidung (iranischer Chador).
Piala: Teeschale.
Pir: geistiger Lehrmeister.
Remont (russ.): in Renovierung.
Saijid: Nachfahre des Propheten Mohammed.
schiitischer Islam: islamische Glaubensrichtung, deren Geschichte eng mit derjenigen der Aliden verbunden ist; ihnen allein schreiben die Schiiten das Recht auf die Herrschaft über die Muslime zu. Manchen schiitischen Regierungen gelten von anderen Fürstengeschlechtern regierte islamische Staaten als ›Staaten der Unwahrheit‹. Es gibt außerdem schiitische Strömungen, die glauben, die Gemeindeoberhäupter (Imame) aus der Nachkommenschaft Ali b abi Talibs seien göttlicher Inspiration teilhaftig und daher Heilsvermittler.
Seldschuken: weitverzweigtes türkisches Herrschergeschlecht in Iran, Anatolien (Rumseldschuken von Konya) und Syrien (circa 1040 bis Ende des 12. Jahrhunderts, in Konya bis etwa 1300).
Sufitum: islamische Frömmigkeitsbewegung mit mystischen, asketischen, zum Teil auch theosophischen Zügen.
Sultan: mit dem Aufkommen der Seldschuken entstehender islamischer Herrschertypus, der sich, faktisch vom Kalifat unabhängig, oft auf eine fremdbürtige Schicht von Miltärs stützt und seine Macht durch den Kalifen islamisch legitimieren läßt.
sunnitischer Islam: die Form des Islams, zu der sich die überwiegende Mehrheit der Muslime bekennt; das Sunnitentum findet seine Lebensmitte in der verehrenden Aneignung einer idealisierten Überlieferung vom Reden und Handeln des Propheten (Sunna) und in dem Bestreben, diese Überlieferung im alltäglichen Leben in die Wirklichkeit umzusetzen.
Susani: usbekische Wandteppiche, die sich durch besondere Farbenfreude auszeichnen.
Transoxanien: das Land zwischen Oxus/Amudarja und Jaxartes/Syrdarja.

Architektonische Fachbegriffe:
Ark: Festung.
Ayvon/Liwan: hoher, überwölbter Raum, mit einer offenen Außenseite, die einen großen Bogeneingang bildet.
Chanaka: a) Pilgerherberge für Derwische, b) Gebäude zur Versammlung von Sufisten, c) geschlossener Raum in einem Viertel der Moschee.
Chorsu: wörtlich: vier Himmelsrichtungen. Auf einer Straßenkreuzung errichtetes Marktgebäude.
Chortak/Chortoq: überdachter Durchgang, Kuppelkonstruktion auf vier Bögen.
Chudshra: Studentenzelle in Medrese, Raum für einen reisenden Derwisch in einer Chanaka.

Cupola (russ.): Kuppel.
Dars-Khane: Unterrichtsräume
Darvaza: Tor.
Dichliz: Durchgangsraum, Vestibül
Girich: ›Knoten‹ – geometrisches, knotenförmiges Element, häufig in Pflanzenform.
Go'rxona, auch Gur-chane: Grabraum im Mausoleum.
Guldasta: Eckturm oder -bastion.
Gumbaz: Kuppel.
Guzar: Stadtviertel, Quartal.
Hammam: Türkisches Bad.
Harem: wörtlich ›Verbotenes‹, Gemächer der Frauen.
Hauli: Palast.
Hauz: Wasserbecken, viereckig, häufig im Innenhof eines architektonischen Komplexes.
Juma/Jummi: Haupt-, d.h. Freitagsmoschee.
Keshk: feudales Schloß, Palast.
Kosh-Prinzip: zwei Medresen, die mit den Eingangsportalen einander gegenüberliegend gebaut wurden.
Kufi-Schrift: geometrisierte arabische Schrift.
Kurnysh-Chane: Empfangssaal.
Kuzaga: kugelförmiges Element am Säulenfuß.
Madrasah/Medrese: öffentliche Schule, in der vorwiegend islamisches Recht gelehrt wird.
Masar: Friedhof, Wallfahrtsort, Mausoleum.
Mihrab: nach Mekka gewandte Nische in einer Moschee.
Minbar: Katheder, von dem herab der Imman in der Moschee spricht.
Minor: Minarett.
Pandschara: a) Gitter aus Holz oder Metall, b) Frauengewand, das den Schleier beinhaltet.
Pandus: Gang, Korridor.
Pascha: gestampftes Stroh-Lehm-Gemisch.
Pishtak: Portalbau.
Pylon: Torpfeiler, von zwei Eckpfeilern eingefaßter Torbau.
Rabat: Vorstadt.
Registan: wörtl. ›Sandplatz‹, wichtiger Platz in der Stadt, auf dem Erlasse verkündet, Todesurteile vollstreckt und Volksvergnügen gefeiert wurden.
Sagana: Grabstein, Grabmal.
Saray: Palast.
Stalaktitendekor (Muqarnat): entstand im Mittelalter im ganzen Mittleren und Nahen Osten. Die Bausteine wurden in Form abgestufter Bogen gelegt, die wegen ihrer Ähnlichkeit mit geologischen Gebilden an Höhlendecken den Namen Stalaktiten erhielten. Treten aus Flächen der Kuppel oder Halbkuppel hervor, zum Beispiel in der Tillakori-Medrese in Samarkand.
Tambour: zylinderförmiges Bauglied zwischen Kuppel und Kuppelträger.
Tim/Tok: Basar mit einem Eingang/Kreuzungen.
Türbe: mit einem Kegeldach oder einer Kuppel gedeckter Grabbau.
Tympanon: Giebel-, Bogenfeld an Portal oder Fenster.
Viahara: buddhistisches Felsenkloster.
Zindan: Gefängnis.

Register

Ortsregister

Personen- und Sachregister